Joseph Wojciechowski ·Religion und Wahrheit

AF239857

Joseph Wojciechowski

Religion
und
Wahrheit

© 2003 Joseph Wojciechowski
Satz und Layout: Buch & medi@ GmbH, München
Umschlaggestaltung: Kay Fretwurst, Spreeau
Herstellung und Verlag: Books on Demand GmbH, Norderstedt
Printed in Germany
ISBN 3-8334-0005-6

INHALT

Vorbemerkung

Nach dem Tode meines Vaters Joseph Wojciechowski, im Jahre 1967, und der damit verbundenen Übernahme seiner schriftlichen Hinterlassenschaft, – eine Vielzahl von Notizbüchern in Form von tagebuchähnlich gehaltenen Gedankensammlungen und sonstigem Schriftgut – stieß ich auf eine Eintragung, datiert 29.11.1959. Hier schrieb mein Vater:

> »Seit längerer Zeit schon trage ich mich mit dem Gedanken ein Buch zu schreiben mit dem Titel: *Meine Weltanschauung und meine Religion.* Das Baumaterial zu diesem Vorhaben liegt in etlichen Notizbüchern verstreut. Es fehlt bei mir die Zeit, und zum anderen Mal die Stimmung zum schreiben. Man könnte diese Stimmung schaffen, indem man sich mit Schreiben beschäftigt, aber da fehlt wieder die Zeit.«

Diese Notiz war nun der Anlass oder die treibende Kraft, nach einer gewissen Zeit des Vertrautmachens mit dem, mich aus meiner bisherigen Alltagsmentalität herausreißenden *Baustoff*, sein damaliges Vorhaben in die Tat umzusetzen.

Ich bin der Meinung, dass alle Erkenntnisse höherer Art, die den Geist des Menschen im Sinne einer tiefer- und weiterblickenden Vernunft motivieren, verdient haben veröffentlicht zu werden und finde, dass die Menschheit derartiges – einmal ganz abgesehen von der Unmenge geistiger Flachliteratur, die den Büchermarkt beherrscht und gleichzeitig ein Spiegelbild unserer heutigen Zeit und Kultur ist, – dringender benötigt als je zuvor.

PS. Als Gestalter und Überarbeiter des väterlichen Gedankengutes, habe ich mich entschlossen, statt des oben vorgesehenen Buchtitels, die Überschrift: *Religion und Wahrheit* zu wählen, da einige Artikel zu dieser Thematik schon vorhanden waren und die Wahrheitssuche ohnehin Priorität im geistigen Schaffen meines Vaters hatte.

»Es ist gut, den Toten die Treue zu halten.
Wenn wir tun, was sie tun wollten,
werden wir glücklich sein.«

Elmar Wociechowski

VORWORT

Vorausschicken möchte ich, dass das hier Geschriebene kein Angriff auf irgendeine Religion sein soll, sondern betrachte es als den persönlichen Versuch eines Menschen, der sich durch eigenes, kritisches Nachdenken Klarheit in Fragen zu verschaffen sucht, die ihm bisher dunkel und unklar waren; dessen Anliegen es ist, Licht in dunkle, altüberlieferte religiöse Vorstellungen und Glaubenslehren zu bringen, einen kleinen Beitrag zur Klärung der hier vielfach vorhandenen rätsel- und zweifelhaften Fragen über Dinge und Wesen zu leisten und damit das zu tun, was bisher von Seiten der geistigen Vertretung der christlichen Religion, der Theologie – sieht man hier von einigen wenigen Ausnahmen ab – unterblieben ist, nämlich Wahrheitsfindung in Form einer vorurteilslos betriebenen Wahrheitsforschung.

Jede Religion hat so genannte intuitive Erkenntnisse deren Wahrheitsbeweis, mangels geistiger Reife der Menschheit, noch nicht erbracht werden konnte. In den Religionen Christentum und Buddhismus, denen ich mich in diesem Buche besonders zuwenden möchte, gibt es dunkle Fragen, die nach dem heutigen Stand der Wissenschaften aufgehellt und geklärt werden könnten. Zu diesem Geschäft sind jedoch Gläubige untauglich, es erfordert kritisch-selbstdenkende Menschen die jeden blinden Glauben ablehnen, deren Grundsatz nicht blinder Glaube sondern bestmögliches Wissen ist.

Sollte nun die Meinung bestehen, dass man mit wissenschaftlichem Denken in religiösen Fragen nicht weit komme, man müsse sich hierbei auf das innere Gefühl verlassen das einem sage, was wahr und richtig in der Religion sei, so muss dazu bemerkt werden, dass man mit einem bloßen inneren Gefühl in der Erforschung religiöser Wahrheiten nicht weit kommen wird. Es braucht wohl nicht hervorgehoben zu werden, wie leicht durch das so genannte *subjektive* Gefühl die

Dinge entstellt und falsch gesehen werden. Nur zu leicht und willig ist der Menschengeist bereit alles so auszulegen und zurechtzubiegen, wie es ihm am besten dünkt. Das merkt man besonders bei jenen, die die Meinung hegen, der Mensch sei etwas grundsätzlich anderes in der Natur als alle übrigen Lebewesen, er habe etwas Besonderes was allen übrigen Lebewesen fehlt. Richtig ist, dass der Mensch das höchstentwickelte Lebewesen ist. Aufgrund seiner Vormachtstellung in der Natur, hat sich der Mensch Bedingungen geschaffen, unter denen er sich ganz im Sinne seiner inneren Wünsche entwickeln konnte.

Sieht man die Dinge unvoreingenommen, sieht man vor allem die Entwicklung des Menschen über primitivste Anfänge, über Tierformen hinweg, so kann man nur zu dem Schluss kommen, dass sich der Mensch vom Tier nicht wesentlich unterscheidet. In jedem Menschen existiert etwas vom Tier, wie auch in jedem Tier etwas vom Menschen existiert. Unbefangen gesehen gibt es Menschen, die an Schlechtigkeit und Verworfenheit jedes Tier übertreffen. Wo findet sich z.B. ein Tier das gegen die eigene Art derart wüten kann wie der Mensch.

Wenn also manche Menschen besondere Eigenschaften für sich in Anspruch nehmen und sie dem Tier absprechen, so geschieht das aus Unkenntnis über den wahren Sachverhalt, es geschieht aufgrund *subjektiver* Täuschung.

ZIELE UND IDEALE

In ihnen zeigt sich ein Drang, eine bestimmte Richtung des Werdens. Was wir heute in der Menschheit sehen und erleben war einmal nicht, es ist allmählich so geworden. Ein Gedanke in einem Menschen war oft die Geburtsstunde des Neuen. Das erlebte die Menschheit früher in gleicher Form wie wir es heute erleben. Alles Neue, ob es sich dabei um Dinge und Zustände handelt, existierte zuerst als Gedankenzustand in irgendeinem menschlichen Kopf, wurde von da auf andere Menschen übertragen, beeinflusste viele Menschen und wurde schließlich zu einer Kraft, die sich eine Wirklichkeit schuf; ob eine gute oder üble sei ganz dahingestellt.

Wir bilden uns zuweilen Gedanken darüber, wie dieses oder jenes sein könnte. Das Bestehende gefällt uns nicht, entweder sind wir des Bestehenden überdrüssig oder aber wir leiden darunter. Aus dieser Geistesverfassung heraus ist wahrscheinlich jede Religion, jede Weltanschauung, jede auf Verbesserung gerichtete Lehre geboren worden. Was wir so als Religionen und Weltanschauungen, als Lehren der verschiedensten Art kennen, war am Anfang ein menschlicher Gedanke; alles das ist anfangs reiner Gedankenzustand, reines Luftschloß ohne jede Wirklichkeit. Ein Kopf will oder plant für die Zukunft irgendetwas anderes als das Bestehende. Sobald jedoch dieser Gedankenzustand Wirklichkeit zu werden beginnt, kommt er in Berührung mit irgendeiner bereits bestehenden Wirklichkeit und wird bei der Berührung mit dieser Wirklichkeit auf seinen Wert geprüft, muss hier beweisen ob er überhaupt existenz- und lebensfähig ist, ob er sich in irgendeiner Umwelt als gewordene Wirklichkeit behaupten kann.

Bei seiner Anpassung an eine bestehende Umwelt erleidet er notwendig Veränderungen. Man sehe z.B., was aus der christlichen Religion, im Verlauf von einigen tausend Jahren, alles geworden ist, man denke darüber nach, was alles daraus werden könnte. Immer sind es die jeweils lebenden Menschen, die den toten Begriffsinhalt einer Lehre Wirklichkeit werden lassen. Menschen mit üblen Trieben und Leidenschaften werden dazu neigen, das Gute zu verkennen, in den Staub zu ziehen, eine Fratze oder ein Zerrbild daraus zu machen. Gute, vernünftige Menschen hingegen sind fähig, selbst aus einer unzulänglichen Lehre, etwas Besseres zu machen.

Zum Fortbestand der Religion

Religion, die ich als eine Art geistige Wissenschaft bezeichnen möchte, mutet heute an wie eine Versteinerung aus der Zeit vor zweitausend Jahren. Das gilt nicht nur vom Christentum, als vielmehr von jeder Religion. Alle übrigen Wissenschaften sind als lebende Dinge behandelt worden, haben sich aus primitiven Anfängen mit Erfolg zu beachtlicher Größe entwickelt; nur auf dem Gebiet der Religion hat jede Arbeit zur Vervollkommnung dieser Wissenschaft gefehlt. Der Grund dafür liegt sicher in der beschränkten menschlichen Vorstellung und Annahme, den jeweiligen Religionsgründern höchste nicht mehr zu überbietende Vollkommenheit ihrer Eigenschaften und ihres Wissens zuzusprechen, dass diese Männer in keiner Hinsicht irren könnten, oder dass ein allmächtiger Gott die christliche Religion bestimmten Menschen eingegeben habe.

Man lese nun in den überlieferten religiösen Schriften und man findet hier – neben vielen Lehrsätzen, die hohe Wahrheit bergen – eine Unmenge Lehren, die auf Unkenntnis und Unwissenheit beruhen, die Ausfluss von Irrtum und Wahn sind, und das ist auch verständlich. Zur Zeit als die jeweiligen Religionsverkünder lebten und lehrten, war das menschliche Wissen über die Welt und Natur sehr mangelhaft, es beruhte zum größten Teil auf Aberglauben. Man sehe sich das Alte Testament der Bibel an, es strotzt von Irrtümern, Aberglauben und falschen Weltvorstellungen. Heute machen sich bereits Schulkinder über gewisse Irrtümer der Bibel lustig, was soll man von den erwachsenen Anhängern einer Religion und ihrer Priester denken, wenn sie vielleicht tagtäglich über solche Irrtümer hinweglesen.

Man fragt sich überhaupt, wie können Menschen und Priester, die so gänzlich wenig über »diese Welt« wissen, vielleicht nie oder selten naturwissenschaftliche Erkenntnisse in ihr religiöses Denken einbeziehen, nie selbständig über bestimmte

Ursachenzusammenhänge nachdenken, wie können solche Menschen etwas aussagen über »jene Welt«, also eine andere Welt, über ein so genanntes Himmels- oder Gottesreich. Was sie da vorbringen sind alte überlieferte Begriffe und Phrasen, die sie gläubig gedankenlos nachsprechen und ihren Gläubigen vorbeten und vorpredigen.

Unter solchen Umständen muss es mit dieser Art von Religion notwendig abwärts gehen, unter solchen Umständen ist das Ende einer *solchen* Religion, in einer vom Wissenschaftsgeist durchdrungenen Menschheit, geradezu abzusehen. Diesen Zustand des bedingungslosen blinden Glaubens der kritiklos Irrtümer aller Art als höchste oder heilige Wahrheiten hinnimmt aufzuheben und in die Bahnen einer besseren Religionsform zu lenken, das müsste das Ziel einer heutigen, vernünftig betriebenen Religionswissenschaft sein. Hier wären nun die Theologen gefragt, um über eine so wichtige Sache und Angelegenheit wie Religion – denn was ist der Mensch ohne *wahre* Religion – einmal gründlich und kritisch nachzudenken, zu forschen, wie die Lehrsätze ihrer Religion mit den bisherigen Erkenntnissen und Ergebnissen der Naturwissenschaften übereinstimmen könnten und ob sie überhaupt dabei übereinstimmen.

Bei vielen religiösen Lehr- und Glaubenssätzen fehlt jede Möglichkeit, ihren Wahrheitsgehalt einwandfrei zu begreifen, dort wird mit leeren Begriffen wie »Gott«, »Geist«, »Seele« u.s.w. nur so herumgeworfen, mit solchen Begriffen wird alles in dieser wie auch einer anderen Welt erklärt.

So stellt z.B. die christliche Lehre blinden Gläubigen eine »ewige Seligkeit« ein »ewiges Leben«, die »Verbindung mit Gott« als Heil nach dem Tode in Aussicht. Dabei handelt es sich immer und solange um leere Worte und Versprechungen, man kann sagen um Illusion, als man keine einigermaßen klaren Vorstellungen über die etwaige Wirklichkeit hat, die sich hinter derartigen Worten und Versprechungen verbirgt; und welcher Christ, bis hin zu höchsten Kirchenfürsten, hätte wohl nur eine einigermaßen klare Vorstellung von dem, was in seiner Religion mit »Gott«, »ewiges Leben«, »ewige Seligkeit« u.s.w. bezeichnet wird. Unwissende, blinde Priester machen hier ebenso unwissenden, blinden Anhängern trügerische Hoffnungen über etwas, das sie selbst nicht kennen. Da sich solche Versprechungen erst nach dem Tode in einer jenseitigen Welt erfüllen sollen, kann der Wahrheitsgehalt einer derartigen Religion der schönen Worte als solcher nie bewiesen werden.

Die Lehre des Buddha, die ich als Höhepunkt vernünftiger Religion bezeichnen möchte, vermeidet solche Fehler. Sie sagt ihren Anhängern die Wahrheit über die bekannte Welt; gibt ihnen Ratschläge, wie man sich am besten mit dieser Welt abfinden, oder wie man sich aus ihr erlösen kann.

Kritisches Denken und Überprüfen ist also angebracht bei allen religiösen Glaubenslehren die von einem »besseren Jenseits« in einer unbekannten Welt reden. Selbst wenn auf dem Gebiet der Religion dieser oder jener als religiöses Genie, als Gottessohn, als Abgesandter Gottes bezeichnet wird, handelt es sich bei diesen, wie bei allen Philosophen und Denkern, um Menschen mit etwaigen Vorzügen aber auch Schwächen und Unzulänglichkeiten, mit einer mehr oder weniger umfassenden vorurteilslosen Erkenntnis- und Urteilskraft. In ihrem Willen stimmen sie alle überein, sie wollen das Bestehende verbessern; was jedoch ihre Ziele betrifft, wie die Mittel und Wege zur Verwirklichung und Erreichung solcher Ziele, so gehen sie oft weit auseinander; das ergibt sich aus dem Maß von Weitblick, Urteilskraft, Erkenntnis und Vernunft bei jedem Einzelnen solcher Männer.

Wenn heute in Europa das Interesse für Religion immer mehr nachlässt, so liegen die Gründe dafür klar auf der Hand. Märchenhafte, fantastische biblische Welt- und Gottesvorstellungen, die ihre Herkunft aus einer Zeit allgemeiner menschlicher Unwissenheit über die Natur, über bestimmte Naturgesetze und Ursachenzusammenhänge verraten und an denen sich vielleicht heute noch einfältige, kindlich-gläubige Menschen im Erwachsenenalter erbauen mögen, können niemals Grundlage einer Religion für aufgeklärte Menschen sein. Die neue Zeit mit ihren fortschrittlichen Wissenschaften züchtet immer mehr solcher Menschen heran; sie lernen bereits im Kindes- und Schulalter viele Naturerscheinungen und deren Ursachenzusammenhänge verstehen. Die neue Zeit lehrt anschaulich, wie sich immer mehr Menschen von *solchen* religiösen Vorstellungen abwenden, die sicheren Naturerkenntnissen widersprechen.

Religion kann somit verglichen werden mit einer erlöschenden Flamme. Diejenigen, die dazu berufen sein sollten diese Flamme oder diesen Funken der Menschheit zu erhalten, tun dies in der unzweckmäßigsten Form; sie möchten heute, im besagten Zeitalter der fortschrittlichen Naturwissenschaften und einer sich dadurch mit heranbildenden vernünftigen Geisteshaltung gegenüber religiösen Fragen und Dingen, jedes Unwissen, jeden Aberglauben, herrührend aus den Kindheitstagen der Menschheit, aufrechterhalten und erhoffen sich dadurch ein Heil, jedoch dadurch lässt sich weder für den Einzelnen noch für eine Gesamtheit etwas Heilsames erwarten.

Aber ganz abgesehen davon, wirkt es doch für denkende Menschen immer wieder erheiternd, wenn christliche Theologen heute noch eine Art Monopol für sich und ihre Kirche in Anspruch nehmen. Ihren Schriften nach zu urteilen haben sie den besten Gott, die beste Religion, haben die ewige Seligkeit, das ewige Leben für sich in Beschlag genommen und blicken mit einigem Bedauern auf die armen Heiden, auf die Anhänger anderer irdischer Religionen.

Aus den Schriften mancher christlichen Theologen offenbart sich sehr oft eine ungemein klägliche, beschränkte Geistesverfassung, und das ist nicht verwunderlich, besser, es kann auch gar nicht anders sein. Die meisten von ihnen halten es von Amts wegen mit dem Glauben, ihre höchste Tugend ist der bedingungslose Glaube. Was kann man von solchen Menschen, von solch einer Religion erwarten, die manche altüberlieferte Vorstellung, obwohl sie der sinnlich-anschaulichen Natur und Weltwirklichkeit widerspricht, heute noch um jeden Preis aufrechterhalten will und mit dialektischen Wortformeln zu rechtfertigen und zu beweisen versucht. Können solche Menschen, in einer Zeit wie der heutigen, in der das Denken, wie gesagt, schon von Kindheit an im Geiste der fortschrittlichen Wissenschaften geschult und geformt wurde, überhaupt noch Hirten sein? Wie wird es nun erst in einigen Jahrhunderten, bei fortschreitender, sich weiter im Geiste der Wissenschaft, des kritischen Denkens entwickelnder Menschheit sein?

Man sollte also meinen, dass es an der Zeit ist, Theologen und Priester heranzubilden, deren Tugend nicht mehr der blinde, bedingungslose Glaube, sondern das bestmögliche Wissen ist.

DER GLAUBE

Hier lassen sich zwei Hauptarten unterscheiden. Ersterer Glaube besteht im für wahr halten von Erkenntnissen, die mit den Erscheinungen und Geschehen in der sinnlich-anschaulichen Welt übereinstimmen, aber noch nicht bis ins Letzte und Einzelnste erforscht und geklärt sind; er besteht im für wahr halten von Vermutungen und Hypothesen, die bisher nicht als Wahrheit bewiesen werden konnten, die jedoch der Wahrheit nahe kommen. Solche Vermutungen, Hypothesen oder Theorien sind Notbehelfe oder Brücken, dazu geschaffen, um Hindernisse oder Schluchten auf dem Wege zum Gipfel der Wahrheit zu überwinden. Wer diese Art Glauben hegt, trägt in sich die Gewissheit, dass aus seinem derzeitigen Glauben einmal besseres, umfassenderes Wissen folgen wird. Zu dieser Art Glauben zählt auch, wenn sich Menschen erstrebenswerte Ziele setzen, und es nur noch der Mühe bedarf, den Weg zum erkannten Ziel zu durchschreiten. Solche Menschen wissen, dass sie einmal ihre Ziele erreichen werden, sofern nicht unvorhergesehene Umstände sie daran hindern. Gegen diese Art Glauben ist nichts einzuwenden, alle ernsten Wahrheitsforscher hegen ihn; er ist eine Stufe in jener Entwicklung, deren Frucht die bessere Erkenntnis, deren Höhepunkt die Wahrheit ist.

Eine zweite Art Glauben besteht im für wahr halten von Erkenntnissen, die ihren Wahrheitsbeweis nicht in der sinnlich-anschaulichen Welt finden, die sich mit den hier herrschenden Gesetzen und Ursachenzusammenhängen nicht widerspruchslos vereinbaren, die zuweilen jedem selbst primitiven logischen Denken widersprechen. Es handelt sich dabei meistens um Phantasien, Märchen, Sagen, Legenden, Mythen, Offenbarungen aus unbekannten Quellen u.s.w. Jeder unwissende Tor kann sie mühelos ersinnen. Unwissende, gedankenlose, denkträge Menschen nehmen so etwas nur zu oft kritiklos als höchste Wahrheit hin; vielleicht nach dem

Ausspruch eines Kirchenvaters: »Ich glaube, obwohl es widersinnig ist.« Zu dieser Art Glauben lässt sich noch bemerken, dass es bedeutend leichter ist, Bände von Dichtungen und Phantasien zu schreiben, als die Wahrheit auf irgendeinem Gebiet nur einen kleinen Schritt vorwärts zu bringen. An einem geringen Fortschritt der Wahrheit arbeiten oft Forschergenerationen in rastloser Anstrengung.

Über Glauben und Glaubensfragen gibt es in den Weltreligionen grundverschiedene Ansichten, auf die durch Worte aus buddhistischen und christlichen Schriften näher eingegangen werden soll. Wie Buddhisten über Glauben und Gläubige denken sollen, ergibt sich aus folgenden Worten; sie sind entnommen dem Buddhistischen Katechismus des *Subhadra Bhikshu*:

Fördert der Glaube an den Buddha auf dem Wege zum Heil?

Der bloße Glaube, weil nicht auf eigenem Urteil und eigener Prüfung beruhend, hat wenig Wert. Durch bloßen Glauben erreicht man nichts; frei macht allein die selbsterrungene und erkämpfte Überzeugung. Nicht *Gläubige*, sondern *Erkennende, Wissende, und Rechthandelnde* sollen wir werden, dazu gibt uns das Leben und die Lehre des Buddha das Beispiel und die Anleitung.

65) Die Kalamer aus Kesaputta kamen zum Buddha und klagten, ›Meister‹ jeder Priester und Mönch preist uns seinen Glauben als den allein wahren an und verdammt den anderen als falsch. Zweifel quält uns, wir wissen nicht auf wessen Wort wir hören sollen.«

Der Buddha antwortete: »Eure Zweifel sind begründet, ihr Kalamer, höret meine Weisung: Glaubet nicht auf bloßes Hörensagen hin; glaubet nicht an Überlieferungen, weil sie alt sind und durch viele Generationen bis auf uns gekommen sind; glaubet nicht aufgrund von Gerüchten, oder weil die Leute viel davon reden; glaubet nie etwas, weil Mutmaßungen dafür sprechen oder weil langjährige Gewohnheit euch verleitet, es für wahr zu halten; glaubet nicht auf bloße Autorität eurer Lehrer und Geistlichen hin.

Was nach eigener Erfahrung und Untersuchung mit eurer Vernunft übereinstimmt und zu eurem eigenen Wohle und Heile, wie zu dem aller anderen lebenden Wesen dient, das nehmt als Wahrheit an und lebt danach.« (Anguttara-Nikaya III, 65.)

Eine andere Frage in dem angeführten Buche lautet:

»Enthalten diese drei Büchersammlungen (die überlieferten Urtexte der Buddhalehre. – Anm. d. Verf.) göttliche Offenbarungen?«

»Nein; es gibt keine göttlichen Offenbarungen. Daß die Wahrheit dem Begünstigten oder Begnadigten durch einen Gott oder Engel eingegeben oder geoffenbart werde, ist eine Annahme, die der Buddhismus ganz und gar verwirft. Nie haben Menschen andere Offenbarungen empfangen, als aus dem Munde ihrer Weisen, jener erhabenen Lehrer des Menschengeschlechts, die sich aus eigener Kraft zur geistigen und moralischen Vollendung emporgerungen haben, und deren größte man welterleuchtende Buddhas nennt. Der Letzte dieser Welterleuchter ist der Buddha Gotama; was er geschaut und verkündet hat, enthalten die drei Pitakas.«

Wie die katholische Kirche über Glauben und Glaubensfragen urteilt, zeigt sich in den Worten des Buches: Symbolik des römischen Katholizismus v. Dr. theol. *Leonard Fendt:*

»Der von der Gnade bewegte Wille veranlaßt nach katholischer Lehre den ebenfalls von der Gnade erleuchteten Intellekt eine religiöse Wahrheit anzunehmen; und zwar nimmt der von der Gnade erleuchtete Intellekt diese religiöse Wahrheit nicht deshalb an, *weil er von ihren Gründen überzeugt oder überwunden ist*, sondern weil derjenige, der diese Wahrheit kundtut, Gott selbst ist, der nicht irren und nicht lügen kann, also die absolute Wahrheit ist. Der katholische Glaubensakt ist ein Erkennen auf Autorität hin, allerdings *nur auf die Autorität des offenbarenden Gottes hin* ...«

»... Indem nun die Christenheit der mystische Leib Christi ist, dessen unsichtbares Haupt einen sichtbaren Stellvertretreter, eben den Papst hat, spricht das ›Wir‹ der Christenheit, das ›Ich‹ der Kirche im Papste, durch den Papst. Er ist die lehrende Kirche; allerdings auch die mit ihm verbundenen Bischöfe gehören zur lehrenden Kirche, aber ihre Verbundenheit bedeutet Unterordnung und Gehorsam unter dem Papste. Die Priester, die doch die eigentlichen Lehrer des Volkes sind, gehören nicht zur lehrenden Kirche; auch nicht die Professoren, von denen schließlich auch Papst und Bischöfe ihr Wissen beziehen. Das ›Lehren‹ des Papstes (und der Bischöfe) besteht aber darin: sie legen die von Gott geoffenbarten Wahrheiten der Christenheit zu glauben vor; die Vorlage durch die ›Kirche‹ ist das ausschlaggebende; nicht der Einzelne hat praktisch zu untersuchen oder gar zu entscheiden, was von Gott geoffenbart ist, sondern die ›lehrende Kirche‹. Allerdings ist sie bloß Mittel. Allerdings darf sie nur zu glauben vorlegen, was sie aus Schrift und Tradition als geoffenbart nachweisen kann; aber dieser Nachweis ist eben dadurch für die Katholiken erbracht, daß der Papst und die Bischöfe eine Wahrheit als geoffenbart vorlegen. So beruht praktisch der katholische Glaubensakt auf dem Papste ...«

»... Die Quellen, aus denen die ›lehrende Kirche‹ die Glaubensvorschriften zu erheben hat, sind nach katholischer Lehre die Heilige Schrift und die Tradition. Unter Tradition in diesem dogmatischen Quellensinne versteht man ganz eigentlich die *apostolische* Tradition, d.h. das von Jesus den Aposteln über das Neue Testament hinaus übergebene Glaubens- und Lebensgut ...«

BEMERKUNGEN: Was die Päpste der katholischen Kirche bisher gesagt und gelehrt haben, muss der gläubige Katholik als höchste religiöse Wahrheit hinnehmen. Das wäre dann noch annehmbar, wenn alle bisherigen Päpste scharfsinnige Denker und vorurteilslose Wahrheitsforscher auf dem Wissensgebiet der Religion, wenn sie ferner wo nicht sittlich- und moralisch vollkommene, so doch hochstehende Menschen im Sinne des Buchstabengehalts der christlichen Lehre gewesen wären. Was nun scharfsinniges eigenes Denken und vorurteilslose Wahrheitsforschung auf dem Gebiet religiöser Fragen betrifft, so kann es so etwas selbst bei einem Papste nicht geben; denn er hat gläubig hinzunehmen, was die überlieferten heiligen Schriften der christlichen Lehre enthalten. Was die sittliche und moralische Verfassung mancher Päpste betrifft, darüber schreibt *Ernst Haeckel* in seinen Buche: »Die Welträtsel« nicht zu unrecht:

> »Die ganze Geschichte des Papsttums, wie sie von zuverlässigen Quellen und handgreiflichen historischen Dokumenten festgenagelt ist, erscheint für den unbefangenen Kenner als ein gewissenloses Gewebe von Lug und Trug, als ein rücksichtsloses Streben nach absoluter geistlicher Herrschaft und weltlicher Macht, als eine frivole Verleugnung aller höheren sittlichen Gebote, welche das wahre Christentum predigt: Menschenliebe und Duldung, Wahrheit und Keuschheit, Armut und Entsagung. Wenn man die lange Reihe der Päpste und der römischen Kirchenfürsten, aus denen sie gewählt wurden, nach dem Maßstab der reinen christlichen Moral mustert, ergibt sich klar, daß die große Zahl derselben schamlose Gaukler und Betrüger waren. Viele von

ihnen nichtswürdige Verbrecher. Diese allbekannten historischen Tatsachen hindern aber nicht, daß noch heute Millionen von ›gebildeten‹ gläubigen Katholiken an die ›Unfehlbarkeit‹ dieses ›heiligen Vaters‹ glauben und durch Spenden von ›Peterspfennigen‹ sein Regiment unterstützen …«

Die Quellen, woraus die »lehrende« katholische Kirche ihre Glaubensvorschriften hernimmt, sind nicht eigenes und vorurteilsloses Denken, sondern die Heilige Schrift und die Tradition.

Wenn nun der Buddhismus, im Gegensatz dazu, blinden Glauben auf Autorität hin ablehnt und den Menschen zum eigenen Anschauen und Denken ermuntert, so steht das im Zeichen eines Fortschritts zum Besseren; denn Wahrheiten, auf welchem Gebiet auch immer, werden niemals dadurch bewiesen oder glaubhafter indem man sich auf die Gedanken anderer Menschen beruft, auch dann nicht, wenn es sich bei diesen um anerkannte Denker, religiöse Genies oder abgesandte Gottes handeln sollte. Sind deren Erkenntnisse wahr, so mag es gut sein. Nach dem Sprichwort jedoch: »Irren ist menschlich«, kann es leicht geschehen, dass hervorragende Denker, die jahrhunderte- und jahrtausendelang in diesem Ruf standen, dass selbst Gottes-Söhne irren. Unter solchen Umständen können Irrtümer und falsche Meinungen erhalten, vertieft, gefestigt und in dieser Form lange Zeit überliefert werden; können schließlich, durch dauernde Überlieferung und Pflege, unter gläubig-vertrauenden Menschen, zu Denkgewohnheiten erstarren, können das Weltbild ganzer Völker beherrschen und verwirren.

Ein abschreckendes Beispiel dafür sollte der Begriff »Gott«, wie er in der Bibel ausgelegt wird, samt seiner Folgen und Auswirkungen, die er bisher in der Menschheit gehabt hat und in Zukunft wahrscheinlich noch haben wird, sein. Damit soll keineswegs der gesamte Inhalt der Bibel abgelehnt und verworfen werden. Neben vielen Stellen die auf Unwissenheit auf Aberglauben beruhen, verbirgt sich in ihr, wie auch in den Schriften anderer Religionen, ein tiefer wahrer Sinn, ein heilsamer Kern bestehend in befolgenswerten Grundsätzen, Geboten und erprobten Lebensweisheiten, finden sich dort Wahrheiten in Form von intuitiven Erkenntnissen die noch nicht, entsprechend dem Weltbild der heutigen Kulturmenschheit, in einigermaßen wissenschaftlicher Form erklärt worden sind. Die Religionen und ihre Einrichtungen sind in dieser Hinsicht rückständig geblieben, ihr Weltbild hat sich dem Weltbild der Naturwissenschaften nicht angepasst, sie lassen jeden Wahn und Aberglauben aus den Kindheitstagen der Menschheit, als hohe Wahrheit fortbestehen, selbst dann noch, wenn es sich für halbwegs aufgeklärte Menschen wirklich um Aberglauben und Unsinn handelt.

ZUR GLAUBENSLEHRE

Sollte also heute irgendein Leser heiliger religiöser Schriften die Ansicht vertreten er habe damit die Wahrheit in religiösen Fragen, so hat man es bei ihm sicher mit einem Menschen zu tun, der nicht weiß wie Wahrheiten gewonnen werden, der sich unabhängig von seinen religiösen Schriften sicher noch nie um die Wahrheit in religiösen Fragen gemüht hat. In dieser Geistesverfassung befinden sich alle gläubigen Anhänger einer Lehre, die den Buchstabeninhalt dieser vorbehaltlos als Wahrheit hinnehmen. Und wie viele solcher, für mich bedauernswerte Menschen, selbst mit höherer Bildung, gibt es heute noch, deren Handeln nicht durch eine weiterblickende Vernunft, sondern lediglich durch überlieferte Glaubenssätze bestimmt wird, wobei es sich um religiöse, politische, weltanschauliche oder wissenschaftliche Glaubenssätze handeln kann, die dann ohne gründliche Prüfung, kritiklos als wahr und richtig hingenommen werden.

Ein anschauliches und sogleich lehrreiches Beispiel hierfür bot in jüngster Zeit, der im Ostblock herrschende Marxismus. Man erlebte hier, wie führende marxistische Klassenkämpfer und Parteigeister, die sich als sehr fortschrittlich in dieser Welt bezeichneten, bei der Beschreibung und Erklärung gesellschaftlicher Zusammenhänge, als Buchstabengläubige, befangen im Unfehlbarkeitswahn, ihre Schriften aufschlugen, nämlich die Bücher mit den Gedanken und Ideen von Marx, Engels, Lenin u.s.w., und ähnlich wie die blindgläubigen, auf den Inhalt der Bibel verschworenen, sich alle Veränderungen in der Welt aus dem Buchstabengeist der Bibel erklärenden und zu ergründen suchenden christlichen Bibelforscher zuerst aus diesen die Rezepte holten, wie sie die Menschen, das Leben und die Welt verändern wollten; sich dabei wenig um die Weltwirklichkeit kümmerten, hier ähnlich handelten wie die Schildbürger.

Dieses, unter den Schlagworten »Diktatur des Proletariats« handelnde, kommunistische Machtsystem war behaftet mit den Schattenseiten einer jeden Diktatur, wozu eben auch gehörte, dass keiner schreiben und veröffentlichen konnte was er für gut und richtig hielt, sondern nur was der Staat und seine Regierung erlaubten. Was sie erlaubten war weitläufig bekannt, es handelte sich dabei um einseitige karge Geistesnahrung. Die oben genannten, im Ostteil Deutschlands zu einer Art Götter aufgestellten Schriftsteller hatten Vorrang, wurden als geistige Vorbilder hingestellt, als etwas, das nicht übertroffen, deren Gedankengut vor allem nicht ernsthaft angezweifelt oder gar in Frage gestellt werden durfte.

Es soll nichts gegen diese Denker eingewandt werden, aber das was sie schrieben war ihrer Zeit und ihren Lebensverhältnissen angepasst. Im Verlauf von einhundert Jahren haben sich die Lebens- und Arbeitsverhältnisse in den westlichen Ländern sehr verändert. Arbeiter verschafften sich hier ein Mitspracherecht in den Parlamenten und konnten dadurch die soziale Lage ihrer Klasse und ihres Standes allmählich mehr und mehr verbessern, und werden das, im Rahmen des Möglichen, auch weiterhin tun. Was also Marx voller Entrüstung und mit Recht über die damalige Lage der Arbeiter schrieb, war nicht mehr, zumindest nicht mehr in dem Maße zutreffend wie früher, die sozialen Verhältnisse hatten sich seither gebessert. Diese Schriften mussten also, unter europäischen Lebensverhältnissen des zwanzigsten Jahrhunderts, in vielen Punkten ihre Wirkung verlieren, zumindest für selbstdenkende und selbstanschauende Menschen.

Mit der »Diktatur des Proletariats« war im Osten Deutschlands eine allgemeine geistige Verflachung eingetreten, die, was die freie Meinungsbildung betraf, besonders auf dem Gebiet des Literaturgeschehens ihre Spuren hinterließ und hier ähnliche Tendenzen zeigte wie die Diktatur der römisch-katholischen Kirche im Mittelalter oder die Nazidiktatur, die man als Politik des Wahnsinns bezeichnen musste.

Da gab man z.B. auf Schriftstellerkongressen Richtlinien

darüber, was ein Schreibender schaffen soll, welche Themen er behandeln, wie er Menschen, Dinge und Verhältnisse darstellen soll. Wem so etwas erst gesagt werden muss, der wird kaum etwas Bemerkenswertes auf geistigem Gebiet hervorbringen. Wer wirklich etwas zu sagen hat, wer das Zeug in sich fühlt, neue Gedanken zu fassen und niederzuschreiben, dem kann kein Schriftstellerkongress etwas nützen, eher schaden. Man stelle sich vor, einem Goethe, Schiller u.s.w. wäre von irgendeiner staatlichen Instanz oder Einrichtung empfohlen oder gar befohlen worden, was sie schreiben, wie sie schreiben und die Dinge darstellen sollen, wenn man ihrem Geist, der frei fliegen wollte, Zügel und Geschirre angelegt hätte. Schriftstellerkongresse dieser Art sind für mich und meine Begriffe eine Einrichtung, auf der Schreibhandwerker Richtlinien, Anregungen, offene und versteckte Gebote und Verbote erhalten. Für einen selbständig denkenden, nach Wahrheit suchenden Schriftsteller sind sie vollkommen bedeutungslos. Ein solcher legt ohne Hinweise und Anweisung schriftlich nieder, was in ihm als Gedanke rege wird, was in ihm als Wahrheit ans Tageslicht möchte; er braucht dazu keine Anordnungen und Anweisungen durch staatliche Einrichtungen und Behörden. Ein derartiger Schriftsteller wird seine Gedanken niemals in Harlekinskostümen auftreten lassen, wie sie meinetwegen ein regierender Monarch oder Kirchenfürst, ein diktierender Machthaber wie Hitler und der Nationalsozialismus, ein Stalin und der russische Kommunismus von ihm fordern; er wird seine Wahrheiten nackt, frei von derartigen Kostümen bilden, oder für sich behalten, wenn er sie nicht nackt darstellen darf, wenn irgendwelche Mächte die nackte Wahrheit nicht dulden.

Fortschrittliche Religionsvertreter, wirkliche Wahrheitsforscher, zu welcher Religion sie sich auch bekennen mögen, sollten heute den Mut aufbringen Wahrheit und Dichtung in religiösen Fragen zu trennen, sollten nicht nur die eigene, sondern alle anderen Religionen auf ihren Gehalt an Weisheit, Vernunft und Wahrheit vorurteilslos untersuchen und alles, was an religiösen Vorstellungen wertvoll und erhaltenswert ist, von nebensächlichem (legendärem, fantastischem, märchenhaftem) Beiwerk befreien. Vor allem aber sollten sie versuchen was Bahnbrecher neuer Gedanken bisher unternommen haben, nämlich denkmündig zu werden, sich einmal dem Bann fremder Anschauungen und Gedanken zu entziehen und unabhängig von Büchern, auch wenn sie als »Heilige Schriften« bezeichnet werden, unabhängig von bestehenden Theorien und Hypothesen, durch eigenes Anschauen und Denken so etwas wie Wahrheiten in religiösen Fragen zu ermitteln und dadurch einen Fortschritt in dieser Hinsicht bewirken.

Für eine religiöse Wissenschaft, die diese Bezeichnung wirklich verdient, wird es solange keinen Fortschritt geben, als es die geistigen Vertreter einer Religion für Sünde halten, unabhängig von heiligen Schriften, über religiöse Dinge und Fragen nachzudenken und sich eigene Urteile zu bilden.

Der Glaube allein, der nie zum klaren Wissen führt, der das Forschen nach Wissen und Klarheit verbietet oder für sündhaft hält, ist keine Tugend, sondern ein Übel; er ist eine Pforte ins Reich des Irrtums, mit Unheil für alle verbunden die gedankenlos durch diese Pforte gehen oder geführt werden, die sich durch für wahr halten reiner Glaubenssätze ein Heil erhoffen. Jede vernünftige Religion sollte deshalb diese Pforte schließen, zumindest vor ihr warnen. Eine Sache die man nicht wissen, Erscheinungen die man nie begreifen, nie in ihren wahren Ursachenzusammenhängen begreifen kann, braucht man nie und nimmer zu glauben. Man handelt hier vernünftig, unbekannte, aber wissenswerte Dinge und Erscheinungen durch unermüdliche, vorurteilslose Forschungs- und Erkenntnisarbeit allmählich zu ergründen und so klar als irgend möglich verstehen zu lernen.

BEHANDLUNG DER RELIGION
ALS LEBENDE ODER TOTE WISSENSCHAFT

Buddhismus und Christentum stehen heute fast auf dem gleichen Punkt ihrer Entwicklung, wo sie vor zweitausend Jahren standen, und können in dieser Form noch nicht als Wissenschaft bezeichnet werden. Aufgrund eines Fortschritts der allgemeinen Geistesentwicklung besonders in Europa, unter beharren der genannten Religionen auf dem Erkenntnis- und Geisteszustand der Menschen vor zweitausend Jahren, ist es hier in Europa dahin gekommen, dass viele den Begriff Religion zwar kennen, jedoch nichts damit anzufangen wissen, er ist für viele zum überflüssigen, toten Begriff geworden.

Das Wissen um religiöse Fragen ließe sich nun ebenso höher bilden und vervollkommnen wie jeder beliebige Zweig der Naturwissenschaften, sofern sich nüchtern denkende Wahrheitsforscher um den tieferen Sinn und vernünftigen Gehalt überlieferter Vorstellungen mühten oder an einer vernünftigen Religionsform arbeiteten. Fast jede Wissenschaft hatte ihre Kindheit. So war die Chemie früher Alchemie, die Medizin Quacksalberei, die Astronomie Astrologie, jede mit Lug, Trug und Aberglauben aller Art behaftet. Durch unermüdliche, kritische Forschungsarbeit wurde ihr ehemaliger Kindheitszustand überwunden und wir sehen sie heute als ernst zu nehmende Wissenschaften.

Religion sollte vom gleichen Standpunkt beurteilt und behandelt werden, denn es ist offensichtlich, dass viele Vorstellungen, besonders der Bibel, aber auch buddhistischer Schriften, nicht mehr so recht in die europäische Gegenwart passen, sie waren für ganz andere Menschen bestimmt, als die gegenwärtig in Europa lebenden. Hier zeigt sich verstärkte Geltung der fortschrittlichen Wissenschaften bei gleichzeitigem Zurücktreten und Verdrängen alter überlieferter Philosophien, Geisteswissenschaften und religiöser Lehren. Jedes, durch vorurteilslose Forschung gewonnene bessere Wissen war wie ein nagender Zahn am Bestand jener religiösen und sonstigen Vorstellungen, die heute nicht mehr als klare oder wahre Erkenntnis bezeichnet werden dürfen. Wenn sich also heute Mängel in der äußeren Form älterer Religionen und ihrem Gehalt an Wahrheit zeigen, so zeugt das von einer falschen Behandlung der Religionen. Es hat bisher an vorurteilsloser Forschungsarbeit auf diesem Gebiet menschlicher Geistesarbeit und Geistesausbildung gefehlt. Die Religionen wurden in starre Glaubenssätze gepresst und in dieser Form als eine leblose tote Sache überliefert und erhalten. Hier zeigt sich, namentlich beim Christentum, ängstliches Festhalten an Glaubenssätzen, oft recht zweifelhaften, wertlosen Glaubenssätzen, ein verhärten und versteinern solcher Glaubenssätze.

Ähnlich steht es auch mit der Religion des Buddhismus. Ihr wird zwar nachgesagt, sie sei wissenschaftlicher als die christliche, sie gibt nichts auf den Glauben, ihre höchste Tugend ist Wahrheitserkenntnis und vernünftige daraus geborene Schlussfolgerungen. Dennoch finden sich auch in ihr viele Vorstellungen, die nichts mit Wahrheit und rechter Erkenntnis zu tun haben, die lediglich überlieferter Aberglaube sind, wie er zur Zeit des Buddha herrschte; und welcher nicht nur in der überlieferten buddhistischen Literatur seinen Niederschlag fand, sondern auch in manchen heutigen, die Lehre des Buddha erklärenden Schriften, wie z.B. die des Autors G. Grimm. (Näheres dazu im folgenden Artikel.)

Ich bin der Meinung: in einer Religion der Vernunft, die sich, wie im Buddhismus, auf vier heilige Wahrheiten gründet, in der rechte Erkenntnis vorangeht, deren Verkünder seinen Orden als Orden der Wahrheit bezeichnete, ist kein Platz für Märchendichtungen. Auch dürfte es heute nicht Hauptzweck sein die Lehre des Buddha Wort für Wort aus den Urtexten zu übersetzen und sie in dieser Form europäischen Lesern zu bieten. Hauptzweck sollte vielmehr sein, auch diese Lehre von allem zeit- und umständebedingten Beiwerk zu befreien, und sie in einer Form darzustellen, die dem Durchschnitt der europäischen Leser angepasst ist. Diesen Lesern könnte die Buddhalehre ähnlich wie ein wissenschaftliches System geboten werden, die Voraussetzungen dafür liegen in dieser Lehre.

Aus dem Gang der bisherigen Ereignisse lassen sich bestimmte Schlussfolgerungen auch im Hinblick auf die Religionen ziehen. Ebenso wie jene Lebewesen längere Dauer haben, die unbegrenzt anpassungsfähig sind, so verhält es sich auch mit Religionen. Soll also Religion zum Besten der Menschheit erhalten bleiben, dann müsste man unsinnige, nichtssagende Glaubenssätze aufgeben und klares, lebendiges Wissen pflegen; müsste Religion als lebende Erscheinung behandeln und sie immer wieder den dauernden Veränderungen in der Menschheit und am Menschen anpassen. Geschieht das nicht, dann veraltet und verkümmert die Religion, dann sinkt sie allmählich ab zum reinen Erinnerungswert, dann wird sie verdrängt durch andere heranwachsende neue Wissenschaften und Weltanschauungen.

Dem Einwand, dass bei einer solchen Behandlung der Religion aus ihr etwas ganz anderes werden kann, als ihre Urheber beabsichtigten, möchte ich entgegenhalten:»Was aus einer Religion wird, falls man sie als lebende Erscheinung behandelt, lässt sich erschließen aus dem bisherigen Gang der Naturwissenschaften. Hier gab und gibt es keine Glaubenssätze; dem forschenden Geist wird hier keine Hemmung, kein Hindernis in den Weg gelegt; als Glaubenssätze werden hier allenfalls Erkenntnisse angesprochen, die unumstößliche Wahrheiten sind, die ihren Wahrheitsbeweis in der sinnlich-anschaulichen Wirklichkeit finden, die sich nicht mehr überbieten lassen. Die Behandlung der Naturwissenschaften als lebende Gebilde war kein Nachteil für sie, war vielmehr gleichbedeutend mit einer fortwährenden Reinigung und Läuterung von Irrtümern aller Art.

In der Religion, bei gleicher Behandlung, müsste sich etwas Ähnliches ereignen; dunkle, wahnhafte Vorstellungen würden allmählich besseren Erkenntnissen weichen, bis schließlich einmal so etwas wie Höhepunkte der Erkenntnis erreicht wären, über die hinaus sich nichts Besseres mehr ermitteln ließe. Eine solche Form der Religion könnte dann nicht mehr überboten werden, sie wäre gleichbedeutend mit Wahrheitserkenntnis und den daraus gezogenen, vernünftigen Schlussfolgerungen.«

Sollte man nun – bei einer solchen Behandlung der Religion als lebende Wissenschaft – der Befürchtung Ausdruck verleihen wollen, dass dadurch die Bedeutung und das Ansehen eines Christus, Buddha u.a. herabgesetzt und geschmälert werden könnte, so wird dies ebenso wenig geschehen, wie z.B. durch neuere Naturforscher die Bedeutung eines Kopernikus, Galilei, Kepler u.s.w. verringert worden ist. Der Einzelne, selbst als hervorragender Denker und Forscher, ist immer verhältnismäßig eingeengt und unvermögend. Erst durch gemeinsame, zielstrebige Forschungsarbeit vieler Wissenschaftler über längere Zeit hinweg, sind bisher alle bedeutenden Fortschritte in der Erkenntnis erzielt worden, wobei natürlich keineswegs die Bedeutung jener genialen Naturforscher verkannt werden darf, die als Einzelne bedeutend mehr leisteten als der übrige Durchschnitt von Forschern. Alle bisher bekannt gewordenen genialen oder hervorragenden Naturforscher waren Arbeiter an einer besseren Natur- und Welterkenntnis. Erst durch ihre Arbeit wurde die Unreife und Kindheit der Menschengeistes überwunden. Das sollte auch im Hinblick auf eine vernünftig gepflegte Religionswissenschaft beachtet werden. Unermüdliche Forschungsarbeit in religiösen Fragen sollte als eine Art »Arbeit am Weinberge des Herrn« aufgefasst werden; eine Arbeit die sicher nie abgeschlossen werden wird, solange die Menschheit besteht. Vernünftige, wissenschaftliche Behandlung religiöser Fragen kann sich nicht schädlich oder zerstörend für Religion auswirken; Religion kann dadurch nur geläutert und vervollkommnet werden.

ZUR PHILOSOPHIE UND NATURWISSENSCHAFT

Philosophie ist Weltweisheit im umfassensten Sinne. Sie fasst alle menschlichen Wissenschaften in sich und zieht aus vielen Einzelergebnissen allgemeine, umfassende Konsequenzen und Schlüsse. Gleich dem wahren Wissenschaftler muss demnach auch der Philosoph einem Spiegel gleichen, der das jeweils Erkannte weitgehend objektiv, also unverzerrt, ungetrübt, subjektiv nicht verfälscht wiedergibt. Wie wenig das bei vielen Philosophen der Vergangenheit und auch manchem der Gegenwart zutrifft ist offenbar. Man vergegenwärtige sich doch nur was während der Vergangenheit alles über den menschlichen Geist, über die Seele, menschliche Erkenntnis und Bewusstsein geschrieben worden ist, und dies bei weitgehender oder völliger Unkenntnis jener Teile des menschlichen Organismus, die die Voraussetzung für die erwähnten Erscheinungen sind. Viele, wohl die meisten Philosophen, dichteten und phantasierten hier in des Wortes reinster Bedeutung, ohne sich im geringsten um die erwähnten Forderungen zu kümmern, um die wahren Grundlagen also durch die Anschauen, Denken, Erkennen, Bewusstsein u.s.w. bedingt ist. In einem Wahn umfangen nahmen viele Philosophen hier ihre Zuflucht zu immateriellen, überirdischen, außerweltlichen Wesen und verrührten nach Dichterart das menschliche Geistes-, Seelen- und Gemütsleben kurzerhand mit derartigen unbekannten Größen. Es ist klar, dass dies kein wahres Philosophieren ist, und dass sich dadurch keine echten Philosophen als solche auszeichnen. Von einem ernsten Wissenschaftler erwartet man, dass er das Gebiet worüber er schreibt oder unterweist, gründlich kennt. Beim wahren Philosophen muss man deshalb, wenn die Philosophie alle Wissenschaften in sich schließt, ein gründliches, umfassendes Wissen voraussetzen. Er darf nicht spezialisiert in der Enge eines Faches oder einer Wissenschaft stecken, sondern muss alle Wissenschaften und menschlichen Wissensgebiete in den Bereich seiner Betrachtungen einbeziehen. Denn es ist klar, nur Menschen die eine Sache weit und umfassend kennen und absehen, sie von einem erhöhten Standpunkt betrachten, sind fähig darüber ein klares, umfassendes Urteil zu fällen.

Für einen heutigen Philosophen wäre es also sehr von Vorteil, wenn er sich ein umfangreiches Wissen auf vielen menschlichen Wissensgebieten erarbeitet hätte und es weiterhin verstünde die Vielzahl oder Gesamtheit einer Reihe von Erscheinungen unter gemeinsame Gesichtspunkte zu ordnen und in klarem logischen Zusammenhang darstellen zu können. Darüber hinaus sollte er auch fähig sein aus solchen Erkenntnissen gewisse weitgehende, unabweisbare Folgerungen und Schlüsse zu ziehen. Wahre Philosophie und Wissenschaft darf nicht ihrer selbst willen betrieben werden, als solche ist sie nutz- und fruchtlos. Sie sollte vielmehr versuchen dem menschlichen Willen etwas zu geben oder zu zeigen; ein klares Bild des wahren Charakters dieser Welt, in der der Mensch durch seinen Willen gefesselt und gebunden ist, von der er ein Teil ist, die er mit aufrechterhalten hilft, bessere Ziele und Ideale; sollte ihm ein vernünftiges Streben dieses Willens lehren, eines Wirkens und Strebens, das in höchstmöglicher Harmonie mit allen übrigen weltlichen Erscheinungen verläuft.

Auch Religionsphilosophie müsste sich nur auf klare Erkenntnisse und Wahrheiten gründen, auf Vorstellungen, die ihren hinreichenden Wahrheitsbeweis in der sinnlich-anschaulichen Weltwirklichkeit finden. Wahrheiten sind eben Erkenntnisse die sich nicht überbieten lassen, die immer, solange es lebende Menschen gibt, in gleicher Form gültig sind, die man nicht willkürlich bejahen oder verneinen, auslegen, deuten oder verdrehen kann, die man entweder anerkennen, oder vor denen man die Augen verschließen muss, falls sie einem nicht gefallen. Wahrheit ist gleichbedeutend mit einem unverzerrten Spiegelbild der sinnlich-anschaulichen Natur im menschlichen Denken und Geiste. Stimmen beide, die sinnlich anschauliche Erscheinungswelt und die Gedanken eines Menschen nicht überein, so hat man es sicher nicht mit Wahrheiten zu tun; und so sollte auch die Sprache des Philosophen, gleich der des Wissenschaftlers, volle Übereinstimmung mit ihrem Gegenstand aufweisen.

Die einzige und beste Form der Wahrheitsforschung wird uns heute von den fortschrittlichen Naturwissenschaften gezeigt. Hier mühen sich nüchtern anschauende, vorurteilslos denkende Wissenschaftler um die Ergründung unbekannter Erscheinungen, dunkler Fragen und Ursachenzusammenhänge. Sie bilden sich ihre Gedanken nicht unabhängig von den Erscheinungen und Dingen der Außenwelt, sondern in bestmöglicher Übereinstimmung mit diesen. Dabei warten sie nicht auf Offenbarungen aller Art, nehmen nicht irgendwelche Buchstabeninhalte vorbehaltlos als Wahrheit hin, selbst dann nicht, wenn derartige Buchstabeninhalte ein allwissender Gott eingegeben haben, oder wenn es sich um einen Buchinhalt aus heiligen Schriften handeln sollte. Solange sich Menschen derart um bessere Naturerkenntnis mühen, bedeutet das Fortschritt der Erkenntnis; solange besteht die Möglichkeit dem Höhepunkt der Erkenntnis, der Wahrheit, näher zu kommen, ihn auf diesem oder jenem Gebiet einmal zu erreichen.

Es kann also niemals im Sinne einer Religion der Vernunft sein, dem wahrheitssuchenden, nach Erkenntnis strebenden Menschengeiste die Zügel unsinniger Glaubenssätze anlegen zu wollen und ihn dadurch an seiner freien Entfaltung zu hindern, derart wie es *L. Fendt* in seinem Buche zum Ausdruck bringt. Wo befänden sich den z.B. die Wissenschaften heute, wenn auf irgendwelchen Konzilien, Kongressen u.s.w. angeordnet und festgelegt worden wäre, Kopernikus, Newton, Darwin hatten ihre Erkenntnisse von Gott empfangen und als solche dürfen sie nicht mehr verändert oder überboten werden, wenn jeweils herrschende Mächte alle weitere Forschung untersagt und bestraft hätten. Unter solchen Umständen hätte es keinen Fortschritt in den Naturwissenschaften gegeben. Noch weniger kann es im Sinne einer solchen Religion sein, unwissende, gedankenlose, blindgläubige Menschen heranziehen zu wollen, die jeden Unsinn, sofern er im religiösen Gewand auftritt oder von Autoritäten herrührt, als letzte und höchste Wahrheit hinnehmen und gelten lassen.

Der Einwand, dass es dann, wenn sich jeder der Autorität fremder Gedanken und Vorstellungen entzöge, zu Umsturz, zu einer Masse aller möglichen Gedanken kommen müsste, wird gegenstandslos, wenn nur solche Erkenntnisse Wahrheit bedeuten, die mit allen sicheren Erfahrungen, Gesetzen und Ursachenzusammenhängen im sinnlich-anschaulichen Teil dieser Welt übereinstimmen. Dabei kann es nie zu einem Gedanken- und Meinungschaos kommen; vielmehr wird dann jene Klärung und Reinigung beschleunigt, die mit dem Aufblühen der fortschrittlichen Naturwissenschaften, auf allen möglichen Wissensgebieten, ihren Anfang nahm; dadurch würden viele Phantasien und märchenhafte Vorstellungen, auch in den bestehenden Religionen, als solche erkannt, beseitigt und durch bessere Erkenntnisse ersetzt. Gesetzlosigkeit und Willkür mit einem daraus sich notwendig ergebenden Gedankenchaos folgt immer dann, wenn sich Denker und Forscher nicht um die Weltwirklichkeit kümmern; wenn sie gerade diesen Teil der Welt – wie es z.B. der Schriftsteller *Georg Grimm* in seinen die Lehre Buddhas erläuternden Schriften unternimmt – mit nichtssagenden Redensarten als »nicht das wahre Wesen, nicht das wahre Sein« u.s.w. abtun und von einem wahren Wesen, einem wahren Sein der Dinge dort reden, wo normal anschauende und denkende Menschen, außer inhaltslosen Worten und Redensarten nichts begreifen.

KRITISCHE GEDANKEN
ÜBER GEORG GRIMMS IRRLEHRE
(Zur Lehre des Buddha)

Grimm, der in seinen Schriften die Lehre des Buddha verteidigen will gegen jene Ansichten, die die Vernichtung des erlösten Heiligen nach seinem Tode annehmen, versucht Aussagen zu machen über ein »wahres Wesen« des Menschen. Wenn dies in rechter Weise geschähe, wäre dagegen nichts einzuwenden. So versucht er jedoch, völlig unter dem Bann der Urtexte des Palikanons stehend, die menschliche Erscheinung dort weiter zu erklären wo normales menschliches Denken rein gar nichts mehr begreift. Was ein Mensch in und an sich erkennt, ist – nach Meinung Grimms – die Beilegung eines in tiefster Unergründlichkeit weilenden »wahren Wesens«. Wer nach den Ausführungen Grimms dieses unbekannte unergründliche »wahre Wesen« des Menschen leugnete, beginge die Torheit, indem er sich selbst, das Allerrealste was sich denken lässt, leugnete. Grimm verlegt die Erklärungsgründe des menschlichen Körpers, die bewirkenden Ursachen nach denen sich der Körper bildet, ins Unbegreifliche, außerhalb der Welt; er sagt über sich selbst: ich bin, bin aber nicht das, was meine Sinne, mein Empfinden, mein Bewusstsein von mir erfassen und als das mich normal anschauende Menschen erkennen, sondern bin etwas anderes, Unfassbares, Unbegreifliches. Dieses unbegreifliche, unergründliche Etwas gilt ihm als »wahres Wesen« des Menschen.

Zu der Art und Weise, wie Grimm den menschlichen Körper erklärt, muss gesagt werden: den sinnlich-anschaulichen eigenen Leib wird kein normal anschauender und denkender Mensch leugnen; sein Dasein braucht nicht durch philosophische Spitzfindigkeiten und Wortglaubereien bewiesen werden, er ist sich selbst Beweis genug und spricht diesen Beweis viel klarer und eindringlicher aus, als es je durch Worte geschehen kann. Eines Beweises bedarf es jedoch, was Grimm als das »wahre Wesen«, außerhalb aller wahrnehmbaren stofflichen, geistigen und sonstigen Teile und Äußerungen des menschlichen Körpers, ja außerhalb der Welt, versteht. Niemand wird je klar begreifen lernen, was sich Grimm unter dem Begriff »wahres Wesen« vorstellt.

Hier nun zwei Stellen aus den Schriften G. Grimms, die – nach meiner Meinung – an seiner Auffassung der Buddhalehre als verkehrt zu bezeichnen sind und zu einer Stellungnahme geradezu herausfordern.

So heißt es in seinem Buche: *Die Lehre des Buddha, die Lehre der Vernunft,* unter dem Abschnitt: Das Subjekt des Leidens:

> »Die Frage nach unserem wahren Wesen kann man aber von zwei Seiten beizukommen suchen: man kann sie direkt zu beantworten unternehmen oder indirekt, nämlich dadurch, daß man feststellt, was ich auf jeden Fall *nicht* bin. Welcher Weg der bessere ist, läßt sich von vornherein nicht entscheiden. Indessen ist doch ohne weiteres klar, daß der indirekte Weg unbedingt der sichere ist. Was ich *nicht* bin, kann ich auf jeden Fall einwandfrei feststellen, während die positive Antwort auf die Frage, »was ich bin« leicht Zweifel auslösen kann, ob ich denn nun in der Tat das bin, worin die Antwort mein Wesen verlegt, wie das unsere verschiedenen philosophischen Systeme sattsam beweisen. Es muß deshalb von vornherein mit Vertrauen gegenüber dem Buddha erfüllen, daß er den sicheren indirekten Weg geht …«

Dieser sichere, indirekte Weg der Beweisführung besteht nun darin, dass Grimm alles Erkennbare und Begreifbare am Menschenkörper mit den Worten der Buddhalehre abfertigt: Das bin ich nicht, das gehört mir nicht, das ist nicht mein Selbst. Man suche nun in den überlieferten Urtexten der Buddhalehre, ob dort irgendetwas darüber geschrieben steht, dass Buddha die Frage nach dem »wahren Wesen« des Menschen erstens gestellt und sie zweitens im Sinne der Erklärungen Grimms beantwortet hat. Man wird nichts finden. Wenn der menschliche Körper in den Lehrreden erklärt wird, dann nur in einer Weise, wie sie normale menschliche Sinne und normales menschliches Denken widerspruchslos erfassen, nicht mehr und nicht weniger; und wenn Grimm dem Buddha derartiges anzudichten versucht, so richten sich viele Stellen der Urtexte dagegen. So schon die folgenden Worte:

>»Werdet ihr … also erkennend, also verstehend, euch über die Gegenwart bald diese, bald jene Frage stellen: ›Bin ich‹ bin ich nicht – was bin ich – wie bin ich – woher ist wohl dieses mein Wesen gekommen – wohin wird es gehen?«
>»Gewiß nicht, o Herr!«

Auch im Eingang seines Buches: *Buddha und Christus* versucht Grimm den Anschein zu erwecken, als habe Buddha sich mit gleichen oder ähnlichen metaphysischen Grübeleien über ein unergründliches, wahres Wesen des Menschen befasst, als habe der Buddha tatsächlich einen ebensolchen Syllogismus aufgestellt wie Grimm, wenn er schreibt:

>»Die Werke es Verfassers haben in bisher beispielloser Weise in weiten Kreisen das Interesse für Buddhismus aufgewühlt. Dabei erklären ihn die einen für den Wiederentdecker des wirklichen alten Buddhismus aufgrund des Pali-Kanons, während ihn die Vertreter des traditionellen Buddhismus teilweise scharf bekämpfen. Um angesichts dieser Sachlage den Interessenten die Entscheidung sowohl darüber, was ursprünglich Buddhalehre ist, als auch über deren objektiven Wahrheitsgehalt so leicht als möglich zu machen, hat der Verfasser den Kern dieser Lehre auf einen einzigen Syllogismus zurückgeführt. Danach haben insbesondere die Gegner leichtes Spiel. Sie brauchen sich bloß mit zwei Fragen zu befassen, ob der Buddha selbst den Syllogismus lehrt, und dann, ob dieser wahr ist. Ja, vom rein buddhologischen Standpunkt aus kommt es überhaupt bloß auf die erste Frage an.«

Hierzu lässt sich bemerken, dass der Kern der Buddhalehre nicht ein Syllogismus ist, sondern *Vier heilige Wahrheiten*; darunter sind Erkenntnisse zu verstehen, die als Wahrheit widerspruchslos bewiesen werden oder beweisbar sein müssen.

Selbst wer die buddhistischen Urtexte nur flüchtig und in mangelhaften Übersetzungen gelesen hat, wird dabei gemerkt haben, das dieser Syllogismus nicht von Buddha aufgestellt wurde, sondern Grimms ureigenstes Machwerk ist.

Nach diesen Texten gab Buddha lediglich die Anweisung, von allem was sie in der Welt, im und am eigenen Leibe erkennen, zu denken: Das bin ich nicht, das gehört mir nicht, das ist nicht mein Selbst. Nirgends findet sich in den buddhistischen Urtexten auch nur eine Andeutung darüber, dass ein Mensch sein »Ich«, »Selbst«, sein »wahres Wesen« außerhalb aller Bestandteile seines Körpers oder außerhalb der Welt vermuten und suchen sollte. Die Worte »wahres Wesen«, mit Bezug auf ein außerweltliches Etwas, wird man in buddhistischen Urtexten vergeblich suchen. Dass der Buddha mit den angeführten Worten nicht jene Gedanken im Sinn hatte, wie Grimm sie vorträgt, ergibt sich allein aus der bereits angeführten Stelle, wonach sich vernünftige Anhänger seines Ordens nicht mit Fragen befassen sollten wie: »Bin ich?«, »bin ich nicht?«, »wie bin ich?«, »was bin ich?«, »dieses mein Wesen, woher ist es gekommen und wohin wird es wieder gehen?« Daraus ergibt sich, dass der angeführte Syllogismus nicht ein Werk Buddhas ist, der als Erkenntnistheoretiker feststellen wollte, was der Mensch in seinem wahren Wesen sei; er ist vielmehr ein Werk Grimms, der in einer so wichtigen Sache, wie sie das wahre Wesen des Menschen darstellt, keine rechte Erkenntnis besitzt; und im Sinne der buddhistischen Urtexte müsste es hier heißen: Unkenntnis, Nichtwissen gehen voran.

Grimms Gedanken über sein »wahres Ich« oder »wahres Selbst«, indem er sie verpersönlicht und ihnen eine selbstständige Existenz außerhalb seines Körpers, im wahrsten Sinne des Wortes andichtet, sind derart rückständig und unhaltbar, dass sie jeden wissenschaftlich, also nicht sprunghaft denkenden Menschen, abstoßen müssen. Er befindet sich damit ganz im Fahrwasser der Upanishads und des Vedanta; und so wundert es auch nicht, wenn er in einem seiner Bücher – sich als Gegner des Fortschritts zeigend – die Anhänger einer modernen Sekte des Buddhismus tadelt, die die Bedeutung der fortschrittlichen Wissenschaften auch für die Lehre des Buddha erkannt haben und danach handeln. Wenn in dieser Lehre immer wieder von rechter oder wahrer Erkenntnis gesprochen wird, dann hätte sich doch Grimm als Philosoph, als weitblickender Mensch, einmal die Frage stellen müssen: Wo finden sich solche Erkenntnisse? Wo werden sie hauptsächlich erstrebt und einwandfrei als solche bewiesen? Doch bestimmt nicht bei jenen Metaphysikern, die die wirkliche Welt mit einigen Federstrichen oder nichtigem Geschwätz als unwesentlich abtun und munter in den Tag hineinplaudern von übersinnlichen, außerweltlichen, unbegreiflichen wahren Wesen, Dingen und Zuständen.

Erst durch die fortschrittlichen Naturwissenschaften wurde Klarheit geschaffen über bestimmte Naturgesetze und Ursachenzusammenhänge in der Natur; erst durch ihre Ergebnisse wurde der Mensch fähig, bestimmte Naturgesetze für seine Bestrebungen zu beherrschen und zu meistern. Die bisher erzielten Ergebnisse der fortschrittlichen Naturwissenschaften sprechen für sich und geben klar zu erkennen, wo wirklich wahre Erkenntnis gepflegt, wo echte Wahrheitsforschung betrieben wird. Fortschrittliche Naturforscher sprechen vernünftigerweise nur über das, was klar erkannt, als Wahrheit widerspruchslos bewiesen werden konnte oder was als wahrscheinliche Hypothese mit sicheren Erfahrungen am besten übereinstimmt. Über Dinge, die bisher nicht klar erkannt werden konnten, forscht man in vernünftiger Weise, und spricht erst dann, wenn man einigermaßen klar sieht. Die Erkenntnisse der fortschrittlichen Naturwissenschaften verdienen diese Bezeichnung mit Recht, weil sich dabei wirklich etwas erkennen lässt. In diesen Wissenschaften ist es nicht möglich, mit leeren Begriffen, syllogistischen Formeln, dialektischer Wortakrobatik und nichtigen philosophischen Spitzfindigkeiten die Wirklichkeit zu verdrehen oder über unbegreifliche, außerweltliche Wesen zu phantasieren. Selbst der Geringste unter echten Naturforschern hält es für unmöglich, im Unergründlichen und Unbegreiflichen »unumstößliche Wahrheiten« zu ermitteln. Als vernünftiger, vorurteilslos denkender Mensch muss man sein Urteil über die fortschrittlichen Naturwissenschaften aufgrund ihrer erzielten Erfolge fällen. Allerdings muss zugegeben werden, dass sich die Naturwissenschaftler in Europa hauptsächlich mit der Erforschung der Außenwelt befassten unter Vernachlässigung des eigenen Menschenkörpers mit allen seinen geistigen und sonstigen Tätigkeiten. Erst verhältnismäßig spät wandte man sich der Aufgabe zu, das organische Leben und damit den menschlichen Körper gründlicher zu erforschen. Aber schon das, was in verhältnismäßig kurzer Zeit auf diesem Gebiete der Wahrheitsforschung geleistet worden ist, berechtigt zu den besten Hoffnungen für die Zukunft, sofern es sich dabei um rein wissenschaftliche Fragen handelt.

Was haben dagegen alle Metaphysiker vom Schlage Grimms bisher für eine klare Welterkenntnis getan?

Ihre hauptsächlichsten Leistungen erschöpfen sich in einem übermäßigen Aufwand von Schreib- und Redekraft, von Schreibmitteln und Papier. Die Ergebnisse ihrer Leistungen werden in der fernen Zukunft nicht wesentlich besser sein als in der Vergangenheit und Gegenwart, nämlich Unwissenheit, Dunkelheit und Unklarheit, die sich durch dialektische Wortkunst und Spiegelfechterei den Anschein des Wissens gibt. Inzwischen gehen die fortschrittlichen Naturwissenschaften unbeirrbar ihren Weg. So wie in der Vergangenheit schon manche metaphysische Seifenblase durch die Ergebnisse dieser Wissenschaften zerspringen musste, wird sich auch in Zukunft immer wieder dasselbe wiederholen.

Aus den Schriften Grimms über die Lehre des Buddha spricht ein Erkenntnistheoretiker im wahrsten Sinne des Wortes. Grimm will seinen Lesern das wahre Wesen des Menschen erklären und tut es nach der Art jener Philosophen und Metaphysiker, die die anschauliche Weltwirklichkeit gering achtend, da glauben durch eitlen Wortflitter und Wortzauber ließen sich Wahrheiten ermitteln oder beweisen. Grimm versucht seinen Lesern allen Ernstes noch etwas zu erklären, nachdem er zuvor alles irgendwie Erkenn- und Begreifbare als »wesensfremd« beiseite geräumt, ja selbst eine Materie oder Substanz der menschlichen Erscheinung, wie sie heute auf dem Gebiete der Biophysik und Biochemie erforscht wird, hinwegtheoretisiert hat. Danach muss er den Menschen notwendig mit lauter nichtssagenden, inhaltlosen Begriffen erklären.

Was dem Begriffe »Welt« Inhalt, Sinn und Wert verleiht, ist, allgemein gesprochen, eine Materie oder Substanz, ganz gleich in welchen Organisationszuständen sie bestehen mag, ganz gleich auch ob es sich dabei um sinnlich-anschauliche oder übersinnliche Organisationszustände handeln mag. Nimmt man die Materie oder Substanz hinweg, so entzieht man dem Begriff »Welt« seine Grundlage. Was also Grimm als »wahres Wesen« des Menschen außerhalb der Materie, außerhalb der Welt erklärt, sind, nüchtern gesehen, leere Worte.

Grimm kann sich bei seinen Erklärungen über das »wahre Wesen« des Menschen nichts Klares vorgestellt haben, zumal er es als unerkennbar und unergründlich bezeichnet. Er stellt eine Theorie auf, die, bei nüchterner Betrachtung, wertlos ist; denn was nützt es einem Menschen zu wissen, sein wahres Wesen gehöre nicht zur Welt, es müsse außerhalb der Welt begriffen werden. Durch solche Theorien, besser Einbildungen, kann in der wirklichen Welt nichts verbessert werden, dadurch können strebende Menschen nie dem Einfluss und Zwang der Naturgesetze entrinnen, so wie es die Buddhalehre erstrebt; durch diese Unwissenheit werden sie nie fähig, die Naturgesetze im Sinne aller Bestrebungen der Buddhalehre zu beherrschen und zu meistern.

Als unannehmbar muss es überhaupt bezeichnet werden, wenn Grimm in die ursprüngliche Buddhalehre eine Betrachtungsweise hineinträgt, er etwas ausspricht, was in keiner Stelle der Urtexte auch nur andeutungsweise enthalten ist; so z.B., wenn es in seinem Buche: *Wissenschaft des Buddhismus* heißt:

>>Nun lehrt der Buddha tatsächlich diese Unerkennbarkeit des Ich. Ja, er lehrt sie in einer Schärfe, wie sonst niemand mehr und in einer Weise, daß gar manche schwache Geister ihm überhaupt nicht mehr folgen können und die von ihm gelehrte *Unerkennbarkeit* des Ich als *Leugnung* des ich verstehen ...<<

Auch hier versucht Grimm dem Buddha etwas anzudichten, wozu keine Stelle der Urtexte einen berechtigten Grund gibt, im Gegenteil; viele Stellen dieser Texte, angeblich eigene Worte des Buddha, sprechen sich ganz klar gegen jene Denkweise aus, wie man sie bei Grimm beobachten kann. Nach dem Wortlaut und Sinn der Urtexte sollten sich vernünftige Menschen nicht mit Fragen befassen, die unergründlich und unbegreiflich sind, die zu keinem sicheren Ergebnis führen, sondern nur in eine Gasse der Ansichten. Wer sich mit solchen Fragen befasst, wird in den Urtexten als Tor bezeichnet.

Aber ganz abgesehen von diesem Einwand, stelle man sich doch einen Wissenschaftler vor, der die Unerkennbarkeit einer Erscheinung >>mit der Schärfe wie sonst niemand mehr<< lehrt; es ist von vornherein gewiss, dass es nicht die schwächsten Geister sein werden, die einem solchen Wissenschaftler die Gefolgschaft versagen. Nur gedankenlose Gläubige, die sich durch leere Worte und nichtige Phrasen täuschen lassen, können die Gefolgschaft eines derartigen Wissenschaftlers sein. Man muss es als einen Verstoß sowohl gegen den gesunden Menschenverstand wie auch der Lehre des Buddha bezeichnen, dem Buddha eine derart traurige Berühmtheit anzudichten.

Liest man die Schriften Grimms, ohne die Buddhalehre aus anderen Quellen zu kennen, so gewinnt man den Eindruck, als beruhe das Hauptgewicht dieser Lehre im Forschen nach Klarheit darüber, was der Mensch in seinem wahren Wesen sei, ob ein >>Ich<< oder >>Selbst<< der menschlichen Erscheinung bestehe oder nicht, wo man das wahre Wesen des Menschen zu suchen habe, ob es vernichtet werden kann oder nicht. Es soll nicht gesagt werden, dass diese Fragen ohne Bedeutung seien. Wer nach Klarheit und Wahrheit forscht, wird gegenüber dieser Fragen nicht gleichgültig bleiben. Im Zusammenhang mit der ursprünglichen Buddhalehre, bedeuten sie jedoch nicht die Hauptsache. Gerade in diesen Punkten stehen sich der Wortlaut der Urtexte und die Erklärungen Grimms gegenüber wie zwei Fremdkörper, die keinerlei Verbindung eingehen.

Grimm, der dem Buddha seine eigenen Worte und Erklärungen, seine haltlosen Phantasien in den Mund legen möchte, hat Sinn und Bedeutung der Buddhalehre nicht richtig erkannt und behandelt diese Lehre deshalb falsch. Recht erkannt und behandelt hat diese Lehre nur ein Ziel, wie es in den vier heiligen Wahrheiten gewiesen und erklärt wird. Nach den Worten Buddhas, geht dieser Lehre »rechte Erkenntnis« voran. Schon aus diesem Grunde darf sich diese Lehre nicht mit dunklen, unklaren, unbegreiflichen und ergründlichen Dingen und Wesen befassen, sondern muss sich notwendig auf Vorstellungen gründen die als Wahrheit widerspruchslos beweisbar sind. Ist das Letzte nicht möglich, wie bei den Erklärungen Grimms, dann kann man nicht mehr von Wahrheiten sprechen. Man handelt nicht im Sinne dieser Lehre, wenn man Erkenntnisse in diese Lehre einzugliedern versucht, die keine Wahrheiten sind, die sich auf Unkenntnis und Unwissen gründen.

Wird die Buddhalehre recht erfasst und behandelt, gemäß den Anweisungen der Urtexte, dann kann sie auch nicht zum Tummelplatz oder Schlachtfeld törichter Zänkereien und Streitigkeiten der verschiedensten Meinungen werden. Das Letzte muss notwendig eintreten, indem törichte Menschen streitbare Erkenntnisse und Dinge in diese Lehre hineintragen oder mit ihr verknüpfen, so wie man es aus Schriften Grimms ersehen kann. Gegen solche Menschen wenden sich die Worte der Urtexte ganz klar und eindeutig.

Dieses Jonglieren mit leeren Worten, mit abstrakten dunklen Vorstellungen, wie Grimm es tut, wird zuweilen auch als Philosophie ausgegeben. Viele Denker auf diesem Gebiet verstehen es einen bestimmten Begriffsschatz den sie im Gedächtnis bewahren zu formen; sie blicken dabei überhaupt nicht in die Natur und die Wirklichkeit des Lebens, sie haben nur Worte vor Augen oder im Gedächtnis. Jeder kritisch denkende Mensch wird von tödlicher Langeweile befallen, wenn er beim Lesen nur Worte vernimmt jedoch nichts sieht oder sehen lernt, wenn sich durch Worte die sinnlich-anschauliche Welt wie ein grauer Dunstschleier auflöst oder sich Worte wie ein trüber Nebel vor die sinnlich-anschauliche Welt lagern und die Dinge nur undeutlich zeichnen oder ganz verschleiern.

Die Geschichte der Philosophie weist eine Menge solcher »Ritter vom reinen Geist« auf. Welch wüster Begriffssalat, hervorgegangen aus reinem Denken, findet sich mitunter in manchen ihrer Werke. Dieser Begriffssalat überschattet oder überdeckt das Spärliche der Wirklichkeit, dass man davon nichts mehr sieht, dass sie unter diesem Begriffssalat nur verzerrt, fast unerkennbar erscheint.

Wenn man gegenwärtig von einer Unfruchtbarkeit des Abendlandes hinsichtlich philosophischer Probleme spricht, so insbesondere deshalb, weil echte Wahrheitsforschung der fortschrittlichen Naturwissenschaften das Spiel dieser Art Philosophen oder Dichterphilosophen als Schein, Täuschung, meist nichtiges Wortblendwerk, hinter dem sich kein realer Kern verbirgt, aufdeckt und entlarvt.

Will man also den Wert aller philosophischen Systeme, wie auch Grimm sie vertritt, erfassen, so verfolge man nur die Geschichte der Philosophie und die der fortschrittlichen Wissenschaften. Ein Kartenhaus nach dem anderen streng logischer Trugschlüsse ist bisher unter der Wucht jener Wahrheiten zusammengebrochen, die die fortschrittlichen Wissenschaften bisher ermittelt haben. Die Zukunft kann und wird nichts anderes lehren; denn Wahrheiten lassen sich, wie bereits angeführt, nicht durch bloßes Denken ermitteln und als solche beweisen ,sondern nur in der Form, wonach bestimmte Urteile mit der beurteilten Sache übereinstimmen müssen. Zu diesem

Zweck muss man die jeweils beurteilte Sache widerspruchslos erkennen. Bei dem, was Grimm als unser »wahres Ich« bezeichnet, ist das Letzte unmöglich. Man wird also nie Klarheit darüber gewinnen, was hier Wahrheit oder Unwahrheit ist.

Diese Art von Erkenntnis- und Forschungstätigkeit, die die weltlichen Erscheinungen mit nichtssagenden leeren Begriffen, mit unbekannten übersinnlichen Wesen, Ursachen und Gesetzen zu erklären versucht, muss notwendig in ein unentwirrbares, undurchdringliches Gestrüpp der verschiedensten, sich widersprechenden, oft auch bekämpfenden Ansichten und Meinungen führen. Es gibt hier nichts, dass den Wahrheitsgehalt solcher Meinungen erbringen könnte. Was so gesagt wird, lässt sich mit dem gleichen unbewiesenen und unbeweisbaren Recht bejahen wie verneinen, willkürlich auslegen und deuten. Wer dazu neigt, überirdische oder gar außerweltliche Dinge zu ergründen und zu erklären, sollte sich vorerst darüber klar werden, dass es in der sinnlich-anschaulichen Welt noch unendlich viel zu ergründen und zu erklären gibt; dass es ferner unmöglich ist, übersinnliche und außerweltliche Dinge im einigermaßen klarem Zusammenhang mit der sinnlich-anschaulichen Welt zu begreifen, ehe nicht die wahren Gesetze und Ursachenzusammenhänge in dieser wirklichen Welt bekannt sind. Nur gründliche, vorurteilslose Erkenntnis dieses Teils der Welt und Natur, liefert die Handhabe oder den Schlüssel zur besseren Erkenntnis übersinnlicher Dinge und Gebiete.

Sollte nun mancher Idealist, dem das bloße Wort »Materie« Unbehagen bereitet, für den die wirkliche Welt nur Schein, Trug und nicht das wahre Sein ist, den Einwand erheben die Sinne trügen, – und was bei krankhafter Verfassung auch zutreffen mag – so lassen sich doch alle durch Sinnestäuschung entstandenen Erkenntnisfehler im Verlaufe der Zeit als solche durchschauen und berichtigen; das lehrt die Entwicklung der Naturwissenschaften. Wohl erstreben die fortschrittlichen Naturwissenschaften ein Weltbild frei und unabhängig von Sinneswahrnehmungen, so wie man es als Ergebnis der neueren Atomforschung beobachten kann. Der Wahrheitsgehalt eines solchen Weltbildes ist jedoch nur anhand von Sinneswahrnehmungen gewonnen worden und muss immer wieder anhand von Sinneseindrücken bewiesen werden. Jedes Weltbild in Form abstrakter Rechenformeln muss, falls es wahr sein soll, mit allen Sinneswahrnehmungen übereinstimmen.

Die Entwicklung der fortschrittlichen Naturwissenschaften kann verglichen werden mit einem Bau, der immer höher empor führt, immer umfangreicher gestaltet wird. Je höher und umfangreicher dieser Bau, desto breiter und fester muss sein Fundament sein. Ein gewaltiger Bau und ein schwaches, schmales Fundament vereinbaren sich nicht. Das Fundament aller Wissenschaft, die Anspruch auf Wahrheit erhebt, ist Sinneswahrnehmung. Auf dieses Fundament verzichten wäre gleichbedeutend mit der Errichtung eines freischwebenden Baues. Das wäre nicht durchführbar und müsste, falls er begonnen würde, immer wieder zur Erfolglosigkeit führen. Wenn also manch einer meint die Sinne trügen, so entspricht das nicht dem wahren Sachverhalt. Die Sinne empfangen in langer gleichbleibender Folge bestimmte Einwirkungen aus der Umwelt, sie zeichnen in gleicher Folge die einfache klare Sprache der jeweiligen Außenwelt. Erkenntnisfehler entstehen immer durch denkende Verarbeitung der Sinneseindrücke im Menschen, wobei Sinneseindrücke falsch gedeutet und subjektiv ausgelegt oder aufgrund überlieferter wahnhaft-abergläubiger Vorstellungen beurteilt werden. So z.B., wenn man sich verworren und unklar eine Welturache denkt, sie mit dem Begriff »Gott« bezeichnet und sie ebenso oder ähnlich denken, sprechen und handeln lässt, wie Menschen es tun.

ÜBER GOTT

Die Gottesvorstellungen der Christen in Europa und sonst irgendwo entstammen der Bibel. Sie ist eine Art Geschichtsbuch des jüdischen Volkes und unternimmt es, Gott, seine Eigenschaften, seinen Willen, sein Verhältnis zur Welt und zum Menschen zu erklären. Dieses Buch erklärt Gott wie einen Nationalgott, der mit dem jüdischen Volke im Bunde steht, dem es hauptsächlich um das Wohl und Wehe des jüdischen Volkes zu tun ist. Das Christentum hat den Gottesbegriff, wie er in der Bibel erklärt wird, zum Fundament; man kann sagen, es steht und fällt mit dieser Art Gottesbegriff. Für nüchtern denkende Menschen ist all das, was in diesem Buche über Gott ausgesagt wird, Ausgeburt der dichtenden Phantasie kindlich-einfältiger, unwissender Menschen.

Ein Beispiel dafür, wie sich Christen heute noch Gott, sein Wirken, sein Verhältnis zur Welt und zum Menschen denken, findet sich in den folgenden Zeilen aus dem Buche: »*Ein Christ erlebt die Probleme der Welt*« von A. Gedat:

»Alles vergeht, nichts ist ewig, Kulturen kommen und gehen wie die Geschlechter der Menschen, blühen, verwelken wie das Gras und des Grases Blumen. Ewig ist nur der Herr der Welt, vor dessen Herrlichkeit alles Irdische Staub ist. Er schuf die Welt und ist heute noch ihr Herr und er wird es sein durch alle Ewigkeiten. Er gibt den Rassen und Völkern ihre Aufträge nach denen sie Kulturen schufen und schaffen. Er sagt das letzte Wort zu allem, was Menschen erdenken und was Menschen vollbringen, aber das letzte Wort muß nicht immer ein Ja sein. Er kann auch mit einem Nein antworten, und dieses Nein setzt allem menschlichen Wollen und Tun sein Ziel.

Gottes Wort gilt, wie es gegolten hat. Es fordert Gehorsam der Einzelmenschen, Gehorsam der Völker, Gehorsam der Rassen. Wo immer Kulturen zerbrechen geschieht es um des Gehorsams der Menschen gegen den Herrn der Welt, der der Herr der Geschichte ist.

Das ist nicht der Ausdruck einer pessimistischen Weltanschauung, sondern ist Erkenntnis unserer Abhängigkeit von dem ewigen Schöpfer und Vater, der liebend seine Hände nach uns ausstreckt und in dessen Händen Menschen und Völker sich geborgen wissen in aller Vergänglichkeit der Zeiten.«

Aus solchen Worten und aus dieser Weltanschauung sprechen die in der Christenheit zu Denkgewohnheiten erstarrten Gottesvorstellungen der Bibel. Es handelt sich bei solchen Denkgewohnheiten schon deshalb nicht um Wahrheit, weil keiner der bisher lebenden Menschen (auch die Bibelschreiber nicht) wusste, was er sich unter dem Begriff Gott vorstellen soll. Die Bibelschreiber haben sich, ähnlich wie man es bei primitiven Menschen findet, einen Gott nach ihrem menschlichen Ebenbild geschaffen und mit Eigenschaften wie Allmacht, Allwissenheit u.s.w. ausgestattet, die man vorerst als Wunschbilder menschlicher Phantasie bezeichnen muss.

Oben wird Gott als »Herr der Welt« als »ewig« bezeichnet. Darunter muss ein Wesen verstanden werden, das nicht geworden, das nicht veränderlich, nicht vergänglich ist, das weder inneren noch äußeren verändernden Einflüssen unterliegt noch ausgesetzt ist. Die Bibel erklärt nun aber Gott als veränderliches Wesen. Danach ist er, ebenso wie wir Menschen, verschiedenen inneren Stimmungen und Gemütsschwankungen unterworfen. So z.B., wenn er einmal als allgütiger liebender Vater, ein andermal als Rächer oder strafender Richter erklärt wird der sein eigenes Werk, seine eigene Schöpfung verdammt und richtet, was sogleich auch einen der zahlreichen Widersprüche in dieser Schrift offenlegt. Denn wie soll man es verstehen, wenn Gottes angeblicher Sohn Christus im Neuen Testament der Bibel, den Menschen die Botschaft bringt: Liebe deinen Nächsten wie dich selbst, vergilt Böses nicht mit Bösem, tue Gutes denen die dich hassen, richtet nicht, damit ihr nicht gerichtet werdet.

In der Bibel steht überhaupt sehr viel vom Richten, sowohl im Alten als auch im Neuen Testament. Da steht so manches vom Richteramt Gottes, der Engel, der Heiligen u.s.w. Diese Richter sollen dereinst die Feinde der Juden und später der überzeugten gläubigen Christen vor dem Fußschemel dieser überzeugten gerechten Juden und Christen legen. Daneben halte man nun die bereits angeführten Worte des Neuen Testaments: Richtet nicht, damit ihr selbst nicht einmal gerichtet werdet. Was ist hier nun richtig und was falsch. Wer darf eigentlich richten und wofür und über wen? Bei wem ist Richten zulässig und bei wem nicht?

Auch hier Widersprüche die in der christlichen Religion solange bestehen werden, als sich diese Religion auf widerspruchsvolle Bibelvorstellungen gründet. Man fragt sich überhaupt, wie der Geist des Alten Testaments: Auge um Auge, Zahn um Zahn, mit dem Geist der Nächstenliebe, ja sogar Feindliebe verbunden werden konnte.

Wenn die sinnlich-anschauliche Welt, wie *Gedat* meint, das Werk eines unendlichen, ewigen Schöpfers wäre, dann müsste man doch irgendetwas in ihr finden, was zu einem solchen Schluss berechtigt oder zwingt. In der sinnlich-anschaulichen Welt findet sich nun nichts, was auf ein ewiges, unveränderliches Wesen hinweist oder davon überzeugt. Vergangenheit und Gegenwart zeigen nie ruhende Veränderung alles Bestehenden in allen wahrnehmbaren Welträumen. Auch die Zukunft wird kaum etwas anderes offenbaren als die Vergangenheit bisher gezeigt hat. Was unsere Sinne erfassen sind fortlaufende Veränderungen an allen erkennbaren Formen der Weltmatcrie.

Man stelle sich, nach den Ausführungen *Gedats,* einen ewigen, allmächtigen Gott vor der unverändert beharren soll, der über den Dingen steht, weder innerlich noch äußerlich an diese Dinge gebunden, von diesen unabhängig sein soll und der seinen Geschöpfen, oder sagen wir gleich nur den Menschen, derart räumlich und zeitlich engbegrenzte Aufträge

geben soll, wie die irdisch-menschlichen Kulturen, diesen Ein-
tagsfliegen in der Weltewigkeit, bei denen sich vor allem kein
anderer höherer vernünftiger Sinn und Zweck begreifen lässt,
als beim Getriebe eines Ameisen-, Bienen- oder sonstigen
Kleingetiersvolkes. Welchen höheren Zweck sollten Kulturen
haben wie die vergangenen und gegenwärtigen, die vielleicht
einige Tausend Jahre bestehen und dann wieder vergehen?

Für eine gereiftere Vernunft ist es nicht einleuchtend,
dass ein ewiges, vernünftiges Wesen allen Ernstes auf die
Verwirklichung derart unbeständiger, unzulänglicher Ziele
bedacht sein sollte, wie sie die irdisch-menschlichen Kulturen darstellen. Man lese nun in den Lebensbeschreibungen
christlicher oder buddhistischer Mönche und Heiliger, wie
diese über menschliche Kulturen dachten, was sie davon hielten. Was diese Heiligen taten könnte schon eher als Aufträge
Gottes angesehen und beurteilt werden, sofern sich ihr Wille
abwandte von allen vergänglichen Dingen. Sie hielten nicht
einmal für gut, was der Bibelgott des Alten Testaments den
ersten Menschen riet; nämlich: wachset und mehret euch!

In den Zeilen *Gedats* dichtet menschliche Phantasie und Unwissenheit einem unbekannten Gott unzulängliche menschliche Absichten und Ziele an. Man stelle sich weiter die obigen
Worte vom ewigen Schöpfer und Vater dieser Welt bildlich
vor, wie er liebend seine Hand nach den Menschen ausstreckt,
in dessen Hand sich Menschen und Völker – besonders die europäischen – geborgen wissen in aller Vergänglichkeit.

Ist es schon verkehrt einem unbekannten Wesen Eigenschaften und Willensabsichten zu- oder abzusprechen, so ist es geradezu unsinnig ihm Widersprechendes anzudichten. Wie soll
sich ein nüchtern anschauender und denkender Mensch einen
liebenden Vater im Himmel als Schöpfer einer Hölle des Daseinskampfes vorstellen, worin der Stärkere den Schwächeren
ausnutzt, ausbeutet oder zur Befriedigung seines Nahrungsbedürfnisses kurzerhand umbringt und auffrisst, worin der
jeweils Stärkere nie der Bessere im Sinne wahrer Religion ist.

Man stelle sich eine Schöpferhand bildlich vor, worin sich
ein Menschengewürm selbstsüchtig, habgierig, boshaft,

rechthaberisch, gehässig, neidisch, misstrauisch, feindselig, machtbesessen gegenübersteht und sich mit immer schlimmeren Vernichtungswaffen und -systemen bedroht und bekämpft, worin Christen, die zu einem Gott beten, die Gebote lehren wie:»Liebe deinen Nächsten wie dich selbst«, »Tue Gutes denen die dich hassen«,»Vergilt Böses nicht mit Bösem«, in sinn- und zwecklosen Kriegen untereinander schlimmer gewütet haben als Tiere es tun können. Man frage sich: waren die Taten gewisser Päpste in der Frühzeit und im Mittelalter des Christentums, sogenannter Stellvertreter Gottes auf Erden, waren die Greultaten der Christianisierung, war die Inquisition, die Unterdrückung, Verfolgung und Ausrottung Andersgläubiger, waren die Religionskriege u.s.w. Aufträge Gottes?

Ein liebender Vater als Schöpfer einer Hölle des Daseinskampfes, wie sie das organische Leben besonders das der Tiere und Menschen darstellt, ist eine unsinnige Vorstellung. Seit seinem Urbeginn war das organische Leben auf der Erde eine Art Hölle. Das Leben schreitet auch heute noch über Leichen, über die Leichen der jeweils schwächeren Wesen, die nur Mittel zum Zweck sind, damit der jeweils Stärkere sein Dasein erhalten und behaglich leben kann.

Wenn schon über den Begriff Gott gedichtet wird, wenn solcher Dichtung ein Schimmer Wahrheit anhaften soll, dann sollte man folgerichtig dichten. Einem etwaigen Schöpfer alles dessen was sich auf Erden bisher ereignet hat, noch ereignet und auch weiterhin ereignen wird, sollte man nach seinem Werk beurteilen. Der Schöpfer eines nie ruhenden, unerbittlichen Daseinskampfes, sofern er dieses Werk mit voller Absicht und Überlegung, bei klarem Bewusstsein und Verstand schuf, kann nur als eine Art Dämon oder Teufel beurteilt werden.

Die Art und Weise, wie die Bibel Gott, das Werden der Welt und der Menschen, das Verhältnis Gottes zur Welt und zum Menschen erklärt ist widerspruchsvoll. Wäre Gott die einzige Ursache der Weltentstehung und des Werdens der Dinge in der Welt, dann ergibt sich notwendig der Schluss, dass er alles Böse und Üble mit erschaffen haben muss. Vorurteilslos gesehen findet man in dieser Welt sehr viel Böses, das wahrhaft Gute, Edle und Göttliche ist, sowohl in der vergangenen als auch gegenwärtigen Menschheit, besonders aber im organischen Leben, etwas äußerst Seltenes. Um den Widersprüchen aus solchen Folgerungen zu entgehen, hat sich die menschliche dichtende Phantasie eine andere unbekannte Größe erfunden, nämlich den Teufel als Urheber das Bösen. In folgerichtig durchdachten Religionen wird das Weltgeschehen dargestellt als Gegenspiel oder Kampf zweier Kräfte, einer guten und einer bösen. Diese Darstellung des Weltgeschehens vereinbart viel besser mit allen Erfahrungen, als die Gottes- und Weltvorstellung der Bibel.

Wäre es nun wirklich so, wie *Gedat* oben darzustellen versucht, dass ein allmächtiger, mit allen guten und vollkommnen Eigenschaften ausgestatteter Gott die Naturgesetze nach seiner Willkür beeinflussen und beherrschen könnte, dann müsste auf Erden schon längst verwirklicht sein, was Buddha, Christus und andere religiöse Genies wollten und erstrebten; vor allem aber bessere Daseinsordnungen als jene bisher bekannten, durch Menschen geschaffenen. Es dürfte dann auch keine Märtyrer mehr geben für wahrhaft religiöse, heilsame Bestrebungen; ferner müsste zumindest allen Menschen klar geworden sein, was ein wahres Heil, bessere Daseinsformen und Daseinsordnungen sind, wie, und durch welche Mittel, auf welchem Wege sie etwa erreicht und verwirklicht werden können. Es widerspricht aller Logik und Vernunft, es vereinbart sich auch nicht mit dem gewiss unzulänglichen menschlichen Begriff Gerechtigkeit, wenn ein allmächtiger, allwissender Gott, als Schöpfer und Lenker des Weltalls, seinen eingeborenen Sohn sendet und opfert um die Sünden schlechter Menschen zu sühnen und zu tilgen, wenn also ein Unschuldiger für die Sünden anderer büßen muss. So etwas kann nie Sinn und Zweck des Wirkens Jesu Christi gewesen sein; in diesem Sinne lässt sich sein Wirken nicht vernünftig erklären.

Ein Buch mit so vielen Widersprüchen wie die Bibel, kann nicht eingegeben worden sein von einem allmächtigen Gott.

Wenn z.B. nach der Bibel die Welt und alles in ihr aus dem Nichts entstanden sein soll, so widerspricht das allen bisher gewonnenen Erfahrungen. Aus den bisherigen Ergebnissen der vorurteilslosen Naturwissenschaften sind alle Naturerscheinungen, ob wir sie nun wahrnehmen oder nicht, Organisationszustände bestimmter Materieelemente, besondere Vorgänge an der Weltmaterie, Substanz oder wie man die Grundlage aller Dinge bezeichnen will. Der Mensch ist ein solcher Organisationszustand und auch die Erscheinung eines etwaigen Gottes dürfte nicht wesentlich anders aufgefasst werden, sofern man dieses Wort aus seiner Begriffsunwirklichkeit irgendwie im Zusammenhang mit der sinnlich-anschaulichen Weltwirklichkeit bringen und begreifen will. Beide Erscheinungen, der Mensch, wie auch ein etwaiger Gott unterschieden sich dann nur in ihrer unwesentlichen äußeren Form, in besonderen Eigenschaften an dieser Form und ihrem Verhältnis zu einer jeweiligen Umwelt. Sieht man die Dinge so, dann hat die menschliche Vernunft das Recht zu der Frage, die in der Bibel nicht gestellt wird, nämlich, woher denn Gott ist, wie er geworden ist. Wir sehen und wissen heute, dass die Form aller bekannten Naturerscheinungen abhängig ist von einer bestimmten Umwelt und einer Entwicklungsbahn oder einem Werdegang unter jeweils veränderlichen Umweltverhältnissen.

Die Bibel und ihr Inhalt sind Menschenwerk. Dieses Buch wurde geschrieben von Menschen mit menschlichen Eigenschaften, mit zum Teil recht unzulänglichen Eigenschaften. Damit soll keineswegs ihr gesamter Inhalt abgelehnt werden, denn es finden sich in ihr eine Menge uralter Lebensweisheiten, die immer ihre Gültigkeit behalten.

Die Gottesvorstellungen dieser Schrift mit ihren vielen Widersprüchen sind jedenfalls ungeeignet als Grundlage einer Religion für heutige aufgeklärte, vorurteilslos denkende Menschen. Der Bibelgott ist ein Nationalgott der Hebräer vor zweitausend Jahren und hat als solcher keine andere Bedeutung als die Götter der alten Griechen, Römer und sonstiger

Völker des Altertums, einbegriffen Allah, Brahma und was sonst irgendwie in der Menschheit als Gott bezeichnet und angebetet worden ist und noch wird.

Sollte in unserer Zeit eine Religion das Phantasiegebilde eines Gottes brauchen, dann müsste dieses Gebilde erklärt werden in bestmöglicher Übereinstimmung mit der sinnlich-anschaulichen Welt und dem heutigen vertieften Naturwissen. In diesem Sinne könnte ein etwaiger Gott nicht anders erklärt werden wie alle sonstigen Naturdinge, nämlich, als Organisationszustand gewisser Materieelemente. Spricht man einem solchen Wesen Macht über die Natur zu, ähnlich wie sie manche Menschen besitzen und ausüben, dann muss gefolgert werden, dass sich auch die Daseinsform eines solchen Gottes unter dem Einfluss der Naturgesetze gebildet hat und diesem Einfluss weiterhin ausgesetzt ist. Eine Religion die bleibenden Wert haben soll, müsste sich auf Wahrheiten gründen, auf Erkenntnisse also, die mit sinnlich-anschaulichen Erfahrungen und Tatsachen widerspruchslos übereinstimmen, die die Dinge so darstellen und erklären, wie sie jeder Mensch mit normalen Sinnen anschaut und mit normalen Verstand denkt und begreift; selbst übersinnliche Dinge müssten in bestmöglicher Übereinstimmung mit der widerspruchslos offenbaren Weltwirklichkeit erklärt werden.

Was ist Gott? Was sind Götter? Ohne Vorurteil gesehen sind es für die meisten Menschen, ich möchte sagen für alle, leere Worte die auf transzendente Erscheinungen bezogen werden. Jedes Wort erhält seinen Inhalt, seinen Wert und seine Daseinsberechtigung erst durch jene Erscheinung und Sache, auf die es nach allgemeiner Übereinkunft bezogen wird. Worte sind willkürliche Machwerke von Menschen für alles was auf ihre Sinne einwirkt und hier Gegenwirkungen hervorruft, was in ihrem Innern, ihrem Bewusstsein vor sich geht. Höheren Wert haben jene Begriffe, die sich auf widerspruchslos erkennbare Dinge beziehen, deren Wahrheitsgehalt anhand solcher Dinge ermittelt werden kann. Worte für sich allein sind wertlos, sind allein Gedankendinge die jeder willkürlich

ersinnen und mit einem wahrscheinlichen oder phantasti-
schen Inhalt erfüllen kann. Ob solchen Gedankendingen etwas Wahres und Wirkliches in der Natur entspricht, ist eine
andere Frage.

Von Wahrheiten über den Inhalt des Begriffs »Gott« und
allen damit zusammenhängenden Vorstellungen könnte also
erst dann gesprochen werden, wenn sich anhand einer wirklichen Erscheinung Gehalt und Bedeutung des Gottesbegriffs
ermitteln ließe, wenn auf diese Weise festgestellt werden
könnte, ob die menschlichen Gedanken und Worte über Gott
mit einer wirklichen Erscheinung widerspruchslos übereinstimmen.

Der Begriff »Gott« mit allen seinen Beilegungen und Aus-
schmückungen, wie er in der Bibel erklärt wird, ist ein Machwerk der dichtenden Phantasie.

Zur Wahrheitsforschung
in religiösen Fragen

Beispiele dafür, wie Wahrheitsforschung in religiösen Fragen nicht betrieben werden sollte, finden sich in einem Buche: *Was ist Wahrheit* von Prof. Oskar Bertling, der, in seiner Eigenschaft als christlicher Theologe, das Dasein Gottes mit den folgenden Worten zu beweisen versucht.

>*Das Absolute kommt zum Selbstbewußtsein in dem Menschengeiste.* Nun ist ja nicht zu leugnen, daß auch der Menschengeist eine Auswirkung, also gewissermaßen auch eine Selbstdarstellung des Urwesens in der Erscheinungswelt ist, ja sogar die höchste, vollkommenste! Es handelt sich aber nicht bloß um eine im Zeitverlauf hervorgetretene Wirkung, um eine endlich auch erreichte Erscheinungsform der Urkraft, sondern um das *ewige innere Wesen derselben* vermöge dessen sie auf *solche Auswirkungen* hinstrebt, vermöge dessen sie den ganzen dazu erforderlichen Apparat, den großen, allgemeinen der Welt und den kleinen, besonderen des menschlichen leiblichen und seelischen Organismus herausgebildet hat, vermöge dessen sie gerade dieses menschliche Geistesleben bewirkt! *Und dieses ewige innere Wesen der Urkraft* muß wie uns seine Wirkung erkennen läßt – »*geistiger Art*« sein.

>»Da uns also das Kausalitätsgesetz mit logischer Notwendigkeit zu der Erkenntnis führt: <u>es ist eine unendliche große, ewige und einheitliche Urkraft die Ursache alles Wirklichen</u> *und seines Wirkens*, und zwar wegen des geistigen Charakters der höchsten Produkte selber als G e i s t zu denken – so ist es einfach eine Wahrheitspflicht, daß wir bestimmt und laut aussprechen: *das Dasein Gottes ist beweisbar und zwar mit völliger Gewißheit.*«

»... Es gibt zwar fehlerhafte und mehr noch mangelhafte Gottesbeweise; aber der *kosmologische Kausalitätsbeweis ist richtig und zwingend.*«

»Beide Männer (Spinoza und Schleiermacher) und alle ihre Gesinnungsgenossen und namentlich diejenigen, die sich in neuester Zeit dem trostlosen Buddhismus zugewendet haben, hätten mit einem Male von den gemütbeengenden Fesseln des Pantheismus frei werden können, wenn sie die von Stoikern beachtete Tatsache des *Geisteslebens* der Menschheit beachtet hätten, nämlich, daß der U̲r̲g̲r̲u̲n̲d̲ *geistiger Art sein muß, da er doch Geistesleben verursacht.*«

BEMERKUNGEN: So denkt ein strenger Bibelgläubiger, der sich wahrscheinlich noch nie darum gemüht hat den wahren Charakter des Geisteslebens auch nur einigermaßen vorurteilslos zu erfassen. Wir lesen dann etwas von Wahrheitspflicht. Der Geist der solch ein Wort im Hinblick auf die Wahrheit gebraucht ist Dogmatiker- vielleicht auch Fanatiker-Geist.

Was Bertling oben ausführt ist ein sehr schwacher Wahrheitsbeweis für das Dasein Gottes. Was kann man sich nicht alles unter verschwommenen nichtssagenden Begriffen, wie »das Absolute«, »ewige Urkraft«, »Urgrund« u.s.w. vorstellen. Durch solche Worte wird im Grunde ebenso viel oder ebenso wenig erklärt, wie z.B. durch die christliche Allerweltsformel vom »unerforschlichen Ratschluss Gottes« erklärt wird. Diese Formel, unter die der denkträge gläubige Christ alles stopft, was entweder nicht mit dem Bibelinhalt übereinstimmt oder was sich mit seiner Meinung und Ansicht über Gott nicht vereinbart, ist quasi das letzte und höchste Mittel, um sein mangelhaftes Bedürfnis nach Erkenntnis der wahren Ursachenzusammenhänge zu befriedigen.

Bertling schließt oben vom Geist des Menschen auf Gottes Dasein als Geist. Es hat den Anschein als stellte er sich unter Gottes Tätigkeit als Geist nur die Geistestätigkeit christlicher Theologen und überzeugter Christen vor. Wenn man schon wie Bertling folgert, dann müsste man notwendig auch fragen: was hat es mit dem Geist der vielen Andersgläubigen auf sich, der Mohammedaner, Buddhisten, der vielen so genannten Heiden die es noch in dieser Welt gibt; ferner mit dem Geist jener, die das Dasein Gottes leugnen und verneinen. Muss man daraus nicht folgern, das sich Gott selbst in deren Geist verleugnet und verneint. Was hat es ferner auf sich mit dem Geist eines Nero, Hitler, der christlichen Inquisitatoren, mit dem Geist aller Untermenschen und Verbrecher. Ist Geistige in allen zuletzt genannten auch eine Äußerung und Wirkung desselben alleinigen Gottes der in überzeugten Christen und christlichen Theologen wirkt? Wenn nach Bertlings Überzeugung ein allmächtiger Gott als Geist im Menschen wirkt, wenn sich ein solcher Gott den geistigen Organismus des Menschen für seine Zwecke geschaffen haben soll, dann müsste im Grunde jede geistige Wirkung und Äußerung in der Menschheit als Wirkung Gottes bezeichnet werden.

Stellt man sich unter Gott ein höheres, vollkommneres Wesen vor mit jenen Eigenschaften, wie sie in christlichen Schriften als gut und vollkommen bezeichnet werden, so führt es zu schärfsten Widersprüchen, wollte man ein solches Wesen durch all das beweisen, was gemeinhin als Menschengeist in der Welt und Natur zum tragen kommt.

Wäre es wirklich so, wie man aus Bertlings Worten folgern muss, dass ein allmächtiger Gott als Geist im Menschen wirkt, dann müsste es doch zumindest einigermaßen klare, einheitliche Vorstellungen über Gott, über seinen Willen geben, ferner eine einheitliche christliche Religionsauffassung. In Wirklichkeit weiß kein Menschengeist, was er sich unter dem Begriff »Gott« denken und vorstellen soll. Die meisten christlichen Bibelgläubigen denken sich unter diesem Begriff unklar und verschwommen was die Bibel im Alten und Neuen Testament darüber widersprechend schreibt; sie denken sich über den Inhalt dieses Begriffs und können sich darunter nur denken, was ein sehr beschränkter Menschengeist darüber zu denken fähig ist.

Bei der geistigen Zerrissenheit und Zwiespältigkeit, besonders in religiösen Fragen, wie sie das Leben der Menschheit unwiderleglich darbietet, kann man als vernünftiger Denker unmöglich auf eine einheitliche Ursache derartiger geistiger Äußerung schließen. Man könnte weiterhin fragen: Wenn wirklich ein allmächtiger Gott als Geist im Menschen wirkt, weshalb bedarf es dann noch Werkzeuge wie Jesus Christus, der christlichen Priester u.s.w., um seinen Willen zu verkünden und die Menschen entsprechend zu leiten und zum rechten Handeln zu bringen? Ob wohl der Geist Gottes und jener der die christliche Inquisition beseelte identisch und verwandt ist?

Man versuche einmal vorurteilslos zu sehen, was als Äußerung und Erscheinung des menschlichen Geistes gilt. Dazu gehören auch die Veränderungen und Schwankungen dieses Geistes im werdenden und vergehenden Menschen von der Kindheit bis zum Greisenalter, ferner die Veränderungen dieses Geistes im Werden und Vergehen von Völkern und Rassen, und schließlich die Veränderungen dieses Geistes von den Urtagen der Menschheit bis heute. Dabei wird wohl kaum ein nüchtern denkender Mensch auf den Gedanken kommen, dass sich hier eine einheitliche Urkraft bewusst kundgibt und bestätigt. Eine solche Kraft müsste sich dann in den entsprechenden einheitlichen Äußerungen offenbaren.

Denkt man sich dennoch die Welturasche als Urkraft und Geist; versucht man dennoch, den Inhalt dieser beiden Begriffe aus der menschlichen Geistesverfassung zu ergründen, dann dürfte man sich, als folgerichtiger Denker, weder auf die Geisteserzeugnisse des jüdischen Volkes vor zweitausend Jahren noch auf die Geistestätigkeit Jesus Christus und seine überzeugten Nachfolger beschränken, dann müsste man alle Äußerungen des menschlichen Geistes als Ausfluss dieser so genannten Urkraft beurteilen, also auch jene Geistestätigkeiten, denen Buddhismus, Islam und alle so genannten heidnischen Kulturen ihren Ursprung verdanken.

Aus Bertlings Worten gewinne ich den sicheren Eindruck, dass hier ein Mensch über Geist, Seele u.s.w. schreibt, der sich über den Inhalt solcher Begriffe weniger aus den Schriften der fortschrittlichen Wissenschaften, als vielmehr aus der Bibel und jenen philosophischen Gedankengut unterrichtet hat, deren Grundlage die Bibel ist. Nach den Vorstellungen dieser Schriften besteht das Geistige im Menschen unabhängig von der Materie des Leibes. Der menschliche Organismus ist demnach ein Haufen toter Stoffe, der, durch hinzutreten eines so genannten Geistes, einer Seele, und was dergleichen nichtssagende Begriffe mehr sind, zu einem lebenden Organismus wird.

Wer nach Wahrheit in religiösen Fragen forscht, wer dies vorurteilslos tut und sich dabei auf die Erkenntnisse neuerer wissenschaftlicher Forschung stützt, sieht in allen Geistesäußerungen und Geisteserzeugnissen in der Menschheit das Wirken eines veränderlichen Menschengeistes, erkennt dabei eine allmählich heranreifende Vernunft. Die Entwicklung der Religion, der Philosophie besonders der Wissenschaften aus einfachsten Anfängen heraus lassen keinen anderen Schluss zu. Ein absoluter Geist Gottes oder einer Urkraft verändert sich nicht mehr; jede Veränderung ist ein Zeichen der Unvollkommenheit.

Aus Bertlings Worten spricht kein vorurteilslos denkender Religionswissenschaftler und noch weniger ein kritischer Wahrheitsforscher, denn für einen solchen gibt es keine Wahrheitspflichten sondern nur dauerndes, unermüdliches Suchen und Forschen nach besserer Erkenntnis; hier spricht ein christlicher Theologe, der, als blinder Gläubiger, fest entschlossen ist keinen Fußbreit vom Buchstabeninhalt der Bibel abzuweichen und der es wohl nie für der Mühe wert hielt, andere Religionen wie z.B. den Buddhismus, welchen er in einer Art oberflächlichem Denken als »trostlos« bezeichnet, näher kennen zu lernen.

Neben der Stelle, wo Bertling von einem »trostlosen Buddhismus« spricht, offenbart auch der folgende Abschnitt aus seinem Buche, wie wenig es sich bei ihm um einen nüchtern denkenden, vorurteilslosen Wahrheitsforscher handelt. Es heißt da:

»(Christus) gewiss und ohne Zweifel der Größte aller Menschen in der Religion und der Stärkste von allen in der wahren selbstlosen Liebe! Gott schauend, sicherlich noch viel klarer als einst der klare, edle Sokrates, und doch viel barmherziger und hochherziger als dieser Gerechte, der es doch nicht lassen konnte, die ungerechten Richter ein wenig spöttisch zu reizen und verächtlich zu behandeln; viel mutvoller und tatkräftiger als jener weichherzige, mitleidvolle Königsohn zu Capilavastu in Indien Shakyamuni Gautama Buddha, der nicht neues Leben, sondern Verzicht auf alles als Heilmittel für das Menschenelend kannte; und in seinem eigenen Wesen viel reiner als eben dieser, der erst durch Bußübungen selber Frieden suchen musste.«

Hier zieht Bertling Vergleiche; er bezeichnet Christus als höchsten, vollkommenen Menschen in der Religion, Buddha dagegen als weniger »mutvoll« weniger »tatkräftig«, als weichherzig und mitleidvoll. Auch aus dieser Stelle lässt sich ersehen wie leichtfertig und oberflächlich Wahrheitsforschung um religiöse Menschen und Fragen getrieben wird. Als wirklich ernster Wahrheitsforscher in religiösen Fragen sollte man sich bei Werturteilen über Menschen wie Christus und Buddha darüber klar sein, dass über Leben und Person beider Religionsgründer wenig Sicheres bekannt ist. Was wir heute über beide Menschen wissen, ist längere Zeit nach ihrem Tode mündlich aus dem Gedächtnis überliefert worden. Was bei solcher Überlieferung, besonders wenn sie sich über längere Zeiträume erstreckt, alles herauskommen kann, braucht wohl nicht hervorgehoben werden.

Wer ein Buch schreibt: Was ist Wahrheit in religiösen Fragen und am religiösen Menschen, müsste solche und viele andere Umstände kennen und folgerichtig danach denken.

Was Bertling über beide Religionsverkünder schreibt, ist ein Auszug aus verschiedenen Bücherinhalten, aus beifällig und abfällig urteilenden. Darüber hinaus wird man richtig vermuten, dass ihm sein Beruf als christlicher Theologe, die Wahrheitspflichten auferlegte, über Christus günstig, über Buddha weniger günstig zu schreiben.

Wenn etwas für oder wider den einen der beiden Religionsstifter spricht, dann ist es für mich ihre Bedeutung als Denker. Aus den Evangelien des Neuen Testaments gewinnt man den Eindruck, dass Christus ein strenger Bibelgläubiger war. Höher als Gläubige stehen für mich mutige Wahrheitssucher, die auf der Suche nach Wahrheit alle bisher betretenen Pfade verlassen können um eigene Wege zu gehen. Sollten die Angaben buddhistischer Urtexte auf Wahrheit beruhen, dann gehörte Buddha zu dieser Art Wahrheitsforschern. Auf der Suche nach Wahrheit, nach einem Heil für Menschen ist er unabhängig von allen religiösen Vorstellungen seiner Zeit eigene Wege gegangen.

Wenn Bertling Buddha als mutloser neben Christus stellt, so lässt sich dazu bemerken, dass es mehr inneren Mut erfordert, mit allen bisher gewohnten, vielleicht liebgewonnenen Vorstellungen zu brechen und auf der Suche nach Wahrheiten eigene, bisher nicht betretene Wege zu gehen, als blindgläubig vertrauend auf auf einem Wege bestehender Denkgewohnheiten zu bleiben. Auch so etwas sollte berücksichtigt werden, wenn Religionsverkünder auf ihren Mut hin beurteilt werden. Man kann sich des Eindrucks nicht erwehren, dass gerade dieses Urteil Bertlings ohne gründliche Kenntnis und Prüfung buddhistischer Urtexte geschrieben worden ist. Buddha hat z.B. gelehrt, wie Menschen ein Heil durch eigene Kraft und Anstrengung erringen können, unabhängig von unbekannten Göttern. Christus lehrte in dieser Hinsicht beten, lehrte Verlass und Vertrauen auf fremde, unbekannte göttliche Hilfe. Sein Gebet, das »Vaterunser« ist kein Gebet kraftvoller, mutiger, tatkräftiger Menschen, es ist der Ruf schwacher, unzulänglicher, gläubiger Beter an ein unbekanntes Wesen, das alle menschlichen Bitten erhören, alle menschlichen Wünsche erfüllen soll. Nach dem Wortlaut buddhistischer Texte hatte Buddha seinen Halt und seine Stütze in sich selbst, unabhängig von Menschen und Göttern. Christus hatte seinen inneren Halt in unbekannten göttlichen Wesen, von denen er nur den Begriff und etwaige innere Erlebnisse kannte, die er mit diesem Begriff eines allmächtigen Gottes verknüpfte. Aus buddhistischen Texten lässt sich entnehmen, das Buddha ein abgeklärter, unerschütterlicher innerlich fester Mensch war, den äußere Umstände und Geschehen nicht aus dem Gleichgewicht werfen konnten; an dem äußere Erlebnisse und innere Stimmungen aller Art abglitten wie Brandungswellen von einem Felsen. Buddhistische Texte schildern Buddha als einen Menschen der über den Dingen stand, sowohl über den Dingen dieser als auch über den Dingen einer anderen Welt, der weder durch Freude noch durch Leid erschüttert werden konnte, dem Furcht, Angst, Hoffnung und Illusion fremd waren. Beim Lesen des Neuen Testaments gewinnt man über Christus andere Eindrücke. Wir sehen hier einen Menschen von Furcht, Hoffnung und vielleicht inneren Leidenschaften gequält. Was bedeuten z.B. die Worte Christi am Kreuze: mein Vater, warum hast du mich verlassen. Gewiss, die ungeheueren Schmerzen am Kreuze werden Christus zu diesen Verzweiflungsruf getrieben haben. Kann man aber aus diesen Worten nicht eine Absage entnehmen, eine Absage und Ablehnung alles dessen was Christus bis dahin geglaubt hatte? Bedeuten diese Worte nicht auch einen Zweifel an denjenigen, von dem Christus sich gesandt glaubte?

Wenn also Bertling bei der Ermittlung von Wahrheiten in religiösen Fragen festzustellen versucht, welcher von den beiden Religionsverkündern der bessere, tatkräftigere, vollkommnere Mensch gewesen sein mag, so beweist er damit, dass es sich bei ihm um keinen ernsten Wahrheitsforscher handelt, denn ein solcher fragt weniger nach der Person eines Menschen, mit seinen etwaigen charakterlichen Vorzügen und Schwächen, als vielmehr nach dessen Verdienst für eine bessere Erkenntnis in religiösen Fragen.

Beurteilt man Buddhismus und Christentum aus dieser Geistesverfassung, beurteilt man ihre Verkünder nicht nach lückenhaften, widerspruchsvollen Berichten und Schriften, sondern nach dem Gehalt ihrer Lehren an Wahrheit, Weisheit und Vernunft, dann gibt es keinen berechtigten Grund die Person und Lehre Buddhas als minderwertiger neben die eines Christi zu stellen, im Gegenteil. Und wenn Bertling von einem trostlosen Buddhismus spricht, so möchte ich bemerken: Christus hat die Worte gesprochen: mein Reich ist nicht von dieser Welt. Hier muss im Grunde dasselbe oder etwas Ähnliches abgeleitet werden, was Bertling am Buddhismus als »trostlos« beurteilt. Mit diesen Worten sagt Christus seinen Anhängern: Gib alles auf was du bist in dieser Welt, was dich hier festhält und folge mir nach, geh' ein in eine göttliche Welt.

Ein Unterschied zwischen beiden Religionsverkündern besteht nur darin, dass Buddha keine Illusionen über andere, jenseitige Welten hatte, er versuchte solche anderen, jenseitigen Welten in bestmöglicher Übereinstimmung mit den Gesetzen und Ursachenzusammenhängen dieser Welt zu begreifen. Eine »ewige Seligkeit« die sich auf veränderliche Zustände und Verhältnisse im Diesseits oder Jenseits gründet, ist ein Unding und welcher Mensch hätte in der gesamten bekannten Welt schon unveränderliche Dinge bemerkt und erkannt?

Buddha riet deshalb seinen Anhängern: wenn ihr selig werden wollt, so schafft in euch, was sich nicht mehr verändert, was nicht auf Veränderung drängt und bezeichnete dieses Ziel, besser diesen inneren Geisteszustand als Nirvāna. Die Lehre des Buddha, zumindest das Ziel dieser Lehre, kann nur von jenen Menschen als trostlos empfunden werden, die durch innere vererbte Gewohnheiten und Instinkte, gleich den Tieren, fest und unlösbar an allem gebunden sind, was sie gegenwärtig auf Erden als Menschen treiben; die, am Dasein klebend, kein höheres Entwicklungsziel kennen und begreifen als die irdisch-menschliche Daseinsform mit all dem was an ihr empfunden und gewollt wird. Sie verkünden wohl Worte wie »ewige Seligkeit«, »besseres Jenseits«, »Verbindung mit Gott« u.s.w., haben jedoch über solche Worte keine auch nur annähernd klaren Vorstellungen.

Der felsenfeste Glaube an einen »lieben Gott« im Himmel, der seine Kinder, oder sagen wir gleich nur alle Christen, nach dem Tode zu sich in sein himmlisches Reich, in ein ewiges Leben, in eine ewige Seligkeit nehmen wird, u.z. nur deshalb weil ihre Stirn mit Taufwasser benetzt wurde oder weil Gottes angeblicher Sohn das durch seinen Opfertod bewirkt hat, mag für kindlich-gläubige Gemüter etwas Beruhigendes und Verlockendes haben; für nüchtern anschauende und denkende Menschen ist dieser Glaube eine Torheit, besonders dann eine Torheit, wenn solche Gläubigen in dem Wahn leben, durch Gebete und Fürbitte so etwas wie einen Himmel eine ewige Seligkeit erreichen und verwirklichen zu können. Zur Verwirklichung irgendeines Zieles, sei es in dieser oder einer anderen Welt, gehören immer und ausschließlich Taten und zwar eigene Taten, denen klare Vorstellungen von Ursache und Wirkung zugrunde liegen. Diese Binsenweisheit offenbart sich sowohl im täglichen Leben als auch in der bisherigen Entwicklungsgeschichte der Menschheit und das sollte auch im Hinblick auf die Erreichung und Verwirklichung religiöser Ziele und Ideale beachtet werden. In eine bessere Welt, in ein so genanntes Gottesreich, werden nur solche Menschen kommen, die sich zuerst vernünftige, klare Vorstellungen über göttliche Eigenschaften und göttliche Daseinsordnungen bilden. Die dann jene Gesetze und Ursachenzusammenhänge erforschen, erkennen und zu beherrschen versuchen, nach denen göttliche oder himmlische Daseinsordnungen bewusst verwirklicht oder geschaffen werden können; die sich also klarbewusst jene Eigenschaften anerziehen, wodurch sie zum Baustein göttlicher Daseinsordnungen werden. Erst die Anerziehung höherer Eigenschaften, erst nachdem das Unzulängliche mehr Tierhafte am Menschen erkannt und überwunden ist, erst dadurch – über eine vorerst bessere menschliche Daseinsordnung – ergibt sich die Möglichkeit des Übergangs in höhere, so genannte göttliche Daseinsordnungen.

Vernünftiger als beten, hoffen und glauben wäre es demnach, wenn überzeugte Christen alles, was sie als Heil in einer anderen Welt, in einem so genannten Gottesreiche, erhoffen und erwarten, was Unwissenheit und blinder Glaube in ein Jenseits verlegt, schon im Diesseits, auf der Erde, durch eigene aus nüchterner Vernunft geborener Tat zu erreichen und zu verwirklichen suchten; wenn durch eine selbst erlebte Wirklichkeit der Wahrheitsgehalt dafür erbracht würde, was heute nur als Gedanke als toter Buchstabe in religiösen Büchern zu finden ist.

Was lässt sich für uns Menschen eigentlich unter Worten wie »Gottesreich« oder »göttliche Daseinsordnung« vorstellen? Für viele sind es leere Begriffe, die sie nach dem Muster menschlicher Daseinsordnungen deuten und verstehen. Gottesreiche sind frei von alledem, was irgendwie und irgendwo als Not, Elend, Leid und Übel empfunden wird, sie sind frei von Ausbeutung, Qual, Mord und Vernichtung. Wenn wir nun in unserer menschlichen Daseinsordnung zu ergründen suchen, wodurch solche aufgeführten Übel bedingt sind oder entstehen, so finden wir darunter menschliche Eigenschaften und Beweggründe des Handelns wie Selbstsucht, Habgier, Hass, Übelwollen u.s.w. Nicht Gebete und Fürbitte an unbekannte Mächte und Gottheiten sind deshalb das Wichtigste für das Kommen eines Gottesreiches oder das Eingehen in ein solches, sondern die Aberziehung jener Eigenschaften, die irgendeine Daseinsordnung zum Übel oder zur Hölle machen.

Die einzige Religion die sich in dieser Hinsicht ausspricht, worin sich Ansätze zu einer solchen Entwicklung finden, ist der Buddhismus. Buddha selbst hatte sich schon zu Lebzeiten ohne den Glauben an göttlichen Beistand, in jahrelanger Selbstzucht, durch Verneinung all jener sich übel auswirkenden menschlichen Eigenschaften, durch Anerziehung auch einer höchsten Wunsch- und Bedürfnislosigkeit, in seinem irdischen Körper so etwas wie ein überirdisches Glück und Wohlsein errungen, ein Wohlsein unabhängig von äußeren Dingen und Verhältnissen und damit sogleich den Wahrheitsbeweis für die Wirklichkeit seiner höheren Ziele erbracht. Der Buddhismus steht damit im Gegensatz zu allen anderen Religionen, die so etwas erst nach dem Tode in eine jenseitige Welt verlegen oder durch die Gnade unbekannter Götter erhoffen.

Was die Lebendenden nicht geschafft und erreicht haben können die Gestorbenen und Toten niemals schaffen und erreichen, schon gar nicht solche Lebenden, die sich bei diesem Werk ausschließlich auf die Hilfe unbekannter Götter verlassen, denn der Menschenleib ist nicht das Bauwerk eines lieben, allmächtigen Gottes, er ist vielmehr der besondere Organisationszustand bestimmter Materieelemente, die, über winzige Anfänge hinweg, aus dem Kleinsten heraus, eine derartige Organisationsform wie den Menschenleib bewirkten.

Religiöse Vorstellungen und Bräuche

Seitdem ich mit der Lehre des Buddha bekannt geworden bin, halte ich die christliche Auffassung vom »lieben Gott« und seinem Wirken für ein menschliches Gebrechen.

Was ist in diesen Begriff nicht alles hineingedichtet und hineinphantasiert worden, und heute, nach zweitausend Jahren christlicher Lehre, weiß die Menschheit über diesen reinen Begriff ebenso viel oder ebenso wenig als die Menschheit vor zweitausend Jahren.

Dieses Dichten und Fantasieren über einen unbekannten Gott, mitsamt den Bitten und Gebeten zu Gott, hat die Christen davon abgehalten, die Folgen und Auswirkungen der eigenen Tat gründlich zu durchschauen, ja, die wirklichen Täter in der Natur erst einmal zu erkennen. Die wirklichen Täter in der Natur sind doch nicht unbekannte Götter, sondern alles das was in der Natur wirkliche Erscheinung wird. Völlig unsinnig ist es also irgendeinen unbekannten Gott für alles das verantwortlich machen zu wollen, was sich in dieser Welt und Natur zeigt oder was hier geschieht; das hieße ja Gott zum Dämon zum Teufel machen, als den Schöpfer und Erhalter einer Hölle des Daseinskampfes.

Wenn Menschen Übel erleiden, in Qual, Not und Elend verstrickt sind, so ist das nicht die Absicht oder das Werk ungekannter Götter oder gar des Teufels, es ist vielmehr bedingt entweder durch gegenseitiges, unvernünftiges Verhalten in Lebensgemeinschaften, oder durch den Ablauf gesetzmäßiger Naturereignisse, in die wir Menschen ebenso verflochten sind wie die Tiere. Sehr oft wirken Menschen bewusst oder unbewusst gewohnheitsgemäß mit an der Erhaltung übler Daseinsordnungen und schaffen sich dadurch, ob mit oder ohne Absicht, ob sie wollen oder nicht, ein Art Hölle auf Erden; selbst dann noch, wenn sie ab und zu mal anders reden, beispielsweise von den Geboten der Nächstenliebe u.s.w.

In der europäischen Christenheit z.B. wurden in Kirchen und Schulen, während nahezu zweitausend Jahren, die Gebote der Nächsten- selbst Feindliebe gepredigt; dies alles im Geiste, mit Worten, und wie sah die Wirklichkeit dieser Völker aus? Welche Völkerfamilie auf Erden hat wohl schlimmer untereinander gewütet als die europäische Christenheit; an der Spitze ihre von Gott eingesetzten gekrönten und ungekrönten Häupter und Oberhäupter.

Betrachtet man, in diesem Zusammenhang, all die eingesetzten Mittel und Verfahrensweisen, besonders die der herrschenden römisch-katholischen Kirche im Mittelalter bei der Verbreitung und Aufrechterhaltung der christlichen Religion, so verwundert es doch sehr, wie Friedrich Kröner in seinem Buche: *Europäische Dämonie* zu folgender Aussage gelangen konnte. Es heißt da unter der Überschrift: <u>Das Mittelalter, das Weltreich der höheren Idee.</u>

»Aus der Vertiefung des Denkens in der höheren Idee (vom Verfasser als Gott bezeichnet) entsteht das Tausendjährige Reich des Mittelalters. Diese Vertiefung ist kein Dämonisches ›du sollst‹ oder ›du musst‹ ist kein Gehorchen, keine Unterwerfung vor dem Höheren als dem Stärkeren; es ist nichts Dämonisches in der höheren Idee, denn sonst wäre sie ja nicht.«

BEMERKUNGEN: Ob sich wohl die christliche Idee ohne Gewalt, ohne Zwang, ohne ein »du musst« und »du sollst« solange gehalten hätte? Durch alles was mit christlichem Geist nicht übereinstimmte, verlor auch seine Gottesidee an Bedeutung. Um diese Idee ist in Europa eine Menge Blut geflossen, ist unendliches Leid erduldet worden und sie reiht sich damit ein in die Götterideen der vorchristlichen Zeit, es war nur zu viel Dämonisches in dieser Idee, zumindest in den Vorkämpfern für diese Idee.

So ließ der christliche Kaiser »Karl der Große«, zur Höheren, im Namen Gottes, Tausende Sachsen hinrichten, die sich nicht zum christlichen Glauben bekehren lassen wollten. Heute wird für Menschen die sich in irgendeiner Form Verdienste für Europa erworben haben der <u>Karlspreis</u> vergeben. Ob man sich bei diesem Zeremoniell, wohl auch noch jener damaligen Geschehnisse erinnert? Unter solche Gottesdienste reihen sich noch viele andere ein, wie sie unter dem Namen »Bartholomäusnacht« in Frankreich, unter dem Begriff »Inquisition« in Spanien u.s.w. bekannt geworden sind. Es handelt sich dabei um Gottesdienste von Barbaren die nicht einmal den Buchstabeninhalt der Heiligen Schrift gekannt haben müssen; die trotz Gebote der Nächsten- und sogar Feindliebe nicht davor zurückschreckten, Menschen zu verfluchen, zu verdammen oder zu Tausenden durch Folter und Scheiterhaufen umzubringen die ihren Wahnglauben bezweifelten.

Die Geschichte der christlichen Kirche in Europa ist im Grunde eine Widerlegung der bekanntesten christlichen Gebote. Wohl kaum ist je im Namen der Nächsten- und Feindliebe so viel gemordet, gefoltert und gesündigt worden wie durch christlich-religiöse Fanatiker in allen Ländern Europas. Viele Päpste und katholische Priester überboten noch die Bibelworte »Aug um Auge«, »Zahn um Zahn«; sie wüteten unmenschlich gegen alle, die sich ihrer Macht und Willkür nicht beugen, ihren Wahn nicht anerkennen wollten.

Dieser Geist, dieser Kastengeist, der alles austilgen möchte, was nicht zu seiner Kaste, Religion, Meinung, seinem Glauben u.s.w. gehört, wirkt auch heute noch in vielen Pfarrern und Priestern und zeigt an, was es mit dieser Art Christentum auf sich hat. Hierzu kann gesagt werden: Durch den Glauben an einen unbekannten Gott oder einen als widersinnig erkannten biblischen Glaubenssatz ist man kein Christ, höchstens ein bedauernswerter Mensch, eine Art geistiger Krüppel. Erst durch das Befolgen der christlichen Gebote beweist jeder, ob er ein wirklicher Christ ist oder nicht.

Wenn nun für manchen Vertreter und überzeugten Anhänger der christlichen Religion die Vorstellungen der Bibel einen Gipfel an Weisheit und Wahrheit bedeuten, entsprungen einem allmächtigen Gotte, einem Gotte der nicht irren und nicht lügen kann; wenn die christliche Religion ihm selbst als die Beste und Alleinseligmachende, Jesus Christus als der einzigste und vollkommenste Religionsverkünder gilt, so möchte ich nochmals bemerken, dass vorurteilslos gesehen jede Religion ein Erzeugnis des menschlichen Geistes ist, und so kommen religiöse Vorstellungen nicht von unbekannten Göttern oder sonstigen gedachten Wesen, sondern von Menschen, von Menschen mit allen ihren Unzulänglichkeiten, Schwächen und Fehlern, die wohl jedem Menschen anhaften. Kurzsichtigkeit, Unwissenheit, Wahn und Illusion sind nur einige dieser Schwächen. Anzunehmen die vielen Irrtümer und Widersprüche der Bibel seien eingegeben von einem allmächtigen Gott mag für blinde Gläubige möglich sein, niemals jedoch für nüchtern denkende Menschen.

Dichtung, man kann sagen Unsinn ist es z.B., wenn ein so genannter allmächtiger Gott, um der Menschheit seinen Willen kundzutun, nur ein Volk, das jüdische, nur einen Menschen, Jesus Christus, als Sprachrohr wählen konnte, mit welchem – nachgelesen in einem Buch mit dem Titel: *Tägliche Kraft durchs Vaterunser* von Dr. Hans Mühle – die eigentliche Weltgeschichte erst begonnen haben soll.

Es heißt da nach dem Beschluß: <u>... denn Dein ist das Reich und die Kraft und die Herrlichkeit in Ewigkeit! Amen.</u>

»Doch nun zurück zum ›Reich‹! Wir haben es jetzt wachsen sehen, denn jede Bitte wölbt den Dom des Gottesreiches weiter in unser Leben hinein. Dieses Reich hat mit Christi Geburt begonnen, und erst mit Christi Geburt beginnt die Weltgeschichte wirklich.«

»Wir sehen, wie dieses Reich so sehr verachtet ist bei vielen Menschen der Gegenwart, wie die Glocken für Millionen Menschen nicht mehr den Rhythmus: ›Christus ist Sieger‹ läuten, ja, wie Sturm gelaufen wird in aller Welt gegen den Eckstein Christus. Aber bedenken wir, daß diese Worte: ›Dein ist das Reich‹ vor nahezu zweitausend Jahren gesprochen wurden, als eine Handvoll

Menschen, bar aller Machtmittel, aufbrachen, um die ganze Welt für dieses Reich zu erobern. Und unentwegt wird dieses Gebet weiter gebetet, und immer mehr breitet sich dieses Reich aus, schon ist es heute das ›größte Reich der Erde‹.«

BEMERKUNGEN: Wenn die Weltgeschichte wirklich erst mit Christus begann, dann war alles, was ein *ewiger* allmächtiger Gott vor Christus getan hat, anscheinend nichts. Immerhin könnte, was oben über Christus gesagt wurde, noch gelten, wenn Christus wirklich etwas Einmaliges, bis zu seiner Zeit noch nie Dagewesenes verkündet hätte. So verhält es sich aber nicht. Christus hat gelehrt als Gläubiger der Bibel; viele seiner vernünftigen Lehren und Gebote fanden sich schon vorher in persischen und indischen Religionen. Denkt man sich eine unbekannte göttliche Kraft als Schöpfer und Lenker des ewigen Weltalls, dann zeugt es von geistiger Beschränktheit, ihr Wirken nur oder hauptsächlich auf die Person und Lebenszeit Christi einzuengen. Gesunder Menschenverstand müsste sagen: wenn eine etwaige göttliche Kraft in der Weltewigkeit sich den Menschen Jesus Christus als ihr Werkzeug und ihren Willensvollstrecker auswählen konnte, dann wäre ihr das schon lange vor Christus möglich gewesen. Christus war nicht der Einzigste und Erste welcher ein religiöses Ideal, eine bessere Daseinsordnung, ein so genanntes Gottesreich verkündete und wies; er war einer mit von jenen wenigen, die, in ihrer Zeit und Umwelt, ein religiöses Ideal, wie auch den Weg dorthin zeigten; die den menschlichen Willen anspornten, sich aus unzulänglichen, leidvollen Daseinsformen und Daseinsordnungen dadurch zu erlösen, dass er etwas Besseres, Höheres, eine Art göttliches Reich zu errichten und zu verwirklichen trachte. Schon vor und nach Christus gab es solche »Arbeiter am Weinberge des Herrn.«

Die Annahme, ein ewiger, allmächtiger Gott als Schöpfer aller Dinge habe, an einem bestimmten Zeitpunkt der Erdgeschichte, dem jüdischen Volke in Palästina durch Christus eine allein seligmachende Religion verkündet, vorher und nachher jedoch nichts mehr in dieser Hinsicht getan, diese Annahme zeugt von einer unsagbar beschränkten menschlichen Geistesverfassung.

Hält man schon einen allmächtigen Gott für den Schöpfer, Lenker und Erhalter alles Bestehenden, spricht man ihm Absichten und Willensbestrebungen zu einigen seiner Geschöpfe ein Gottesreich zu offenbaren, dann sollte man ihn nicht als Nationalgott der Juden und Christen denken, sprechen und handeln lassen, vielmehr als ein Wesen das gegenüber allen Menschen und Lebewesen göttlich-väterlich denkt und handelt, im gleichen oder ähnlichen Sinne, wie es im Buddhismus zum Ausdruck kommt. In der Religion und Lehre des Buddha liebt man nicht nur den Bruder der eigenen Religion, liebt man nicht nur den Nächsten, nicht nur die eigene Art, sondern alles, was in dieser Welt und Natur besteht. Aus dieser Lehre spricht eine wahrhaft göttlich zu nennende Geistes- und Gemütsverfassung, die mit allen, selbst den einfachsten, primitivsten Lebewesen fühlt und empfindet.

Göttlich gehandelt haben also nüchtern gesehen nicht nur Christus, sondern alle Verkünder und Lehrer höherer Weisheit und Religion vor und nach ihm. Aus den Bibeltexten als Grundlage der Geistesverfassung vieler Christen, spricht eine enge, beschränkte Gottes-, Welt- und Lebensvorstellung. Wer in solchen Vorstellungen befangen ist, erfasst nicht das Wesentliche aller Religionen, sieht nicht, dass in allen Religionen ein wesensgleicher Kern ruht, der durch gleiche Worte gekennzeichnet ist.

Wenn H. Mühle zum Schluss der oben genannten Buchstelle von einem werdenden Gottesreiche spricht, das heute schon das größte Reich auf der Erde sein soll, so muten diese Worte gegenwärtig, im Zeitalter nuklearer, chemischer und sonstiger Massenvernichtungswaffen, im Zeichen mehr und mehr sich verschärfender Gegensätze in der Menschheit, wirklichkeitsfremd wie Dichterfantasien an. Die wirklichen Vorgänge in der Menschheit deuten auf das Gegenteil eines Gottesreiches hin, auf einen allmählichen Abstieg in eine neue Barbarei.

Aus dem Buche: *Tägliche Kraft durchs Vaterunser*, sprechen die Worte eines Menschen der sich bei Werturteilen über die Welt und des Menschen nur vom Inhalt der Bibel leiten ließ, der über dem Lesen dieser Schrift wahrscheinlich nie dazu gekommen ist, das wirkliche Leben, den wahren Charakter der Welt und des Menschen einmal vorurteilslos zu sehen. So schreibt Verfasser unter der Überschrift: »<u>Dein ist die Herrlichkeit!</u>«

> »Der Glanz Gottes, sein wahres Sein ist sein <u>Herrensein</u> über alles Leben, ist seine Herrlichkeit in der Schöpfung. Als ich einmal oben im Gebirge nach einem schweren Gewitter auf dem von einem tiefen Blau erfüllten Himmel einen doppelten Regenbogen sah, da zwang es mich auf die Knie vor der sich offenbarenden Herrlichkeit Gottes in seiner Schöpfung. Wer hat nicht ähnliches in seinem Leben draußen auf einer einsamen Wanderung in der Heimat, oder am Meer, oder auf den Bergen erlebt?«

BEMERKUNGEN: Auch ich hatte als etwa 4-5 Jahre altes Kind ein unauslöschliches – wohl für die meisten meiner Mitmenschen eine völlige Selbstverständlichkeit darstellendes – Erlebnis, als auf dem Hof meiner Großeltern »Schlachtfest« gefeiert wurde.

Drei Menschen hielten ein Schwein nieder, der Hausschlächter betäubte das Tier durch etliche Schläge mit der Rückseite seines Beiles und schnitt ihm die Halsschlagader durch. Auch das gehört mit zu den »Herrlichkeiten« einer angeblichen Schöpfung. Jeder Krieg hat bisher tausenden Menschen ganz andere Erlebnisse beschert. Darüber hinaus bieten glaubwürdige Berichte der bisherigen Menschheitsgeschichte eine Unmenge Anschauungsstoff über so viele Ereignisse in der »Schöpfung Gottes«.

Es sei nur gedacht an Kannibalismus und Sklaverei, an die vielen Auswirkungen menschlichen Wahns und Fanatismus, auch des Bibelwahns im Mittelalter, ferner an die Altenheime und Krankenhäuser, an all das soziale Elend dieser Welt. Man versuche das wahre Gesicht der Natur, wie es sich besonders naiv in der Tierwelt offenbart, unverzerrt durch irgendwelche Vorurteile aus »Heiligen Schriften« zu sehen. Dabei werden Lobpreisungen auf die angebliche Schöpfung Gottes merklich gedämpft oder kehren sich in ihr Gegenteil um.

Wenn blindgläubige Psalmensänger aus einem winzigen Abschnitt der Natur Beweggründe für begeisterte Lobpreisungen auf einen unbekannten Schöpfergott herleiten, dann sollten nüchtern anschauende und denkende Menschen immer wieder versuchen, so viel als irgend möglich von dieser Welt zu sehen und vorurteilslos zu überdenken; sie sollten in Betracht ziehen, was sie selbst erlebt und erfahren haben, was eine glaubwürdige Geschichte über gegenwärtige und vergangene Ereignisse in der Menschheit berichtet; und dann erst sollten sie Werturteile über die Welt und ihren angeblichen Schöpfer fällen. Sie könnten sich dann nur der Meinung anschließen, dass es Verunglimpfung eines etwaigen Gottes bedeutet, ihn als Schöpfer des vielen Leids und Elends in der Natur und Menschheit zu erklären.

Mangel an nüchterner, vorurteilsloser Betrachtung der wahren Naturvorgänge zeigt auch die Vorstellung *Mühle's* über das <u>tägliche Brot</u>, wenn er schreibt:

> »In der vierten Bitte vereint sich das Anliegen des echten <u>Sozialismus</u>, indem sie um das gemeinsame Brot, um das Brot der Gemeinschaft bittet, mit dem Gottesreiche, daß auch das Brot und damit alles zum leben Notwendige angesehen wird als etwas, das mit Gott zu tun hat. Denn nicht wir selbst können das tägliche Brot mit unserer Faust erraffen, sondern wir sollen es nach aller Anstrengung und Mühe als eine Gabe unseres himmlischen Vaters aus seinen Händen nehmen …«

BEMERKUNGEN: Nüchtern gesehen besteht dieses tägliche Brot aus Leichenteilen von Pflanzen und Tieren, also von empfindenden Lebewesen, die den Eingriff in ihr Dasein oder den Verlust ihres Daseins ebenso ungewollt und schmerzlich empfinden wie jeder daseinsbejahende Mensch den gewaltsamen Eingriff in sein Leben oder seinen gewaltsamen Tod empfindet. Dieses tägliche Brot gibt nicht ein gütiger, himmlischer Vater als Schöpfer und Erhalter allen Lebens, der nur Menschen gegenüber gütig ist, sondern der daseinsbejahende Mensch nimmt es sich mit Gewalt, indem er Tier- und Pflanzenleben ausbeutet und vernichtet. Das hat mit einem liebenden, barmherzigen Gott im Himmel nichts zu tun, ebenso wenig wie es mit einem solchen Gott zu tun hat, wenn ein stärkeres Tier das schwächere zu Tode bringt und auffrisst. Das ist nüchtern gesehen Dämonie der Natur, an der wir Menschen ebenso beteiligt sind wie die Tiere.

Aus den angeführten Worten: denn nicht wir können das tägliche Brot mit unserer Faust erraffen, sondern sollen es nach aller Anstrengung und Mühe, als Gabe unseres himmlischen Vaters aus seinen Händen entgegennehmen, spricht völlige Verkennung und Entstellung des wirklichen Sachverhalts. Nüchtern gesehen ist es der Mensch selbst, der ebenso wie das Tier, getrieben von einem Nahrungsbedürfnis, seine Nahrung errafft. Im Grunde bedeutet es Verunglimpfung etwa existierender Götter, wenn man ihnen zumutet, was an der angeführten Stelle zum Ausdruck kommt.

Wenn es oben hieß:»In der vierten Bitte vereinigt sich das Anliegen eines echten Sozialismus«, so muss dazu bemerkt werden, dass es sich hierbei nur um einen beschränkten menschlichen, keineswegs um einen göttlichen Sozialismus handelt. Beschränkter menschlicher Sozialismus kennt und berücksichtigt nur das Wohlergehen von Menschen, wo nicht das Wohlergehen eines verhältnismäßig kleinen Menschenkreises; er kümmert sich dabei wenig oder überhaupt nicht um alles was außerhalb dieses Kreises liegt; wie sich dieses Wohlergehen für andere Naturwesen, für die so genannte niedere Kreatur auswirkt. Einem beschränkten menschlichen Sozialismus kümmert es wenig, wenn zur Befriedigung der 4. Bitte Tiere ihr Leben lassen müssen, damit Menschen ihre gewohnte Daseinsform behaglich leben und erhalten können. Was würden Beter der 4. Bitte wohl empfinden, wenn ein verhängnisvolles Geschick ihnen im ewigen Lebensprozess eine Rolle diktierte, wie sie die Tiere und Pflanzen als Ausbeutungsobjekte des Menschen spielen müssen, wenn der Mensch in seiner Gesamtheit schutz- und rechtlos dem Einfluss, der Macht und der Willkür, höher organisierter Naturwesen preisgegeben, zeitlebens planmäßig, unter womöglich widrigen, meist qualvollen Haltungsbedingungen, als Nahrungsmittel gezüchtet würde. Müsste die Menschheit unter dem unentrinnbaren Zwang einer solchen Daseinsordnung leben, dann würde es wohl kaum einem Menschen einfallen, diese, seine Daseinsform und Daseinsordnung, als göttlich, als etwas von Gott Gewolltes und Geschaffenes, als bestmögliche, als berechtigt und geheiligt zu empfinden und zu beurteilen. Auch aus einem solchen Blickpunkt sollten all jene Menschen die da glauben ein allmächtiger Schöpfer Himmels und der Erden hätte alles in der Welt und Natur so vortrefflich zum Nutzen, zum Wohle und Frommen des Menschen geschaffen, die Natur und das organische Leben zu sehen und zu beurteilen versuchen.

Es kann doch nur Ausfluss von Unwissenheit, einer bedauernswerten menschlichen Geistesverfassung, bezeichnet werden, den Daseinskampf in der Natur als Ausfluss und Willen eines mit allen vollkommenen Eigenschaften gedachten Gottes zu erklären und zu verstehen. Bei den Juden vor mehr als zweitausend Jahren, als Schöpfer des Gottesbegriffs, samt der daraus folgenden Weltvorstellung, muss eine solche Geistesverfassung entschuldigt werden; es waren damals unwissende, primitive Menschen, was sowohl ihre Naturerkenntnis als auch ihr Moral anbelangt. Diesen Eindruck gewinnt ein nüchtern denkender Mensch beim Lesen der Bibel und der Geschichte des damaligen jüdischen Volkes.

Wenn heute gebildete Europäer die Bibelvorstellungen über Gott und die Welt als Weisheit oder Grundlage religiöser Wahrheiten ansehen, so ist eine solche Geistesverfassung bedauerlich. In solcher Geistesverfassung lernt ein Mensch kaum begreifen, was es mit Gott, göttlicher Art, göttlichen Eigenschaften und Daseinsordnungen, was es mit wahrer Religion für eine Bewandtnis hat. Wenn es etwas mit Gott und Gottes Willen zu tun hätte, dass sich empfindende Lebewesen umbringen, ausnutzen und auffressen, um kurze Zeit eine unzulängliche, veränderliche Daseinsform zu erhalten, dann hätte jedes Verbrechen, wodurch menschliche Daseinsinteressen verletzt werden, etwas mit Gott und Gottes Werk zu tun. Sinnvoller und vernünftiger, als Lobgesänge auf einen allmächtigen Schöpfergott anzustimmen, wie H. Mühle es tut – wenn er schreibt:

>»… wir sehen, das die ganze Schöpfung den Namen Gottes an der Stirne trägt, dass Frühling, Sommer, Herbst und Winter ebenso den Namen Gottes lobpreisen, wie die Pflanzen und Tiere, und ja dass selbst die sogenannte leblose Welt der Atome doch voll geheimen Lebens und voller Gottesrhythmus einstimmt in den Lobgesang der Sterne. Wir sehen aber auch, dass wir dazu geschaffen sind in diesen Lobgesang des Namens Gottes mit einzustimmen.« –

wäre es, nüchtern zu untersuchen was in der Welt gut oder schlecht, göttlich oder tierisch-menschlich ist, ferner wie sich die eigene Lebensweise für andere Menschen und Lebewesen auswirkt.

Ein Mensch der seine irdische Daseinsform und Lebensgewohnheiten noch nicht als übel und sündhaft, zumindest als unzulänglich begriffen hat, weiß nichts von wahrer Religion, auch dann nicht, wenn er felsenfest an Gott und sonstige unbekannte Wesen glaubt. In dieser Geistesverfassung steht er sittlich nicht wesentlich höher als jedes Tier. Sein Verhalten wird nicht bestimmt durch höhere Vernunft, sondern durch vererbte Tierneigungen, Lebensgewohnheiten und Instinkte. Als solcher kennt er nicht umfassend die Auswirkungen seiner Lebensweise und seiner Taten. Seine Lebensgewohnheiten wirken sich dann für andere Wesen in einer Form aus, die er nicht gern an sich selbst empfinden und erleiden möchte.

Zum Gebot der Nächstenliebe

Für die meisten Anhänger der christlichen Religion ist ihre irdisch-menschliche Daseinsform von Gott geschaffen und deshalb eine gottgewollte Selbstverständlichkeit an der es nichts zu rütteln gibt, die der Mensch auch nicht aus eigenem Willen und Handeln irgendwie verändern und verbessern kann; das Letzte bleibt, für diese Art Gläubigen, dem lieben Gott oder dessen eingeborenen Sohn Jesus Christus vorbehalten. Nach ihrem Glauben hat ein allmächtiger Schöpfer des Himmels und der Erden alles in der Welt so vortrefflich zum Nutzen und Frommen der Menschen oder einer bestimmten Klasse von Menschen geschaffen, u.z. einer Klasse die den einzig richtigen alleinseligmachenden Glauben und die entsprechende Religion hat. Sie sind befangen in einem engen Ich- oder Persönlichkeitsbewusstsein. Für sie gilt nur das eigene Dasein als höchster Wert, allenfalls legen sie noch dem Dasein der eigenen Art, des eigenen Volkes, der eigenen Rasse und Partei, der eigenen Religionsgemeinschaft u.s.w. höheren Wert bei. Alles Übrige ist weniger wertvoll, gilt nur als Ausnutzungssache, deren Wert sich ergibt durch ihre Nützlichkeit oder Schädlichkeit für ihre eigenen Bestrebungen oder die völlig wertlos ist und nichts taugt, sofern die eigenen Daseinsinteressen dadurch gefährdet oder angetastet werden. Solche Gläubigen unterscheiden z.B. zwischen »gut« und »böse« in der Natur, sie wissen jedoch nicht wie sich das für sie Gute oder Böse bildet, kennen nicht die bewirkenden Kräfte die etwas Gutes oder Böses entstehen lässt. Durch Gebete, Opfer, demütige Unterwerfung unter einen unbekannten Willen unbekannter Götter, durch nichtssagende, zum Teil unsinnige Handlungen in Kirchen und sonstigen Kult- und Andachtsstätten versuchen sie Wirkungen in der Natur herbeizuführen, sei es zugunsten der eigenen Person, der eigenen Religionsgemeinschaft oder vielleicht zum Schaden anderer Menschen und Religionsgemeinschaften.

Wenn heute unwissende Gläubige, selbst als hohe Kirchen-fürsten, durch derartige Handlungen den Ablauf bestimmter Naturvorgänge beeinflussen, irgendwelche ihrer Ziele errei-chen wollen oder gar durch für wahr halten des christlichen Glaubens- und Erlösungsartikels:

>Ich glaube an Jesum Christum, seinen (Gottes) ein-geborenen Sohn, unseren Herrn ... u.s.w., u.s.f. ... zu richten die Lebendigen und die Toten.«

eine Erlösung oder Befreiung aus Übeln, ein Heil erhoffen, so zeugt das von Unvernunft. Tausende unschuldig leidender und sterbender Gottessöhne könnten durch Hingabe ihres Lebens nicht die notwendigen Folgen verhindern, die sich aus dem gegenseitigen Verhalten und der Lebensweise wahnhaf-ter, sittlich tiefstehender Tiermenschen ergeben. Das Ende bestimmter Übel und Leiden in der Menschheit ist erst dann möglich, wäre erst dann zu erwarten, wenn die Mehrheit ver-nünftiger Menschen alle Auswirkungen ihres Verhaltens und ihrer Lebensweise kennt und dann bewusst alles vermeidet und unterlässt, was Elend, Leid und Unheil für andere mit sich bringt.

Die Vorstellung also, das unschuldige Leiden und Sterben Christi könne alle Sünder, nur sofern sie an diesen Artikel glauben, von den notwendigen Folgen ihrer Lebensweise und ihrer Taten befreien oder erlösen ist ein Wahn.

Wenn dieser Glaubensartikel und noch viele andere, in euro-päischen Ländern religiöse Wahrheiten bedeuten und in dieser Form aufrechterhalten werden, so ist das bezeichnend für die Geistesverfassung vieler Gläubigen. Schlimmer ist es jedoch, wenn Professoren und Doktoren der Theologie, bei denen man höhere Denk- und Urteilskraft vermutet, solchen und ähnlichen Wahnglauben als religiöse Wahrheit gelten lassen. Wenn schon die Führer einer Herde in allen möglichen Wahn und Aberglau-ben befangen sind, was soll man dann erst von der Herde er-warten? Hier sind Worte aus buddhistischen Texten angebracht, wonach eine Herde Blinder von Blinden geführt wird.

Die christliche Religion lehrt die Gebote: Liebe deinen Nächsten wie dich selbst; vergilt Böses nicht mit Bösem; tue Gutes denen die dich hassen. Jeder denkende Mensch kann sich den Wert solcher Gebote klar machen, desgleichen auch die Auswirkungen in der Menschheit, wenn alle Christen nach solchen Geboten zu handeln versuchten. Schon dadurch ließe sich für Menschen ein besseres Diesseits schaffen. Bei vernünftiger Überlegung macht das Handeln nach solchen Geboten den oben angeführten Glaubensartikel überflüssig, sofern es sich um eine Erlösung aus Übeln handelt, die durch gegenseitiges menschliches Verhalten entstehen.

Will man einen vernünftigen, begreifbaren Erlösungsweg aus allen möglichen Übeln dieser Welt weisen, dann sollten die Ursachenzusammenhänge dieser Erlösung so dargelegt werden, dass normal denkende Menschen eine klare Vorstellung von solcher Erlösung, von ihren Mitteln und ihren Zielen gewinnen; ähnlich wie dies aus buddhistischen Texten spricht.

Eine Ursache vieler Übel auf Erden sind die Menschen selbst aufgrund ihrer Gemüts- und Geistesverfassung, ihres gegenseitigen Verhaltens. Das unschuldige Leiden und Sterben Christi übt auf solche wirkenden Kräfte in der Menschheit keinen Einfluss aus. Erst die Gebote der Nächsten- und Feindliebe, sofern sie den menschlichen Willen beeinflussen und handeln lassen, könnten hier etwas im Sinne des christlichen Erlösungsartikels verändern.

Aus der Verbreitung des Christentums besonders in Europa ergibt sich der Schluss: Solange an Stelle klaren Wissens und darauf gegründeter Vernunft der blinde Glaube als höchste Tugend gelehrt wird, gibt es keine Erlösung aus bestehenden Menschheitsübeln. Fragt man sich, wie durch eine Religion, die die Gebote lehrt: Liebe deinen Nächsten wie dich selbst; tue Gutes denen die dich hassen; vergilt Böses nicht mit Bösem, die Verbrechen der Inquisition, die Verfolgung und Ausrottung Andersgläubiger und Andersdenkender zu Tausenden, die Religionskriege wie überhaupt alle Kriege zwischen christlichen Völkern wüten konnten, so ist die Antwort nicht schwer zu finden. Eine blindgläubige Christenherde hat in den vergangenen zweitausend Jahren viel zu wenig selbständig über religiöse Dinge und Fragen, viel zu wenig über die Gebote und Lebensregeln der eigenen Religion nachgedacht; sie hat viel zu viel gebetet und geglaubt, sich dabei auf den »lieben Gott« und dessen eingeborenen Sohn verlassen, und dabei vergessen, bei ihrem Erlösungswerk und -weg, sich auf die eigene Kraft und Tat zu besinnen.

Zu dieser Herde zählen auch alle Hirten und Oberhirten, die durch Gebete, durch nichtssagende kirchliche Handlungen, durch blinden Glauben ein Heil, eine Erlösung aus Übeln erhoffen.

Christen, denen eitle Kirchenschauspiele und prunkvolle Zeremonien, wie sie besonders in katholischen Kirchen Europas betrieben werden, mehr bedeuten als die Gebote der Nächsten- und gar Feindliebe, kennen nicht einmal die Anfangsstufen aus denen sich höhere Religion bilden muss. Durch solch eitles Theaterspiel – man kann es als eine Art moderner Götzendienst vor steinernen Altären und Bildern bezeichnen – werden sie ferner nie dahin kommen, die Welt nüchtern sehen und beurteilen zu lernen, ganz zu schweigen vom Erreichen dessen, was sie unter Begriffen wie »besseres Jenseits«, »ewige Seligkeit« u.s.w. im Munde führen.

Überblickt man bruchstückartig die geschichtlich festgelegte Entwicklung des Christentums, so drängt sich einem die Überzeugung auf, dass die zahllosen Gebete von Millionen blindgläubiger Christen, über zwei Jahrtausende hinweg, nicht viel bewirkt haben; nicht einmal eine bessere Daseinsordnung hat sich die europäische Christenheit durch ihre Gebete verschaffen können; und was hätte doch gerade in Bezug auf die Verwirklichung einer solchen – einer von höherem Geiste erfüllten menschlichen Daseinsordnung – schon alles erreicht werden können, wenn alle getauften Christen nur die Gebote der Nächstenliebe gegen ihresgleichen, ihre Artgenossen auch in fremden Völkern beachtet und befolgt hätten. Wenn kein

Christ oder sonstiger Glaubensangehöriger seinen Bruder im anderen Volke getötet hätte, wenn alle Gläubigen, welcher Glaubensbekenntnisse auch immer, im Sinne wahrer Religion handelnd, eher den Märtyrertod auf sich genommen hätten, als sich durch irgendwelche Mächte zum Mord am eigenen Glaubensbruder im fremden Volke verleiten zu lassen.

Die Gebote der Nächsten- und selbst Feindliebe sind ein Maßstab für alle Christen, besonders für die Hirten und Priester dieser Religion, die ja den Anhängern ihrer Religionsgemeinschaft mit gutem Beispiel vorangehen sollten. Schätzt man deren Taten, selbst hoher Würdenträger der christlichen Kirche, so genannter Stellvertreter Gottes auf Erden, nach dem Geist, den Lehren der Evangelienschreiber des Neuen Testaments ab, so wurden diese nicht einmal bestimmt durch höhere Menschlichkeit, ganz zu schweigen von göttlichen Eigenschaften; sie wurden bestimmt durch tierisch-menschliche Triebe und Neigungen wie sie dem Menschen aus den Urtagen seiner Entwicklung anhaften. Nur zu viel von dem, was während der vergangenen zweitausend Jahre im Namen der herrschenden christlichen Kirche in Europa geschehen ist, stand in schärfstem Gegensatz zu den Geboten Christi. Auch daraus lässt sich ersehen was Glauben und Gebete für sich allein wert sind. Nicht Glauben und Gebete rufen als solche Wirkungen in der Menschheit hervor, sondern immer nur Taten. Wenn sich die Taten einer Religionsgemeinschaft nicht mit dem Wortinhalt ihrer Lehre und ihrer Gebote vereinbaren, dann beweist das die Nichtigkeit und Wertlosigkeit alles Glaubens und aller Gebote in solcher Religionsgemeinschaft.

Was über die Gebote der Nächsten- und Feindliebe gesagt wurde, gilt nicht minder von allen übrigen christlichen Geboten, besonders aber vom Gebot: Du sollst nicht töten. Im Grunde liegt dieses Gebot, sofern es sich gegen Menschenmord wendet, bereits in den zuerst genannten Geboten beschlossen. Es ist kaum anzunehmen, dass Christus die Befolgung des Gebotes: Du sollst nicht töten, mit Vorbehalten angeordnet hat, derart, wie es sich bisher in der Christenheit beobachten ließ.

Danach ist Töten nicht erlaubt, wenn ein Einzelner aus Selbstsucht, Hass, Rache, Habgier u.s.w., seinen Nebenmenschen umbringt; es ist jedoch erlaubt in Völkerkriegen, worin sich Christen der verschiedenen Nationen mit den ausgeklügelsten Mordwaffen bekämpfen und zu Millionen abschlachten. Es ist kaum anzunehmen, dass Christus Vergewaltigung, Mord und Totschlag am eigenen Christenbruder als mit seiner Religion vereinbar anerkannt hätte; es ist kaum anzunehmen, dass er all das gutgeheißen hätte, was sich in der europäischen Christenheit, seit über eintausend Jahren, auf europäischen Schlachtfeldern ereignet hatte.

Europäische Christen senden Missionare unter die »Heiden« um ihnen ein Evangelium, bessere Lebensart, bessere Sitten, eine bessere Daseinsordnung zu lehren. Nach dem Zusammenleben christlicher Völker in Europa zu schließen, bedürfen diese viel eher und dringender der Missionare, als die meisten Heidenvölker außerhalb Europas. Welche Völkerfamilie hat wohl schlimmer gegen die eigene Art gewütet als die Europäer.

Alle die sich bisher auf europäischen Schlachtfeldern in nie abreißenden Kriegen bekämpften, kannten nichts vom Geist christlicher Religion, es waren keine Christen, am wenigstem jene, die zu solchem Morden als Priester geschwiegen, die vielleicht noch die Waffen segneten, womit die christlichen Glaubensbrüder im so genannten Feindesland umgebracht werden sollten; oder die einen allmächtigen Vater im Himmel um den Sieg ihrer Waffen baten; die von ihrem Gott und Vater erwarteten, er solle die christlichen Glaubensbrüder im Feindesland verfluchen und beseitigen helfen.

Man sieht wie lange unter Umständen eine vernünftige Lehre braucht um Menschen zu wandeln, sie in eine bessere Geistesverfassung zu bringen. Die christliche Lehre wurde vor zweitausend Jahren europäischen Barbaren gepredigt, sie hat manche dieser Barbaren zu besseren, höheren Menschen gemacht, leider nur zu wenige.

Wenn heute Religionen, von Fanatismus geprägt, ihren alleinseligmachenden Glauben durch Zwang und Gewalt, durch Knebelung der Geistes- und Gewissensfreiheit aufrecht zu erhalten suchen, die Gewalttaten ihrer Anhänger gegen Andersdenkende und Andersempfindende billigend hinnehmen, jeden Kritik an ihrer Religion übenden Wahrheitssucher mit Verfolgung wo nicht gar mit Mord drohen oder gar von einem Krieg sprechen der zur Ausbreitung und Festigung ihrer Religion noch geführt werden soll, dann hat man es bei einer solchen nicht mit Religion zu tun, sondern mit einer Fratze, die sich der Religion als täuschende Maske bedient. Das richtet sich auch gegen jene Auffassung, die die angeblichen Worte Christi: »er bringe das Schwert« dahin deutet, das Christentum müsse mit dem Schwert um seine Ausbreitung und seinen Bestand kämpfen. Wenn Christus diese Worte wirklich gesprochen haben sollte, dann sicher in dem Sinne, weil er die ablehnende Reaktion der meisten Menschen auf viele seiner Gebote vorausgesehen hatte.

Aus den Lehren einer zweitausendjährigen Geschichte, muss man zu dem Schluss kommen: nicht Unterdrückung und Gewalt, nicht Diktatur und Krieg werden in der Menschheit etwas besseren, sondern nur der Geist der höheren Religionen, sofern der Wortlaut einer Religion mit den Taten ihrer Anhänger übereinstimmt, und was auch heute noch besonders vom Buddhismus gilt.

Diese Religion bietet ideale Beispiele für die Ausbreitung der Vernunft. Sie hat bisher Millionen Menschen erobert ohne Waffen und sonstige Gewalt; auch wurde in ihrer langjährigen Geschichte, im Namen Buddhas, noch nie ein Krieg geführt, woran man ersieht, dass die Vernunft keiner Gewalt bedarf, diese spricht für sich selbst.

Wird der menschliche Geist in dieser Richtung entfaltet, so sind die Folgen oder Endzustände die er schafft – um mit Worten der Religionen zu sprechen – zumindest für Menschen, eine Art Paradies auf Erden, bessere Gesellschaftsordnungen als die jetzigen, die auch heute noch, in so vielen Ländern und

Regionen dieser Welt, unter dem Schatten der Gewalt, des Terrors, des gegenseitigen Kampfes und Krieges stehen. Fragt man nun was sich dabei gewinnen lässt, so doch immer nur die Einsicht, wie nach allen bisherigen Kriegen in der Menschheit, dass jeder Krieg, im Großen und im Kleinen, eine Art Irrsinn ist.

Jeder Krieg oder der Versuch zum Kriege steht im Zeichen der Unvernunft, im Zeichen rein tierischer Neigungen, Triebe und Instinkte. Jeder Krieg dreht das Rad der Entwicklung mehr oder weniger zurück. Jeder Krieg verzögert einen wahren Aufstieg der Menschheitsentwicklung. Ein solcher ist nur möglich, wenn er nicht durch wahnsinnige Kriege gestört wird, wenn wahrhaft vernünftige Menschen und Völker, im besten gegenseitigen Einvernehmen, freiwillig an wahrhaft höheren Menschheitsaufgaben arbeiten, wenn sie ihr beschränktes Parteilichkeitsbewusstsein, ihren beschränkten nationalen Kastengeist einmal aufgeben könnten, um mit allen Menschen und Völkern zu denken, wenn ihnen das Wohl der Gesamtheit mehr gälte als das Wohl des Einzelnen. Nur unter solchen Voraussetzungen, die im Zeichen höherer Vernunft stehen, ist eine wahrhafte Aufwärtsentwicklung der Menschheit möglich.

Zur menschlichen
Geistes- und Gemütsverfassung

In der Bibel wird der Mensch als Krone der Schöpfung, als Ebenbild Gottes bezeichnet. Das ist phantastische Selbstverherrlichung. Man versuche den gegenwärtigen Menschen ohne jedes Vorurteil zu sehen, dieses kurzlebige, vergängliche, veränderliche Wesen, das, von nie ruhenden Bedürfnissen getrieben und geplagt, in dauernder Unrast gehalten, in seiner Mehrzahl über sich selbst, über seine Welt, über seine Herkunft, über seine ferneren Entwicklungswege und Schicksale in dieser Weltewigkeit und Weltunendlichkeit entweder nichts ahnt oder wahnhafte Vorstellungen hegt. Dabei drängt sich der Schluss auf, dass der überwiegende Teil der Menschheit nichts Göttliches an sich hat. Unvoreingenommen betrachtet sind wohl die meisten Menschen geistig reine Tiere. Oberflächlich, meist gedankenlos, leben sie in den Tag hinein. Das Aufsuchen geeigneter Lebensbedingungen, die tägliche Nahrung und schließlich die Aufzucht der Jungen sind die Haupttriebkräfte für das Leben der Tiere. Bei uns Menschen kommt zu diesen Dingen noch mancherlei Genusssucht hinzu, indem wir vieles verlangen, was zum Leben nicht unbedingt erforderlich ist. Diese Sucht wird befriedigt in Vergnügungsstätten der verschiedensten Art und einer Unmenge sonstiger Einrichtungen, die dem Zweck dienen dem Menschen Freude, Entspannung und Zerstreuung zu bringen. Dadurch wird schließlich auch erreicht, dass Menschen gedankenlos und oberflächlich bleiben, dass sie nie über ernste, höhere Fragen nachdenken. Ich rechne hierzu die Fragen nach dem höheren Sinn und Zweck des menschlichen Daseins, nach dem Charakter dieses Daseins, wie und wodurch es erhalten, verlängert und verschönert wird. Verflochten in einem Netz vererbter Denk- und Lebensgewohnheiten, eingehüllt in einer Wolke trügerischer Einbildungen und Hoffnungen, lebt die Mehrheit aller Menschen dahin. Ihr Sinnen und Trachten ist hauptsächlich auf die Gegenwart, höchstenfalls noch auf die nähere Zukunft ihrer menschlichen Existenz gerichtet. Sie wissen nicht woher sie gekommen und wohin sie, nach kurzer Lebenszeit, wieder gehen, wer oder was sie in Wirklichkeit sind; wissen z.B. nicht, dass zwischen ihnen und den Stoffen der so genannten anorganischen Natur eine Art Verwandtschaft besteht.

In einer solchen – nur von der Geburt bis zum Tode denkenden – Geistesverfassung werden sie nie etwas anderes, Höheres oder Besseres als ihre irdisch-menschliche Daseinsform begreifen lernen.

Diese Geistesverfassung und Lebensweise vieler Menschen die nur auf ihre irdische Gegenwart bedacht nicht darüber hinausblicken, die weder nach einer ewigen Vergangenheit noch nach einer ewigen Zukunft fragen, denen das Licht höherer Vernunft und umfassender Erkenntnis fehlt, die für vorurteilslose Selbst- und Welterkenntnis, samt allen sich daraus ergebenden weittragenden Schlussfolgerungen, nicht empfänglich sind, kann verglichen werden mit dem Geist und der Lebensweise eines Maulwurfs.

Der Maulwurf ist das letzte Glied einer langen Geschlechterkette, die sich ins Unabsehbare verliert; einer Kette von Vorfahren, die sich einer bestimmten Umwelt derart angepasst haben, dass sich allmählich die heutige Form des Maulwurfs ergab.

Der Maulwurf lebt im finsteren Erdreich; er kennt nur seine gegenwärtige Daseinsform und jene Wesen, die ihm entweder nützen oder schaden. Das eigene Dasein gilt ihm als höchster Wert, das Dasein anderer Wesen und Dinge nur als Ausnutzungs- und Ausbeutungswert. Seine Sinne erfassen nur den winzigen Bruchteil einer zeitlich und räumlich unendlichen Welt, winzig und bruchstückartig ist das sich daraus ergebende Weltbewusstsein und die Weltvorstellung des Maulwurfs.

Er erkennt an den Dingen nicht was wesentlich und unwesentlich, weiß nicht, wie er in seine gegenwärtige Daseinsform hineingeraten ist; kennt weder die Gesetze noch Ursachenzusammenhänge, nach denen die Bildung seiner jetzigen Daseinsform vor sich ging. Sein ganzes Wirken und Streben erschöpft sich lediglich darin, diese, seine gewohnte, vielleicht als bestmöglich empfundene Daseinsform, solange als irgend möglich zu erhalten, seine nie ruhenden Leibesbedürfnisse zu befriedigen. Vererbte, über Generationen hinweg erhärtete Lebensgewohnheiten, wie der Selbsterhaltungstrieb, der Nahrungs-, Fortpflanzungs- und Wohlseinstrieb, diktieren seine Lebensweise. Der Maulwurf setzt, in Anpassung an seine gegenwärtige Umwelt, gewohnheitsmäßig und instinktiv fort, was seine Vorfahren getan hatten. Über den Wert und Zweck seines Daseins, seiner Lebensweise und seiner Tätigkeit fehlen ihm klare Vorstellungen. Sein gesamtes Wollen und Streben erschöpft sich im ruhelosen Wühlen und Graben zur Befriedigung seiner Leibesbedürfnisse. Zuweilen stößt ein Maulwurf das Erdreich nach oben durch und seine Augen, sofern sie in Anpassung an die Finsternis seiner Lebensweise nicht die Empfänglichkeit für das Licht einer anderen Welt verloren haben, offenbart sich eine unübersehbare Welt von Erscheinungen. Kurz ist für ihn dieser Augenblick. Vom Licht einer anderen Welt geblendet, das seinen verkümmerten Augen vielleicht Unbehagen oder Schmerz bereitet, flieht er wieder in die Finsternis seiner bisherigen Lebensgewohnheiten und Alltagsverrichtungen. Gefestigte, vererbte Instinkte der Lebensführung halten ihn wie eine unzerreißbare Fessel in ihrem Bann. Dauernder, unermüdlicher Kampf ums Dasein, um die Erhaltung einer veränderlichen, kurzdauernden Daseinsform bedeutet ihm höchster Lebenszweck, lässt ihm keine Zeit und Gelegenheit zur gründlichen Untersuchung alles dessen was er ist, was ihn umgibt, was sich in kurzen Augenblicken als lichtere Welt offenbart.

In solcher Geistesverfassung leben auch viele, wo nicht die meisten Menschen dahin. Sie sind Endglieder langer Geschlechterreihen und werden hineingeboren in bestimmte Lebensverhältnisse. Ihnen haftet ein Erbgut an in Form erhärteter Lebensgewohnheiten, wie sie bei den Tieren als Instinkte bezeichnet werden. Dieses Erbgut besteht weiterhin in besonderen Geistes- und Körpereigenschaften und wurde erworben oder gesammelt in einer Vorfahrenreihe. Viele, wo nicht die meisten Menschen, sind Glieder von Völkern und Gemeinschaften in welchen das Leben einen durch Gewohnheiten, Sitten und Gesetze beherrschten Gang geht. Nach einer gewissen Zeit der Reife beginnen für sie die Vorbereitungen, wodurch sie fähig werden Funktionen der alternden, absterbenden Volksglieder zu übernehmen und den Kampf um irgendeine Existenzform zu bestehen. Sie gehen zur Schule, erlernen einen Beruf; viele gehen dann die Ehe ein, erzeugen Nachkommen, altern und sterben. Welcher höhere Sinn und Zweck kann diesem Treiben zugrunde liegen?

Solange Menschen nicht von einer höheren Idee beseelt und geleitet werden; solange sie sich über ihre Welt, über den letzten höheren Sinn und Zweck des menschlichen Daseins keine Gedanken machen; solange sie nur das Heute, die Gegenwart der menschlichen Existenz sehen und nicht darüber hinaus in die entfernte Vergangenheit und Zukunft zu blicken versuchen; solange sie außer ihrer menschlichen Existenz und Daseinsform nichts Höheres und Besseres zu sehen und zu begreifen versuchen, solange hat das Leben und Treiben solcher Menschen keinen höheren Wert, Sinn und Zweck, als das Leben und Treiben in Ameisen-, Bienen- und sonstigen Kleingetiersvölkern.

Mitunter bietet sich für diese Art Menschen die Gelegenheit Stimmen und Ratschläge einer höheren Vernunft zu hören, Stimmen die diese Welt so bezeichnen wie sie ist, als Jammertal, als üble Daseinsordnung; Stimmen, die Mittel und Wege weisen, durch die und auf denen etwas Höheres, Besseres erreicht werden kann als der gegenwärtige Zustand auf Erden. Eine dieser Stimmen, eine ganz bedeutende, spricht aus buddhistischen Schriften, eine andere aus der Christenlehre.

Unter dem Bann von Tierinstinkten und einer entsprechenden Geistesverfassung werden solche Stimmen von den meisten entweder nicht klar verstanden, nicht ernst genommen oder als lebensfremd abgelehnt. Jede Stimme der Wahrheit,

die eine bestehende, durch allmähliche Gewohnheit liebgewonnene Lebensweise als unzulänglich oder übel bezeichnet,
bereitet den darin befangenen Menschen Unbehagen und
Schmerz; sie fühlen sich nur wohl in irgendeiner Enge und
Finsternis ihrer bisher gewohnten Welt- und Lebensvorstellung. In solcher Geistesverfassung steht auch der Mensch
nicht wesentlich höher als ein Maulwurf. Ein Unterschied
besteht nur darin, dass der Maulwurf zu höherer Vernunfterkenntnis unfähig ist, ihm fehlt dazu die notwendige Voraussetzung in Form eines höherorganisierten und entwickelten
Gehirns. Bei nicht wenigen Menschen besteht diese Voraussetzung. Aufgrund von Gleichgültigkeit gegenüber höherer
Fragen, in einer Art Denkträgheit befangen, steht ihre höher
entwickelte Erkenntnis und Vernunft jedoch vollständig unter
dem Einfluss bestehender Gewohnheiten und Instinkte, so
dass es ihnen unmöglich ist etwas anderes zu begreifen als ihr
Menschendasein.

Als ein untrügliches Zeichen überhaupt, oder die Bestä-
tigung dafür, dass der Mensch das Tier in sich noch nicht
so recht überwunden hat, dass ihm tierische Eigenschaften
wie Körperstärke, Muskelkraft, Gewandtheit und Ausdauer
höher stehen als geistige, zeigt ganz klar das zu einer Mas-
senanziehung gewordene Sportgeschehen weltweit. Hierzu
muss gesagt werden: der Mensch verdankt seine irdische
Vormachtstellung doch nicht körperlichen Eigenschaften wie
den genannten, sondern durch sein Denken und seinen Geist
wurde er das stärkste Tier auf Erden, und nur dadurch kann
er vielleicht einmal so etwas wie ein höherer Mensch oder ein
höheres Wesen werden. Allerdings nur dann, wenn er seinen
Geist und Intellekt nicht im Dienste des Daseinskampfes, des
stärkeren Tieres ausbildet, sondern im Geiste der höheren Religionen, im Sinne *wahrer Religion.*

Wenn z.B. die höheren Religionen dem Menschen raten,
bessere Daseinsformen und Daseinsordnungen als die irdisch-
menschliche zu erstreben, so folgt dies aus einer tieferen,
umfassenderen, intuitiven Welt- und Selbsterkenntnis, die
das wahre Gesicht der Natur, das Verhältnis des Menschen

zur Natur tiefer und klarer erfasst und daraus entsprechende weittragende Schlussfolgerungen zieht.

Der Wert aller erdenklichen Daseinsformen ergibt sich aufgrund ihrer Dauer und Beständigkeit. Kurzdauernde, veränderliche, von einer Unmenge günstiger Bedingungen abhängige Daseinsformen haben keinen besonderen Wert. Das beste, erfreulichste Dasein muss einmal enden, muss in sein Gegenteil umschlagen, wenn es von unbeständigen Verhältnissen und Bedingungen abhängig ist. Alle Lebewesen, die sich durch ihren Willen an unbeständige Daseinsformen und Daseinsverhältnisse klammern, müssen einmal erleben, dass ihr bisheriges Dasein und Wirken unnütz und vergeblich war. Die Lehre des Buddha weist deshalb als erstrebenswertes Ziel die Erlösung oder Freiheit von allen veränderlichen, vergänglichen Daseinsformen durch allmähliche Anerziehung höchster Wunsch- und Begehrlosigkeit.

Hinsichtlich einer solchen Lebensweise muss man uns wirklich als arme Menschen bezeichnen, denn wir sind es durch unsere Abhängigkeit von äußeren Dingen und Verhältnissen, durch unsere Körper- und sonstige Bedürfnisse, die uns wie eine Peitsche antreiben und nie zur Ruhe kommen lassen. Irgendein Trieb macht uns immer zu schaffen, sei es nun der Nahrungs-, der Geschlecht- oder der Wohlseinstrieb. Gerade dieser Letzte braucht so vieles, wovon wir glauben, es haben zu müssen; irgendeinen Gegenstand, eine Unterhaltung oder Zerstreuung. Mit wie wenigem waren noch unsere Vorfahren zufrieden, mussten zumindest zufrieden sein. Sie hatten zu ihrem Glück oder Wohlsein so manches nicht nötig, was vielen heute als dringendes Bedürfnis quält, was uns Heutigen durch die Massenmedien suggeriert wird. Der menschliche Geist wurde zu deren Zeit nicht so stark abgelenkt und zerstreut.

Fragt man sich überhaupt warum heute kaum noch oder nur sehr wenige schöpferische Menschen in Erscheinung treten, so liegt das wohl zum größten Teil an den Lebensverhältnissen unserer Zeit, an den vielen Ablenkungen und Zerstreuungen des so genannten kulturellen Fortschritts.

Dieses hochtechnisierte Zeitalter wird kaum Gestalten wie die eines Bach, Mozart, Hayden, Beethoven, Goethe, Schiller u.s.w. – bei denen man in Erstaunen versetzt wird was sie doch, bei mitunter kurzer Lebenszeit, geleistet und vollbracht hatten – heranreifen lassen.

Man kann sagen, dass um das 18. bis 19. Jahrhundert ein Höhepunkt der Kultur erreicht war und wir uns jetzt auf dem absteigenden Ast dieser Kulturentwicklung befinden. Bestes Beispiel dafür: Veranstaltungen höherer geistiger Art finden kaum oder nur in geringem Maße Beachtung, minderwertige, seichte Unterhaltungs- und Sportveranstaltungen dagegen erfreuen sich eines regen Menschenmassenzuspruchs.

Diese und noch andere Tatsachen, sind ein Gradmesser für unser Zeitalter, seine Kultur und die Richtung dieser Kultur, sind untrügliche Anzeichen für den weiteren Gang dieser Entwicklung.

Wenn der Fortschritt unserer Kultur im Wesentlichen darin besteht, dass immer neue Dinge geschaffen werden, woran viele, gleich Kindern am Spielzeug, ihre Freude haben, ohne die sie nicht glücklich und zufrieden leben können, so handelt es sich dabei um etwas sehr zweifelhaftes an unserer Kultur, weil dadurch ein sehr erbärmlicher Mensch herangebildet, besser vielleicht gezüchtet wird; ein Mensch, dessen Schwerpunkt nicht in ihm selbst liegt, der seinen Schwerpunkt vielmehr nur in äußeren Dingen und Verhältnissen hat, der mit sich und seinem erbärmlichen Selbst allein gelassen nichts Rechtes anzufangen weiß, so wie man es im Verhalten vieler Menschen beobachten kann.

Viele empfinden es heute langweilig mit sich selbst allein zu sein, ohne irgendeinen äußeren Zeitvertreib, ohne irgendeine äußere Unterhaltung. Sie brauchen irgendein Objekt womit sie sich beschäftigen können, irgendetwas das ihre Aufmerksamkeit ablenkt von der eigenen Person, vom Alleinsein mit dieser Person. Für mich ist das eine klägliche, bedauerliche Geistesverfassung, durch welche ausgesagt wird, dass der Mensch, für sich allein, nichts wert ist. Ich erinnere mich in diesem Zusammenhang einer Stelle aus den Reden Buddhas, wo dieser dem Pilger eines anderen Ordens erklärt, er könne sich sieben Tage lang, auf einer Stelle sitzend, glücklich, wohl und zufrieden fühlen. Ist das nicht ein Ideal, einem Willen erreichbar, der als erstrebenswertes Ziel Bedürfnislosigkeit erkennt. Welch gewaltiger Unterschied ist das doch gegenüber einem heutigen Menschen, dem vielleicht eine Wartezeit von ein paar Stunden zur Qual werden kann.

Wenn also, wie aus den Bibelvorstellungen hervorgeht, der Mensch das Ebenbild Gottes und somit eines mit allen guten, vollkommenen Eigenschaften gedachten Wesens sein soll, so erweisen sich solche Vorstellungen, selbst bei nur oberflächlicher Menschenkenntnis, als unhaltbar. Wir Menschen kennen unseren Wert nicht, meistens schätzen wir ihn viel zu hoch ein. Viel zu wenig denken wir daran, was es vorerst mit rein menschlichen höheren Eigenschaften auf sich hat, ganz zu schweigen von göttlichen.

Man betrachte doch – wie im Vorangegangenen schon angesprochen – die wirklichen Vorgänge in der Menschheit und man gewinnt die Einsicht, dass der Mensch in seiner Mehrheit weniger von höherem, so genannten göttlichen Geist, als vielmehr von Raubtiergeist beeinflusst und gelenkt wird, der sich äußert in besagtem, Gegensätze in der Menschheit errichtenden, innere Widersprüche hervorrufenden, Kampf und Feindschaft in den Völkern erzeugenden, engstirnigen Nations-, Partei-, Klassen-, Standes- und Kastengeist. Ein Geist also, der nur sich und seinen Vorteil sieht, nur seine Ansicht, seine Partei, seine Volkszugehörigkeit, seine Religion, wie überhaupt nur seine Art in der Welt und Natur als Hauptsache beurteilt, alles Übrige mehr oder weniger als Mittel zum Zweck.

Befangen in solcher Geistes- und Gemütsverfassung sind sich die meisten Menschen dieses Umstandes gar nicht bewusst. Raubtiergeist zertritt und vernichtet fremdes Dasein, verneint fremde Daseinsinteressen, wie es nicht nur die gewaltsamen Auseinandersetzungen in den vielen Krisen- und Konfliktregionen dieser Welt und Menschheit zeigen, sondern wie es auch weitgehend sichtbar wird, durch all jene, im Zuge einer fortschreitenden Industrialisierung und Technisierung angewandten, die Natur und Umwelt in immer stärkerem Maße belastenden und zugrunde richtenden Mittel und Verfahrensweisen.

Beurteilt man nun noch jene Geistesverfassung im Menschen, die, in den Dienst der Kriegsführung gestellt, immer schlimmere Mittel und Methoden zur Vernichtung der eigenen Art ersinnt, gar solcher, wodurch alles höhere Leben der Erde vernichtet werden kann, so ist diese Geistesverfassung als Wahnsinn zu bezeichnen.

Vorurteilslos gesehen ist der Mensch, auf seiner gegenwärtigen Entwicklungsstufe, mehr ein Tier mit höher gebildetem Intellekt. Göttliche Eigenschaften kennt er nicht, in seiner Mehrheit fehlen im selbst höhere menschliche, wie sich das nicht nur im Großen, im geschichtlich belegten Werdegang der europäischen Völker mit ihren nie abreißenden Kriegen samt allen bekannt gewordenen Nebenerscheinungen und ihrem gegenseitigen Verhalten heute noch zeigt, sondern wie man das auch im Kleinen, im menschlichen Alltagsleben beobachten kann. Auch hier bieten sich eine Unmenge Gelegenheiten, um Aufschluss über den wahren sittlichen Wert des Menschen zu gewinnen. Dazu die folgenden Betrachtungen; sie ergaben sich aus einem Erlebnis des Verfassers.

Auf den Straßen einer Stadt bewegt sich unter Musikklängen ein Zug fröhlicher Menschen; sie feiern ein Fest; auf ihren Gesichtern spiegelt sich ungetrübte Daseinsfreude. Beim Vorbeimarsch an einem Schlachthof wird gerade ein Rind in diesen hineingeführt. Der Daseinszweck des Rindes besteht nun, nach der landläufigen Auffassung darin, zeitlebens für menschliche Bedürfnisse und Zwecke ausgenutzt zu werden, sei es als Zugtier, als Milchspender, als eine Art Gebärmaschine und schließlich als Nahrungsmittel. Dieses Tier ist unbestreitbar eine von jenen Bedingungen, durch die das Menschendasein in seiner gegenwärtigen Form erhalten und angenehm gelebt wird. Als Gegenstück zu diesem geschilderten Vorgang im Kleinen halte man sich im Geiste jenen langen, nicht abreißenden Zug aller Schlachttiere vor Augen, der jahrein, jahraus in die Schlachthöfe aller Städte getrieben wird. Dieser lange Zug von Millionen Schlachttieren veranschaulicht mit der Tatsache, dass die Freuden und Genüsse des Lebens aus Todesschauern und Todesqualen ihre Nahrung ziehen, dieser Zug wandert ohne Unterbrechung zur Erhaltung und Verlängerung des Menschendaseins in seiner gegenwärtigen Form. Man sollte nun meinen, dass all diese Tiere, wegen ihrer unbestreitbaren Verdienste um die Erhaltung der Menschheit, für all das Gute und Nützliche, das sie dem Menschen leisten, geachtet wo nicht hochgehalten würden.

Hier lässt sich nun unter Menschen, die sich als kultiviert, als etwas Besseres, Höheres dünken, eine Eigenart wahrnehmen, die etwas über den sittlichen Wert dieser Menschen aussagt. Rindern, Schweinen wie anderen Schlacht- und Nutztieren, wird kaum einige Beachtung geschenkt, ganz zu schweigen von Hochachtung; im Gegenteil, der Name »Rind« oder »Schwein« gilt bei den meisten Menschen als Ausdruck der Geringschätzung und Verachtung, er gilt als Schimpfname.

Wie hoch stehen doch die genannten Tiere, die ihr Leben, ihren höchsten Wert für das Wohl solcher Menschen opfern müssen, über solchen Menschen. Gerade in der Abschätzung und Behandlung so genannter Nutztiere zeigt sich etwas von der wahren sittlichen Größe, der wahren Geistes- und Gemütsverfassung der Menschen. Oberflächlich, stumpfsinnig ohne tiefere Besinnung leben sie dahin, nicht wesentlich anders als Tiere; ihr ganzes Sinnen und Trachten ist auf die Befriedigung mehr oder weniger zahlreicher Bedürfnisse, Wünsche und Genüsse gerichtet. Jeden Tag setzen sie sich zur gewohnten Zeit an den Tisch um zu essen; der Mangel an Nahrung für einige Tage würde sie in höchste Unruhe, Besorgnis oder Bestürzung versetzen, wo nicht zur Verzweiflung treiben. Sie halten es jedoch nicht für notwendig, über ihre Nahrung einmal tiefer nachzudenken; nüchtern zu überlegen, was diese Nahrung bedeutet, wer sie liefert oder »beschert«, wie sich das tierisch-menschliche Nahrungsbedürfnis in der Natur auswirkt.

Vom Schleier eines religiösen Wahns umfangen, richten

blindgläubige Beter in Tischgebeten ihren Dank dorthin, wohin er bei einiger Vernunft nicht gehört, oder sie erflehen den Segen Gottes über etwas, das kein Gott segnen kann, weil es Elend und Leid in der Natur bewirkt; wodurch sich eine üble Daseinsordnung ergibt.

Ob Christus hier tiefer gesehen hat, ob er das wahre Verhältnis erkannt hat, in dem alle Naturwesen untereinander stehen, möchte man nach seinen Worten, anlässlich des Abendmahles mit seinen Jüngern annehmen, ist jedoch nicht gewiss. Von der Person, den Gedanken und Worten Christi gilt vielleicht weitmehr dasselbe wie von der Person und Lehre Buddhas.

Was die Christenheit heute über Christus weiß ist erst längere Zeit nach seinem Tode, in zum Teil widersprechender Form, schriftlich festgelegt worden und trägt den Charakter eines später ersonnenen Machwerkes, wo die Gestalt, das Leben und die Lehre Christi in möglichst vollkommener Übereinstimmung mit den Prophezeiungen das Alten Testaments der Bibel dargestellt wird.

Dessen ungeachtet kann den Worten des Neuen Testaments, mit welchen sie den Vorgang des Abendmahles beschreibt,

> »… da sie aber aßen, nahm Jesus das Brot, dankte und brach's und gab's den Jüngern und sprach: Nehmet, esset; das ist mein Leib. Und er nahm den Kelch und dankte, gab ihnen den und sprach: Trinket alle daraus; das ist mein Blut …«
> (Math. 26/26-28)

vernünftige Bedeutung, ein tieferer Sinn in Übereinstimmung mit höherer Religion zuerkannt werden.

Besonnene Christen sollten alle Nahrung wie einen Teil des Leibes Christi ansehen; als ob dieser Leib, verursacht durch ein Nahrungsbedürfnis, den gleichen Weg gegangen ist wie die Nutz- und Schlachttiere des Menschen; als ob dieser Leib die Todesqualen eines Lebewesens erleiden musste, das an seinem Dasein hängt, es als höchsten Wert empfindet und seinen Verlust als größten Schmerz fühlt.

Dieser Sinn des Abendmahles vereinbarte sich wesentlich besser mit den biblischen Vorstellungen über die Schöpfung der Welt. Die Geschöpfe, Kinder oder Werke eines Vaters, sollten sich untereinander nichts Böses, Unerwünschtes antun; sollten anderen nichts zufügen, was sie selbst nicht erleiden möchten; sollten von anderen fernhalten, was sie selbst als Übel, Leid oder Schmerz fühlen müssten.

Ein gütiger, vor alle gerechter Gott wird kaum fühlende, empfindende, bewusste Wesen schaffen, die sich untereinander bekämpfen, ausbeuten und vernichten, deren Zweck darin bestehen soll, nach gewaltsamen Tod das Mittel zu werden, wodurch die jeweils stärkeren Geschöpfe ihr Dasein erhalten.

Wer höheres Menschsein erstrebt, müsste zuerst die mehr tierischen Eigenschaften in sich verneinen, müsste der Stimme höherer Vernunft, der Wahrheit folgen. Dürfte nicht mehr besinnungs- und gedankenlos dahinleben wie das Tier, getrieben nur von inneren vererbten Gewohnheiten und Instinkten; sondern müsste über alles nachdenken, was er tut, was ihn umgibt, wie sich seine Taten und seine Lebensweise in seiner Umwelt auswirken; müsste sich immer wieder die Folgen seiner Taten und Lebensweise klarzumachen versuchen.

Ein solcher Mensch sagt weder vor noch nach den täglichen Mahlzeiten wahnhafte Gebete her, sondern bildet sich klare Vorstellungen über seine Nahrung. Er sieht im Geiste lebende Tiere unter den Händen von Schlächtern mit der stummen Anklage und Frage: das muss ich erleiden zur Erhaltung deines Daseins. Zur Befriedigung deines Nahrungsbedürfnisses muss ich mein Leben, meinen höchsten Wert hergeben, weil ich schwächer und rechtloser bin als du. Was tust du für mich? Wenn du schon an diesem, meinem elenden Schicksal nichts ändern kannst, dann behandle zumindest meine Artgenossen während ihrer Lebenszeit gut, verschaffe ihnen einen kurzen leichten Tod.

Höhere Religion lehrt ihren Anhängern also nicht dunkle widerspruchsvolle oder unsinnige Glaubenssatze und dementsprechende kirchliche Handlungen; vielmehr hält sie ihre Anhänger an zu nüchterner Naturerkenntnis; vor allem zu klarer Erkenntnis von Ursache und Wirkung bei allen menschlichen Handlungen.

Wer die tägliche Nahrung ohne nüchterne Erkenntnis und tiefere Besinnung zu sich nimmt, tut es in der gleichen Geistesverfassung wie das Tier. Befangen in einer solchen wird er wohl kaum den oben angedeuteten höheren Sinn des Abendmahles erfassen oder gar schätzen lernen. Dieser höhere Sinn erschließt sich nur Menschen mit einem unbestechlichen, man könnte sagen übermenschlichen Gerechtigkeitsempfinden und Gerechtigkeitsbewusstsein, Menschen die auch abscheuliche Wahrheiten sehen und ertragen können, die fähig sind daraus Schlussfolgerungen zu ziehen.

Wie viel Unwissenheit, Kurzsichtigkeit, man könnte sagen Dummheit, spricht doch z.B. aus den Worten eines mir bekannten Pfarrers, der gegenüber seiner Schüler äußerte: »Wer nach dem Essen nicht betet ist ein ›Schwein‹!« Hier zeigt sich die äußerst primitive Geistesverfassung eines Menschen, der für das jeweilige Essen einem unbekannten Gott dankt, für die wirklichen Spender, besser Opfer seiner Nahrung entweder keinen Dank, keinen anderen Gedanken übrig hat, höchstens ihre Namen als Schimpfwort oder verächtliche Bemerkung im Munde führt.

Wie viel höheres Menschentum, wie viel natürliche Vernunft offenbart sich doch in den Religionen der so genannten »Heiden«, die jene Tiere achten und verehren welche ihnen Nahrung liefern, die ihren Leib zum Wohle des menschlichen Leibes aufopfern müssen. Wie himmelhoch über einer derartigen christlichen Religion, für die das Tier lange Zeit nicht einmal als beseeltes Wesen galt, ganz zu schweigen von Pflanzen und anderen Naturdingen, steht doch die Religion und Menschlichkeit eines Buddha, dessen Liebe nicht bei Menschen stehen bleibt, sondern sich über die gesamte Natur erstreckt, der seinen Anhängern lehrt, alle Dinge in der Welt mit liebevollem, erbarmenden Geiste zu durchdringen. Überhaupt die Mahnung Buddhas an den Menschen, nicht selbstsüchtig, nicht gehässig, nicht übelwollend zu denken, zu sprechen und zu handeln, bildet den Grundstein seiner Lehre und man kann sagen einer wahren Religion der Vernunft.

Wenn gesagt wurde, dass sich die Menschheit nach den vernünftigen Lehren und Anweisungen der höheren Religionen eine bessere Daseinsordnung schaffen könnte, so doch niemals durch besagte unwissende, Erkenntnis ablehnende oder als Sünde bezeichnende Gläubige, sondern nur durch klarsehende, wissende Menschen, die ihr Wissen in den Dienst bester Menschheitsbestrebungen stellen und entwickeln; die nur solches Wissen pflegen, das nicht im Dienste des Schlechten missbraucht werden kann; und dazu gehört nach meiner Meinung in erster Linie das Wissen der Buddhalehre.

Wenn der Buddhismus seine Anhänger mit den Worten: Rechte Erkenntnis geht voran auf dem Wege zu einem Heil oder religiösem Ideal, auffordert durch beharrliches, vorurteilsloses Anschauen und Denken, sich selbst, die Welt, sowie ihr wahres Verhältnis zur Welt frei von überkommenen Illusionen und wahnhaften Vorstellungen – wie sie leider in christlichen Religion, in so überreichem Maße noch vorhanden sind – begreifen zu lernen, so steht auch das im Zeichen eines Fortschritts zum Besseren.

Wer den Kern der ursprünglichen Buddhalehre erfasst hat, weiß, dass diese Lehre in ihren Hauptpunkten nicht gealtert ist und nie altern wird. Diese Lehre gründet sich auf Wahrheiten die zu jeder Zeit der Menschheit und des Weltgeschehens unumstößliche Gültigkeit behalten, ganz gleich ob man sie als solche anerkennt oder nicht.

In dieser Lehre werden Nichtwissen, Selbstsucht, Habgier und Hass als Wurzel jener Übel bezeichnet, von denen Menschen- und Volksgemeinschaften heimgesucht werden. Nichtwissen steht an erster Stelle. Es handelt sich dabei um ein Nichtwissen, das die Auswirkungen der eigenen Tat oder der eigenen Lebensweise nicht kennt.

Hier sind nun vor allem die Vertreter der höheren Religionen angesprochen mit gutem Beispiel voranzugehen. Sie sollten sein, was die Vernunft von ihnen erwartet: das bessere Gewissen der Menschheit, das seine Stimme erhebt, um unwissenden, unzulänglichen in wahnhaften Vorstellungen, in üblen Sitten und Lebensgewohnheiten versunkenen Menschen etwas Besseres, ein Heil, das Licht einer besseren Lebensführung und Lebensauffassung, das Licht der Wahrheit zu bringen. Bevor sie von besseren Daseinsformen im »Jenseits«, ehe sie von einem »überirdischen Heil« reden, sollten sie sich Klarheit darüber verschaffen, durch welche Ursachen und Umstände sich die irdisch-menschliche Daseinsform und Daseinsordnung gerade so und nicht anders gebildet hat, als sie erkannt und erlebt wird. Wer darüber nichts weiß, kann nichts wissen über das Werden anderer, besserer Daseinsformen und Daseinsordnungen in einem so genannten Jenseits.

Ehe man in einer Religionsgemeinschaft von Gott oder göttlichen Eigenschaften spricht, ganz zu schweigen vom Willen eines allmächtigen Gottes, sollte man sich Klarheit darüber verschaffen, worin göttliche Eigenschaften bestehen, wie sie sich in der Natur auswirken, wie sie sich etwa anerziehen lassen. Verkehrt ist es, unbekannten Gottheiten, ganz zu schweigen von einem allmächtigen Gott Himmels und der Erden, rein menschliche unzulängliche Eigenschaften, samt den daraus folgenden Handlungen und Taten anzudichten, wie es in der Bibel geschieht.

Fortschrittliche Vertreter und Hirten einer Religion der Vernunft erwarten ihr Heil oder das Heil anderer nicht erst nach dem Tode in einer anderen Welt, von der sie außer leeren Worten nichts wissen; sie erhoffen ein Heil oder das Heil anderer auch nicht durch Gebete und Fürbitte an unbekannte Götter, sondern versuchen vielmehr schon im Diesseits, durch eigene zweckmäßige Taten, aus eigener Erkenntnis und Kraft zu erreichen, was gläubige Unwissenheit in ein »Jenseits« verlegt und erhofft.

Eine Hauptaufgabe für solcherart, im Sinne höherer Religion, wirkender Theologen und Priester sollte also heute darin bestehen, unwissenden, gedankenlos dahinlebenden, im Schlaf von erworbenen Denkgewohnheiten eingewiegten

Menschen, die Augen zu öffnen über den wahren Charakter dieser Welt, ihrer Gesetze und Ursachenzusammenhänge, über das wahre Verhalten der jetzigen irdischen menschlichen Daseinsform zu allen übrigen Naturerscheinungen; müssten ferner all denen – in eitlen Hoffnungen und Illusionen verstrickten Menschen – die nüchterne Wahrheit aufdecken über jene Welt, worin der Mensch ein verschwindender Teil, ein Art Eintagsfliege ist, worin sich das Schicksal der Materieform Mensch vollzieht, schon seit Ewigkeiten vollzieht und noch in künftigen Ewigkeiten vollziehen wird, worin sich eine Organisation bestimmter Materieelemente für kurze Zeit in einer Menschform bewusst wird.

Wer die Geistes- und Gemütsverfassung der Durchschnittsmenschen kennt ist sich gewiss, dass das soeben gesagte eine schwere, undankbare Aufgabe ist, die nur von sehr wenigen willensstarken Menschen erfüllt werden kann; von Menschen denen es nicht um Beifall, persönliche Vorteile oder Vergünstigungen zu tun ist, sondern um die Wahrheit. Manche Wahrheiten haben für viele einen unangenehmen, man könnte sagen unerträglichen oder ekelhaften Klang. Das gilt besonders von solchen Wahrheiten die gefestigte, liebgewonnene Lebensgewohnheiten und Lebenssitten in Frage stellen, anzweifeln oder als übel bezeichnen.

Wie Menschen als Einzelne oder als herrschende Mächte auf unangenehme Wahrheiten reagieren ist ja hinreichend bekannt. Aus dem Schicksal vieler Wahrheitsforscher und Wahrheitsverkünder kann sich jeder sein etwaiges Schicksal deuten, falls er im Dienste der Wahrheit wirken möchte. Das Schicksal des gekreuzigten Christus ist nur eines von vielen, vielen anderen gleichen oder ähnlichen bekannten und unbekannten Schicksalen, die erduldet werden mussten, wenn Menschen offen aussprachen was sie für Wahrheit hielten. Was hatte Christus getan? Er hatte seinen Zeitgenossen gelehrt wie Menschen leben müssten, um eine bessere Daseinsordnung schon im Diesseits zu verwirklichen. Manche seiner Gebote und Grundsätze, ganz gleich ob sie von ihm persönlich herrühren oder ob sie älteren religiösen Vorstellungen und Lehren entstammen, könnte für die Menschheit eine Art Paradies auf Erden bewirken, falls recht viele seine Gebote befolgten.

Wer für die Wahrheit arbeiten will, müsste es tun in der Gewissheit, dass er hier mit verschwindend wenigen gegen eine erdrückende Masse bestehender Vorurteile, falscher Denkgewohnheiten, unzulänglicher übler Instinkte und Gewohnheiten der Lebensführung und Lebensauffassung, wahnhafter Vorstellungen, trügerischer Einbildungen und Hoffnungen und allgemeiner Denkträgheit wirkt; er muss damit rechnen, dass Wahn, Fanatismus, Parteigeist, Vorurteile, beliebte falsche Denkgewohnheiten und eine denkträge Masse ihn zum Märtyrer für die Wahrheit werden lassen.

Wer das Leben und die Menschen kennt, wird bei solchen Bestrebungen also weniger mit Achtung und Anerkennung rechnen, als vielmehr mit allgemeiner Verständnislosigkeit, Missachtung wo nicht Verachtung. Dabei steht es doch so, dass nur ein von Wahrheitserkenntnis geleiteter und bestimmter Wille den Menschen über sein jetziges mehr Tiermenschendasein hinausführen kann. Ohne solche Erkenntnis, ohne *wahre* Religion bleibt der Mensch eine Art Tier. Wahre Religion besteht in der erwähnten Gemütsverfassung, wie sie aus dem Wortlaut, den Geboten der Buddha- und Christenlehre spricht; sie ist frei von allen niederen menschlichen Lebensgewohnheiten, Trieben und Instinkten, und somit der einzige Weg zu einer vernünftigen Entfaltung des menschlichen Geistes. Die Ergebnisse eines solchen Geistes im Dienste der höheren Religion, können nie für üble Zwecke missbraucht werden oder sich als Fluch und Unheil für den Menschen, sei es als Einzelner oder einer Gemeinschaft, auswirken. Die unter dem Einfluss von wahrer, höherer Religion entwickelte Vernunft strebt danach, den höllischen Daseinskampf in der Natur und Menschheit über mildere Formen hinweg zu beenden; sie verneint all jene menschlichen Eigenschaften die Leid, Übel und Elend erwirken, die sich äußern in rücksichtsloser Selbstsucht, unersättlicher Habgier, unerbittlichem

Hass, in Übelwollen, Missgunst, Neid, Bosheit, Stolz, Überheblichkeit, Rachsucht, Vergeltungsbedürfnis, Machthunger, Machtbesessenheit u.s.w. und erstrebt andere, die menschliche Daseinsordnung verbessernde und erhöhende Eigenschaften wie Selbstlosigkeit, Uneigennützigkeit, Bedürfnislosigkeit, Aufopferungsfähigkeit, Güte, Wohlwollen, Barmherzigkeit und Mitgefühl; jene Eigenschaften also, die sich zumindest im Zusammenleben von Menschen nicht übel und unerwünscht auswirken.

Nur solche Menschen, die in diesem Sinne an ihrer bewussten Selbsterziehung arbeiten, machen sich zum Baustein oder Bauelement besserer, leidloserer, so genannter himmlischer, göttlicher oder wie auch immer, mit welchen Worten bezeichneter, höherer Daseinsformen und Daseinsordnungen.

Wenn am Menschen etwas göttlich ist, dann ist es der Funke einer höheren Vernunft, die im Dienst der Wahrheit, im Dienst höherer menschlicher Bestrebungen steht, die den Charakter der Natur und des Menschen vorurteilslos erfasst, das Verhältnis des Menschen zur Natur ungetrübt durch religiöse oder sonstige Vorurteile sieht; die aus klaren Erkenntnissen einzig richtige Schlussfolgerungen zieht und den menschlichen Willen bewegt, im Sinne solcher Schlussfolgerungen zu handeln und zu streben. Diesen göttlichen Funken einer höheren Vernunft zu erhalten, ihn vor dem Erlöschen zu bewahren, ihn womöglich zur hellen Flamme zu entfachen, sollte heute eine Hauptaufgabe fortschrittlicher Theologen und einer fortschrittlichen Theologie sein.

Zu unserer Weltvorstellung

In ihrer Form als biblischer Gottesglaube, hat die Theologie bisher wenig geleistet und auch künftig wird sie in dieser Form wenig leisten können. Niemand ist bisher durch diese Art Theologie klüger geworden über göttliche Dinge, Wesen und Eigenschaften. Durch blinden Gottesglauben wird auch weiterhin Unwissen und Aberglaube aller Art aufrechterhalten. Glaubenstrunkene Theologen im Zeitalter der fortschrittlichen Wissenschaften und einer sich dabei heranbildenden wissenschaftlichen Denkweise, sind nicht die rechten Führer in vernünftigen religiösen Bestrebungen.

Will man den Gottesbegriff in einer fortschrittlichen Religion beibehalten, dann müsste er erklärt werden in bestmöglicher Übereinstimmung mit der sinnlich-anschaulichen Natur. Einigermaßen vernünftig kann das nur im Sinne des Pantheismus geschehen. Danach ist alles was der Mensch ist, was seine Sinne erfassen, Teil einer gewaltigen Erscheinung, deren Grenzen, sowohl in materieller als auch geistiger Hinsicht, für uns Menschen nicht abzusehen sind. Die Welt erscheint unseren beschränkten Sinnen zeitlich und räumlich unbegrenzt, nirgends lässt sich eine Grenze oder ein Abschluss erkennen, jede Grenzziehung ist ein Werk menschlicher Willkür. Gemeinhin zieht der Mensch überall dort Grenzen in der Natur, wo er nichts Klares und Zusammenhängendes mehr begreift. Es handelt sich dabei nicht um Grenzen und Trennungsstriche zwischen den Weltformen, sondern lediglich um Mängel unserer heutigen immer noch recht unzulänglichen Erkenntnis. Das gilt nicht nur im Hinblick auf Raum- und Zeitfragen, sondern auch auf Eigenschaften der Materie wie Empfinden, Bewusstsein, Erkennen u.s.w.

Durch die fortschreitende, vorurteilslos betriebene Naturwissenschaft wird die Grenze zwischen so genannter toter und belebter Materie immer weiter hinausgezogen. Umfassendere Erfahrungen lassen es sicher einmal zur Gewissheit werden, dass sich das höhere organische Leben nur in seinen unwesentlichen äußeren Formen vom Reich der so genannten unbelebten Materie unterscheidet, dass alle chemisch-physikalischen Vorgänge und Geschehen an einer toten Materie nur eine besondere Form des Lebens sind und als solche wesensgleich mit allem was sich an und in organischen Lebensformen ereignet. Erhärtet wird diese Auffassung durch die sich immer mehr anbahnende und durchsetzende Überzeugung, dass das organische Leben aus dem so genannten anorganischen Reich seinen Ursprung hat, dass somit alle Keime für das Entstehen und die Eigenschaften der höheren Lebensformen schon an der anorganischen Materie bestanden haben, darunter auch die Keime für das Entstehen höheren Empfindens, Bewusstseins und Denkens.

Eine solche Vorstellung wird nun für manch einen sicher unannehmbar bleiben. Heute noch weisen es viele Menschen entrüstet von sich, irgendetwas mit der Materie, mit einer toten bewusstlosen Masse, gemeinsam zu haben. Die Herkunft des Menschen aus einfachsten Tierformen heraus ist ihnen unbegreiflich, sie glauben höherer geistiger oder göttlicher Abkunft zu sein. Für diese Art Menschen ist das anorganische Reich eine tote, bewusstlose Masse, ein starrer Mechanismus von chemisch-physikalischen Gesetzen beherrscht, während das organische Reich, besonders der Mensch, etwas anderes, eine Ausnahme- oder Sondererscheinung sein soll. Anerzogener religiöser oder sonstiger Wahn über die Herkunft des Menschen hindert sie, die Welt, die eigene Erscheinung, das wahre Verhältnis des Menschen zu allen übrigen Naturerscheinungen klar und einigermaßen vorurteilslos zu sehen. Die Worte »Materie«, »materiell« und was damit zusammenhängt, klingen ihnen unangenehm, sie halten es lieber mit Begriffen wie »Geist«, »Seele«, »Idee«, »Idealismus«; für sie ist in der Natur der »Geist« das Wichtigste, vor allem jener Geist, über den sich gut dichten und phantasieren lässt, über dessen Ursprung, Eigenart und Wesen nichts weiter bekannt ist als leere Begriffe und Wortgebilde, denen jeder anschauliche Inhalt fehlt. Für sie ist die jeweils äußere Form das Wesentliche der Dinge. Der Kohlenstoff z.B., als Baustein eines Diamanten bedeutet für sie etwas grundsätzlich anderes, als jener Kohlenstoff der Menschen-, Tier- und Pflanzenkörper mit aufbaut.

Durch allgemeine Unwissenheit, geistige Beschränktheit und anerzogene wahnhafte Vorstellungen, werden solche »Ebenbilder« Gottes an klarer Sicht und unvoreingenommener Beurteilung der Dinge gehindert. Sie leben meistens in der engen Gegenwart und sehen sie durch die Brille von Vorurteilen und Illusionen. Die tiefe Vergangenheit und Zukunft füllen sie aus mit allen erdenklichen Phantasien aus heiligen und sonstigen Schriften. Ihre Weltvorstellung reicht im Grunde nur von der Geburt bis zum Tod, worunter sie auch Entstehen und Vergehen der gesamten Materieform Mensch auf der Erde verstehen. Die Zeitabschnitte davor und danach sind für sie entweder leer oder werden mit dichtender Phantasie erklärt, es ist ihnen nicht möglich, den Menschen ebenso zu sehen und zu erklären wie jedes andere Lebewesen, wie jedes anorganische Gebilde, nämlich im Zusammenhang mit einer zeitlich und räumlich unabsehbaren Weltvergangenheit und Weltzukunft.

Zur Erklärung innerer Vorgänge im Menschenkörper

Wenn heute von Geist und Geistestätigkeit gesprochen wird, so bleibt die Hauptsache des Wortes »Geist« und seiner Tätigkeit ein unbekanntes »X«. Was ist nicht alles in diesen Begriff hineingelegt worden. Jeder interpretiert ihn nach belieben, meist im Sinne religiöser und philosophischer Büchertexte. Die Hauptsache dieses Begriffs, die wahre Ursache aller Geistestätigkeiten bleibt dabei unbekannt.

Als Menschen können wir nun nicht anders, als die Dinge nach unserer menschlichen Fassungskraft und unserer menschlichen Anschauung zu deuten.

In derselben Lage wie die Geisteskunde befindet sich auch heute die Biologie und Medizin. Man hat zwar für alle Vorgänge im Körper einen Begriff unter dem sich etwas deutlich vorstellen lässt, wie z.b. »Körperzelle als Baustein des Leibes«, über ihre wahre Eigenart und Bedeutung weiß man jedoch nichts; kurz, unser geistiges und leibliches Selbst ist eine durchaus dunkle, unbekannte Sache. Wir wissen nicht wer oder was das ist, das diesen Körper wachsen und entwickeln lässt und alles schafft, was sich mit der Entwicklung des Leibes offenbart, wer oder was die Geistestätigkeit hervorruft.

Gerade in solchen fragen wird uns so etwas wie eine Misere unseres Intellekts offenbar. Über eine Unmenge Dinge, Tatsachen und Gesetze in der Außenwelt wissen wir sehr viel mehr, über das uns am nächsten Liegende, über unseren Körper jedoch herzlich wenig, man kann sagen fast gar nichts.

Ich habe mich manchmal gefragt, ob es überhaupt möglich ist, mit den Methoden der Wissenschaft, mit der Mathematik und den heutigen Experimenten, die Geheimnisse des Lebens zu ergründen. Bei den bisher üblichen Experimenten der Lebensforschung, die sich auf die Vorgänge in der Mikro- und Atomwelt beschränken, drängt sich mir die Überzeugung auf, dass dadurch keine umfassende Klarheit erreicht werden kann. Hier ist es z.B. möglich die Chromosomenfäden von zwei sich verbindenden Zellen stark zu vergrößern, ihr kettenartiges Gefüge sichtbar zu machen, selbst zu wissen an welchen Stellen dieses Gefüges bestimmte Eigenschaften des neuen Organismus ihren Platz haben. Was weiß man aber im Grunde vom Wichtigsten, von der inneren Eigenart, von der inneren Struktur der einzelnen Kettenglieder. Man sieht hier nur reine Äußerlichkeiten, unwesentliche Formen, der Kern oder das Innere bleibt dabei verschlossen und unbekannt. Ebenso verhält es sich mit anderen biologischen Experimenten, sie offenbaren nicht die Hauptsache. Der Umstand, dass man heute in der modernen experimentellen Vererbungslehre von erworbenen und nicht erworbenen Eigenschaften spricht, deckt klar den wahren Sachverhalt auf, nämlich, dass man von der Wirklichkeit, die solchen Experimenten zugrunde liegt, überhaupt nichts weiß. Wenn z.B. heute gesagt wird, nur nicht erworbene Eigenschaften werden weitervererbt, bei erworbenen Eigenschaften gibt es keine Vererbung, so muss man sich doch fragen: Gibt es denn an irgendeinem Organismus überhaupt so etwas wie nicht erworbene Eigenschaften? Man veranschauliche sich das Werden des Menschen aus einer Ansammlung oder Vereinigung primitiver Einzelzellen heraus, über eine unendliche Reihe einfachster Tierformen hinweg bis zur Gegenwart und frage sich, kann es an diesem Organismus so etwas geben wie nicht erworbene, also unveränderliche Eigenschaften, die mit der »Erschaffung« oder dem Entstehen eines Organismus da waren aus irgendwelchen unbekannten Gründen, und sich danach nicht mehr verändert hatten. Solche Eigenschaften gibt es im Grunde bei keinem lebenden Organismus auf der Erde. Der Werdegang aller Organismen widerlegt eine solche Annahme.

Hier erhebt sich nun die Frage, gibt es denn einen anderen Weg oder andere Möglichkeiten als die oben angeführten, den Geheimnissen des Lebens näher zu kommen. Diese Möglichkeit besteht. Man sollte zur Ergründung lebender Erscheinungen noch ein anderes Verfahren anwenden, u.z. vergleichende Lebenskunde, im ähnlichen Sinne verstanden wie die vergleichende Anatomie zwischen Tier- und Menschenkörper.

Bei der vergleichenden Lebenskunde stehen sich zwei Hauptentwicklungsstufen des Lebens gegenüber, die Zellengemeinschaft oder das Zellenvolk Mensch und die Menschengemeinschaft oder das Menschenvolk. Durch vergleichende Betrachtung dieser beiden Größen, lassen sich dann auch rätselhafte Vorgänge im menschlichen oder eines sonstigen Organismus – wie sie z.b. in einem Buche, betitelt: *Ergebnisse und Probleme der Naturwissenschaften* von B. Bavink, angesprochen werden – beseitigen. Wenn es hier heißt:

»... Wie bringen die Organismen es nun fertig, die in Frage kommenden chemischen Reaktionen immer so zu leiten, dass das gewünschte Ergebnis – nämlich die für das betreffende Wesen an der betreffenden Stelle typische Substanz – dabei herauskommt? Wie macht es der Organismus, dass aus demselben Blut an der einen Stelle Hornsubstanz (z.b. in den Nägeln, Krallen, Hörnern u.s.w.), an der anderen Muskelsubstanz, an einer dritten Knochensubstanz abgelagert wird? Offenbar geschieht das doch alles nach einem in diesem Wesen liegenden ganz festen Plan, und ... das ist ja ganz aussichtslos, es ist und bleibt ein Geheimnis des Lebens, das wir wohl staunend bewundern, aber niemals ergründen können.«

so sollte man sich vorher fragen: Wie macht es der Organismus eines Volkes, dass an dieser oder jener Stelle dem Ganzen dienende zweckmäßige Einrichtungen entstehen. Die Antwort darauf kann sich jeder vernünftige Mensch selbst geben, er kennt ja die Zusammenhänge hier im Volksleben aus eigener Erfahrung. Damit ein lebenswichtiges Organ entstehe, muss erstens ein Bedürfnis, sei es eines Einzelnen oder der Allgemeinheit bestehen, ferner eine planende Stelle die den Bau anordnet, ferner eine Stelle die ihn ausführt, falls die planende Stelle dies nicht selbst tut. Für beide Möglichkeiten gibt es im Volksleben eine Unmenge Beispiele. Man frage sich weiter: Wie macht es ein Volksorganimus, dass an diesen oder jenen Stellen Verkehrswege und die entsprechenden Verkehrsmittel entstehen. Was geht dabei in einem Volksorganismus vor sich, wie wirkt sich die Anlage von Verkehrswegen im Organismus aus?

Im Menschen- und Tierorganismus wird es nicht wesentlich anders sein. Hier gibt es ähnliche Einrichtungen wie z.B. die Industrieanlagen eines Volkes; es sind dies die so genannten Drüsen und andere Organe, die alles herstellen, was der Organismus im Kampf um seine Erhaltung braucht. Das Blut ist vielleicht nur der Träger und Übermittler solcher Baustoffe, ähnlich wie die Verkehrsmittel im Volkskörper als Überbringer bestimmter Baustoffe an die dafür erforderlichen Baustellen.

Unser Körper ist das Werk oder der Staat kleinster Lebewesen, der so genannten Zellen. Man muss also bei ihnen so etwas wie Empfinden, Verstand, Willen, Vernunft u.s.w., die Fähigkeit zu plan- und zweckmäßigen Handeln voraussetzen, ähnlich wie bei den Menschen eines Volkes. Den menschlichen Körper und seine Baukräfte anders zu erklären, wäre reiner Widersinn. Bei solcher angenommener Vernunft der Einzelzellen im Menschenleib handelt es sich um etwas Ähnliches wie die Vernunft der Einzelmenschen eines Volkes, die alles bewirken, was man gemeinhin als Volksleben sieht, die durch gemeinsame Arbeit, durch Arbeitsteilung ein Volk verkörpern.

Je nach der Intelligenz und den Charaktereigenschaften dieser Einzelmenschen, werden auch die Einrichtungen in einem Volke geschaffen. Primitive, geistig nicht entwickelte Menschen gestalten sich ein primitives Volk. Geistig hochentwickelte schaffen sich ein Volk, wie man es heute an hochentwickelten Kulturvölkern beobachten kann.

Will man also tiefere Einsichten über dunkle Vorgänge im Menschenkörper gewinnen, so geschieht das am besten indem man von den Vorgängen im Volkskörper oder Volksorganismus auf die Vorgänge im Menschenkörper oder Zellenorganismus schließt. Hier im Großen im Menschenvolk liegt das Leben klar begreiflich vor unseren Augen. Beim Lesen in dieser anschaulichen Lebenswirklichkeit werden uns tiefere Aufschlüsse über unseren Körper und sein Innenleben zuteil, auch über die Fragen der Seele.

Es ist bisher viel über die Seele, über ihr Verhältnis zum materiellen Leib, über ihr Verhältnis zu Gott u.s.w. zu Papier gebracht worden. Leider nur weniges was mich einigermaßen befriedigt hätte. Am treffensten halte ich jene Lehrmeinungen über die Seele, wonach diese nicht als übersinnliches, nichtstoffliches, außerweltliches Wesen gedacht wird, sondern wonach Seele und Leib eine untrennbare Einheit bilden, im gleichen Sinne wie etwa das Nationalbewusstsein, sowie die mannigfachen Stimmungen und Gemütsregungen eines geschlossenen Volkskörpers eine untrennbare Einheit bilden mit den Leibern aller Glieder eines Volkes. Unser Ich-Bewusstsein oder unsere Seele ist dann etwas Gleiches wie das Nationalbewusstsein eines Volkes, ist kein unveränderliches, unteilbares, vom Körper oder der Körpermaterie unabhängiges Etwas, sondern eine Vielheit, ein Sammelbewusstsein, ähnlich dem Sammel- oder Nationalbewusstsein eines Volkskörpers.

Den menschlichen Organismus als die Ansammlung, als das Werk toter Stoffe in Verbindung mit einer unkörperlichen Seele zu bezeichnen, wie es oft getan wird selbst von vielen Gelehrten denen jede Klarsicht in Bezug auf ihren Körper fehlt, deren Intellekt alles in zwei sich fremd gegenüberstehende Naturbereiche zerlegt, wie z.B. in belebt und unbelebt, in Körper und Geist oder Leib und Seele, in diese oder jene Welt, wobei jede von beiden Gegensätzen anderen Gesetzmäßigkeiten unterliegen soll, ist reiner Widersinn. Nimmt man irgendeiner Sache die stoffliche Unterlage, indem man sie als immateriell oder außerweltlich erklärt, so entzieht man ihr alles wodurch sie einigermaßen im Zusammenhang mit der Weltwirklichkeit, d.h. mit lebenden Körpern verstanden werden kann.

Was wir als Geist, Seele, Bewusstsein, Gemüt u.s.w. in unserem Innern wahrnehmen ist eine Lebensäußerung unseres Körpers. Unsere Gedanken sind, vernünftig gesehen etwas, das in unserem Körper erzeugt wird, erzeugt an bestimmten

Stellen oder Organen, von bestimmten Zellen und Organen; und so sollte es, wenn man heute noch allgemein denkt und sagt: ich will oder ich denke, doch besser heißen: es will oder es denkt in meinem Körper.

Der Geist des Menschen besteht in der Tätigkeit einer Unmenge Gehirn- und Nervenzellen die bei allen möglichen Anlässen erregt oder angeregt werden und deren Tätigkeit im Denken, im Wollen, im Fassen von Entschlüssen im Verwerfen derselben, im Erwägen eines Für und Wider solcher inneren Entschlüsse besteht. Das menschliche Denken, der innere Widerstreit aller möglichen Meinungen und Gedanken für oder gegen eine Sache, kann somit verglichen oder im gleichen Sinne aufgefasst werden wie die Tätigkeit eines Parlaments im Volke.

Wer das Wesen des menschlichen Körpers tiefer erfasst, gewinnt die Überzeugung, dass es bei diesem ebenso wie bei allen Tier- und Pflanzenkörpern niemals um das Werk toter, bewusstloser, empfindungsloser Materieelemente handeln kann.

Will man folgerichtig urteilen, so ist in der Natur entweder alles tote, bewusstlose Materie, oder aber Leben in irgendeiner Form. Das Werden eines Kristalls, einer sonstigen chemischen Verbindung wäre danach nicht wesentlich verschieden vom Werden einer Eiweißverbindung, einer lebenden Zelle, einer Zellengemeinschaft und schließlich eines Pflanzen-, Tier- und Menschenkörpers. Bei alledem handelt es sich um bestimmte Entwicklungen, die sich ergeben aufgrund besonderer Eigenschaften und Eigenarten an den Elementen und dem Zwang oder der Freiheit einer bestimmten Umwelt. Das Menschenvolk, mit allen seinen heutigen Einrichtungen, nahm seinen Anfang, als sich im Kleinsten bestimmte Materieelemente zu Eiweißverbindungen zusammenschlossen und dann zum Plasma der Zelle organisierten.

Auf den Einwand, das es in unserem Körper, besonders in der Atomwelt dieses Körpers, nicht so etwas wie Empfinden, Bewusstwerden und Erkennen geben könne, lässt sich erst einmal prinzipiell erwidern, dass niemand angeben kann, wo im Großen oder Kleinen der Natur, Empfinden, Bewusstwerden und Erkennen mit allen ihren Neben- und Folgeerscheinungen beginnen oder aufhören. So erschöpft sich z.b. unser Bewusstsein nicht im so genannten Oberbewusstsein, im Gedächtnis und der dadurch bedingten Verstandes- und Vernunfttätigkeit. Diese Art Bewusstsein hat sich im Menschen allmählich gebildet als letztes Glied einer langen Entwicklungsreihe, die sich bis in die primitivsten Anfänge hinein verliert. Dieses Oberbewusstsein ist nur ein Teil alles Bewusstseins im Menschenleib; es kann vernünftig erklärt werden als Lebensäußerung oder Lebenstätigkeit der verschiedensten Gehirn- und Nervenzellen. Neben diesem Oberbewusstsein besteht im Menschenleib ein so genanntes Unterbewusstsein. Für viele ist es dunkel und rätselhaft. Dieses Dunkle und Rätselhafte erhellt und enträtselt sich etwas, wenn unser Leib nicht als ein Haufen toter Stoffe in Verbindung mit einem Geist oder einer Seele gesehen wird, sondern so wie es der Wahrheit entspricht, nämlich als Zellenstaat, als Vereinigung lebender, empfindender, zielstrebig handelnder kleinster Lebewesen, die in unserem Körper eine ähnliche Rolle spielen, wie die Einzelmenschen in einem geschlossen handelnden Volkskörper. Das Menschenvolk ist nur eine Fortsetzung im Großen, auf breiterer Entwicklungsebene, die vorher zum Werden des menschlichen Körpers führte.

Mit dem Bewusstsein der verschiedenen Körperzellen erschöpft sich jedoch das Bewusstsein in unserem Leibe nicht. Die Zelle ist bereits eine sehr hohe Entwicklungsform bestimmter Materieelemente. Bei vernünftigem folgerichtigem Denken muss man auch den Bausteinen der Zelle, den chemischen Elementen, Bewusstsein, Erkennen u.s.w., eine gewisse Empfindungsfähigkeit für Außenwirkungen, die Fähigkeit darauf zielstrebig zu reagieren, zusprechen. Aus toten Stoffen oder Teilchen die sich nur nach den Gesetzen der Gravitation bewegen, können nie lebende Gebilde wie die Körperzellen der verschiedenen Organismen entstehen. Wenn sich also Elementarteilchen wie Kohlenstoff-, Sauerstoff-, Wasserstoff- und Stickstoffatome zur äußeren Form von Zellen verbinden und organisieren, so bedeutet dies, dass auch hier ein erkennendes, auswählendes Bewusstsein sich eine besondere Existenzform schafft.

Jeder kleinste Teil im menschlichen Körper wird dargestellt von bewusst handelnden Lebewesen mit ihren besonderen Eigenschaften, Tätigkeiten, Empfindungen, Gefühlen u.s.w., im gleichen Sinne, wie man es bei den Menschen eines Volkes wahrnimmt; und so neige ich zu der Annahme, dass ebenso wie z.B. unter Millionen Menschen, trotz annähernd gleicher Körperform, kaum einer dem anderen gleicht, wie jeder seine besonderen Merkmale hat, es sich auch bei den unzähligen Elementen des Kohlenstoffs, Sauerstoffs, Wasserstoffs, Stickstoffs u.s.w. so verhält, also mit jenen Materieelementen, die sich in ihrer höheren Organisation als Pflanzen-, Tier- und Menschenkörper darstellen. Kein Elementarteilchen eines bestimmten Stoffes wird hier vollständig, bis ins Kleinste, dem anderen gleichen, jedes wird seine gewissen Eigenschaften und Gewohnheiten haben, die sich ergeben durch besondere Anpassungen, Funktionen und Organisationen.

Wenn der Dichter sagt: Zwei Seelen wohnen, ach, in meiner Brust, so kann bemerkt werden: Nicht nur zwei, sondern eine Unmenge Seelen der verschiedensten Art sind in jedem Menschen tätig und wirksam, im gleichen Sinne wie es in einem Volke so viele Seelen gibt, als es lebende Menschen zählt.

Folgerichtiges Denken zwingt also zu dem Schluss, das Empfinden, Bewusstwerden und Bewusstsein eine allgemeine Eigenschaft aller Materieelemente ist. Tote, empfindungslose Stoffe reagieren nicht in den Formen, wie sie sich allerorts auf der Erde bis zum organischen Leben hin offenbaren. Bewusstsein kann nüchtern gesehen und folgerichtig durchdacht als allgemeine Eigenschaft aller bekannten Materieelemente angenommen werden. Mit dem besonderen Organisations- und Entwicklungszustand einer Materieform steigert sich dieses Bewusstsein. Im Menschenkörper hat es seine höchste, für Menschen begreifbare Entwicklungsstufe erreicht. Eine Grenze, wo im Kleinen und im Großen, an der Materie Empfinden, Bewusstwerden und Bewusstsein besteht und in welchen Formen es sich bis zu welchen Formen steigern und entwickeln lässt, ist für uns Menschen nicht abzusehen. Wir kennen nur einen kleinen Teil unseres Bewusstseins und wissen darüber nichts Klares, erstens über den Umfang von Bewusstsein in unserem eigenen Körper und noch weniger über die Eigenart und den Umfang von Bewusstsein in anderen Materieformen außerhalb unseres Leibes. Unsinnig ist es, nur dem menschlichen Leib Empfinden und Bewusstsein zuzusprechen allen übrigen Naturformen jedoch abzusprechen. Unser Körper ist materiell wie geistig ein winziger Teil der Natur. Was in ihm besteht, in ihm sich ereignet, besteht mehr oder weniger ausgeprägt in anderen Materieformen. Von diesem Standpunkt aus gesehen könnte man eine vernünftige Erklärung des Gottesbegriffs versuchen und zwar im Sinne des Pantheismus.

Danach ist alles, was in uns und um uns herum besteht und geschieht, als Teil einer unendlichen, unabsehbaren Naturerscheinung aufzufassen, die wir Menschen aus der Atomperspektive sehen und erleben, worin Weltkörper wie die Sonne, die Erde u.s.w. die Bedeutung von Atomen und Elektronen, Sternensysteme die Bedeutung von Molekülen haben. Diese Erscheinung in ihrer räumlichen und zeitlichen Gesamtheit zu übersehen und zu erfassen ist uns nicht möglich. Es geht uns Menschen hier ebenso wie etwaigen kleinsten erkennenden Wesen in der Atomwelt unseres Körpers, die den winzigen Bruchteil einer nach ihrer Anschauung grenzenlosen Welt erfassen, jedoch keine klaren Vorstellungen von der Gesamtheit dieser Erscheinung haben, von ihrer Form, ihrer Umwelt, von den besonderen Verhältnissen und Beziehungen in denen dieser Leib seiner Umwelt gegenübersteht. In unserer Phantasie können wir annehmen, dass in der Elementarteilchenwelt unseres Leibes vielleicht ähnliche Vorstellungen bestehen wie in der Menschheit, dass hier kleinste empfindende bewusste Wesen darüber sinnen, was es mit dieser ihrer Welt auf sich hat, wie sie entstanden ist, wer sie geschaffen hat, lenkt, regiert und erhält; dass hier vielleicht ähnliche Vorstellungen bestehen, wie die der Bibel.

Das Weltsystem des Menschenkörpers, das, aus der Atomperspektive gesehen, eine Unendlichkeit darstellt, ist erfüllt von einem scheinbar einheitlichen Bewusstsein, wird gelenkt und erhalten von einem scheinbar einheitlichen Willen aller jener bewusst und zielstrebig handelnden Wesen, die diese, ihre gewohnte Daseins- und Organisationsform solange als irgend möglich erhalten wollen. Der menschliche Leib, aus Atomstandpunkten gesehen, an Atommaßstäben verglichen, ist ein scheinbar unendliches Weltsystem, ist der besondere Organisationszustand bestimmter Materieelemente, ist ein zusammengesetztes, veränderliches Gebilde, besteht in Abhängigkeit von einer Umwelt; ist also keine außerweltliche, sondern eine weltliche Erscheinung; ist fähig, die Naturgesetze in bestimmten Grenzen zu beherrschen, unterliegt jedoch selbst dem Einfluss oder Bann dieser Gesetze.

In dieser Weise, nach solchen Überlegungen könnte auch der Inhalt des Gottesbegriffs, wie er in der christlichen Religion besteht, in Übereinstimmung mit der sinnlich-anschaulichen Wirklichkeit erklärt und verstanden werden. Auch eine Gotteserscheinung könnte nur als besonderer Organisationszustand bestimmter Materieelemente mit ihren charakteristischen Eigenschaften erklärt werden.

Gleiche Gesetze an der gleichen Materie bedingen im Kleinsten wie im Größten und Gewaltigsten, während aller Zeiten und in allen Räumen, gleiche Erscheinungen. Was unsere Sinne erfassen, kann der winzige Abschnitt oder Teil einer riesigen, in sich geschlossenen Erscheinung sein, die unter dem Einfluss einer noch gewaltigeren Umwelt steht, ähnlich wie der Mensch, sein Körper und sein Verhältnis zu einer bestimmten Umwelt. Darüber hinaus lässt sich für uns Menschen nichts Klares über den Inhalt eines solchen Gottesbegriffs erfassen, und es wäre fruchtlos, darüber nachzusinnen.

ÜBER ERBGUT UND SEINE VERERBUNG
(Wahrheit in der Hypothese Lamarcks)

Wenn im Vorangegangenen das Gebiet der experimentellen Vererbungslehre angesprochen wurde, wo von Seiten eines Großteil der dort tätigen Wissenschaftler, die Anschauung, b.z.w. Hypothese Lamarcks – die Umbildung oder Umwandlung der Arten betreffend – als falsch ausgelegt wird, da es aufgrund bisher gewonnener Erkenntnisse eine Vererbung durch funktionelle Anpassung erworbener Eigenschaften, wie Lamarck es annimmt, nicht gibt, so möchte ich dem entgegenhalten: Durchdenkt man bestimmte Erscheinungen des organischen Lebens, so drängt sich der Schluss auf, dass die Hypothese Lamarcks richtig und einleuchtend ist, obgleich ein inzwischen ungeheuer angewachsenes Material der experimentellen Genetik als ein einziger geschlossener Beweis gegen diese Hypothese stehen soll. Die Vererbung so genannter »nicht erworbener Eigenschaften« enthält einen Widerspruch. Er ergibt sich aus der Frage: wo gibt es an Organismen »nicht erworbene Eigenschaften«. Bei einiger Überlegung musste jede Eigenschaft irgendwo und irgendwann erst einmal erworben werden, ehe sie weitervererbt werden konnte. Wichtiger als die Vererbung von Eigenschaften sollte ihr Erwerb sein. Wenn neben der Selektion die Erbmasse oder Gene als das Wichtigste bei der Formbildung von Organismen dargestellt wird, so müsste zuerst nach der Herkunft dieser Erbmasse gefragt werden. Jede Erbmasse muss zuerst einmal gesammelt oder erworben werden, ehe sie vererbt werden kann. Wie von jedem Erbgut gilt das auch von jenem, das heute noch von manchen Naturwissenschaftlern und ihrem gläubigen Anhang als »nicht erworben« bezeichnet wird. Ehe die Hypothese Lamarcks für falsch erklärt wird, sollte zuerst die Frage nach der Herkunft einer nicht erworbenen Erbmasse gestellt und einigermaßen einleuchtend erklärt werden.

Erbgut oder Erbmasse ist eine gesammelte, aufbewahrte, also erworbene Sache, die sich durch Vererbung weitergeben lässt. Erbgut können verschiedene Dinge sein: materielle wie auch geistige Güter, die in einer Geschlechterreihe solange erhalten und weitergegeben werden, als sie einen Wert bedeuten; schließlich auch jenes Erbgut, das durch geschlechtliche oder sonstige Fortpflanzung in einer Lebensreihe oder Lebensgemeinschaft weitergegeben, irgendwie übertragen wird, und wodurch die Eigenart eines neu sich bildenden Lebewesens in seiner Anlage bestimmt wird.

Das Wesen jedes Erbgutes und jeder Vererbung bleibt sich bei allen seinen unterschiedlichen, äußeren Formen gleich; eine so genannte Vererbung verläuft in fast allen Lebensgemeinschaften nach den gleichen Ursachen und Gesetzen. Bei allem, was in einer menschlichen Geschlechterreihe erworben und vererbt wird, lässt sich feststellen, dass ein Erbgut vermehrt oder vermindert werden kann; ferner, dass es sowohl von Erblassern als auch von Erben an einem Zeitpunkt als wertvoll, an einem anderen Zeitpunkt als weniger wertvoll oder gar wertlos beurteilt und behandelt werden kann.

Eine Vererbung gibt es gemeinhin solange, als das Erbgut einen, und sei es nur geringen Wert darstellt. Hört die Wertschätzung auf, so erlischt damit auch allmählich die Vererbung. So werden in Geschlechterreihen hauptsächlich Dinge erworben und weitergegeben, die unter den jeweiligen Lebens- und Zeitverhältnissen nützlich sind oder als wertvoll gelten; selbst dann noch, wenn sie nur noch einen reinen Erinnerungs- oder Museumswert darstellen.
Es gibt Dinge, die ein Verstorbener während seiner Lebenszeit erworben hatte, weil sie für ihn persönlich wertvoll waren. Leben seine etwaigen Erben oder Nachkommen unter gleichen Zeit- und Umweltverhältnissen wie er, gleichen sie ihm in körperlicher und geistiger Hinsicht, beurteilen sie die Dinge ebenso wie er es getan hatte, dann werden sie das empfangene Erbgut schätzen, erhalten, vielleicht auch vermehren, verbes-

sern und wiederum vererben. Es kann jedoch möglich werden, dass sich inzwischen die Lebensverhältnisse verändern, dass die Erben unter anderen Verhältnissen zu leben gezwungen sind, dass sie ganz anders belehrt und erzogen werden als ihr Erblasser; dass sie vielleicht durch rein äußere Umstände gezwungen werden, bestimmte Dinge und Verhältnisse anders zu beurteilen als ihr Erblasser, so dass dadurch für sie das Erbe einen nur geringen oder überhaupt keinen Wert hat. Unter solchen Umständen erlischt der Wert des Erbgutes und damit auch seine Vererbung.

Gegen die Meinung, wonach »nicht erworbene Eigenschaften« vererbt, »erworbene Eigenschaften« hingegen nicht vererbt werden, lässt sich also der nicht abzuweisende Vernunftschluss einwenden, dass jede Eigenschaft erst einmal irgendwie, irgendwo und irgendwann erworben werden musste, ehe sie weitervererbt werden konnte; dass sich jede Eigenschaft, sei es am Menschen oder an einem sonstigen Organismus, einmal aufgrund innerer oder äußerer Umstände gebildet haben muss. Es widerspräche folgerichtigem Denken, die dauernde, oft grundlegende Veränderung der meisten Lebewesen, im Verlauf von Millionen Jahren, mit angeblich, »nicht erworbenen Eigenschaften oder einer entsprechenden Erbmasse« erklären zu wollen. Das können doch nur Wissenschaftler, die einseitig experimentieren, die sich bei ihren Beobachtungen und Experimenten auf jene Gebiete des organischen Lebens beschränken, die den menschlichen Sinnen verschlossen sind; die dabei vergessen, das Leben dort zu beobachten und zu ergründen, wo es unseren Sinnen offen zutage liegt, im Leben von Organismen, wie sie jede geschlossen handelnde Gemeinschaft, jedes Volk darstellt. Gerade hier veranstaltet und zeigt die Natur Experimente im Großen, die sich klar verstehen, deuten und erklären lassen; wobei sich genau feststellen lässt, was Ursache und Wirkung, wie die Reihenfolge bestimmter Ursachenzusammenhänge verläuft. Hier, im Großen, lassen sich die Gesetze der Vererbung besser durchschauen und verstehen, als bei den bisher üblichen Experimenten der Lebensforschung, die sich auf die Vorgänge in der Mikro- und Atomwelt von Organismen beschränken. Es ist dies ein Gebiet, das unseren Sinnen und damit auch unserem Verständnis bei weitem nicht in dem Maße und Umfange offen ist, wie die Vorgänge organischen Lebens im Großen. Durch die bisher angewandten Verfahren im Experimentieren, lassen sich unmöglich alle Veränderungen, vor allem in der Atomwelt eines Lebewesens erfassen, lassen sich nicht alle Wirkungen erkennen, wie sie unter dem Einfluss einer veränderten Umwelt, einer dadurch veränderten Lebensweise in einem Organismus anheben. Daneben bleibt zu beachten, dass solche Veränderungen, beispielsweise im Menschenkörper, auch ohne Veränderung der Umwelt eintreten können und zwar durch rein innere Ursachen, wie dem Willensentschluss eines Menschen, anders zu leben als bisher, sich andere Eigenschaften zu erwerben als seine bisherigen.

Die Experimente, nach denen bisher festgestellt worden ist, dass »erworbene Eigenschaften« nicht vererbt werden, dass es eine Vererbung nur bei den »nicht erworbenen Eigenschaften« gibt, lassen sich vergleichen mit den Versuchen Galileis, wodurch er die Geschwindigkeit des Lichts ermitteln wollte. Zu diesem Zweck ließ er zwei Lampen in verhältnismäßig geringem Abstand aufleuchten. Wäre die Lichtgeschwindigkeit inzwischen nicht durch andere Umstände und bessere Versuche ermittelt worden, stünde vielleicht noch heute ein möglicherweise ungeheuer angewachsenes Material der experimentellen Lichtgeschwindigkeitsforschung als einziger geschlossener Beweis gegen die Annahme, dass das Licht eine Geschwindigkeit habe oder gegen andere Annahmen auf diesem Wissensgebiet.

Wenn es bisher nicht gelungen ist, die Vererbung erworbener Eigenschaften widerspruchslos zu beweisen, so berechtigt das bei einiger Überlegung noch nicht zu den Behauptungen, dass erworbene Eigenschaften nicht vererbt werden, dass sie keinen Einfluss auf das Werden und die Formbildung neuer Organe oder Organismen haben. Vielmehr sollte dabei auch mit der Möglichkeit gerechnet werden, dass gewisse Versuche der Lebensforschung unzulänglich waren, oder dass die unzulänglichen menschlichen Sinne, auch in Verbindung mit allen möglichen technischen Hilfsmitteln, die Antwort der Natur bei solchen Versuchen nicht tief und vollständig genug erfassen und ergründen konnten. Unsere unzulänglichen Sinne sind unfähig, alle Veränderungen in der Atomstruktur eines Lebewesens, besonders in ihren Anfängen zu erfassen. Das wird erst möglich nach langen Zeiten und Entwicklungsperioden, wenn solche Veränderungen einen Grad erreicht haben, den unsere Sinne deutlich wahrnehmen.

Die Annahme, erworbene Eigenschaften hätten keinen Einfluss auf das Werden oder die Veränderung von Organen und Organismen, ließe sich auch vergleichen mit der Annahme, wonach aus Atomen oder Elektronen nie Erscheinungen wie Gebirge, Weltkörper und Weltsysteme, mit allen ihren Nebenerscheinungen, entstehen könnten. Folgerichtiges Denken und Erfahrung lehren nun, dass unsichtbare, unscheinbare Atome, dass Elektronen, die nach menschlichem Dafürhalten keine Masse im üblichen Sinne haben, die Bausteine riesiger Weltkörper und Weltsysteme sind, dass sich die Zusammenballung derart winziger Größen unseren Sinnen auch als Planet, Fixstern als unendliches Weltsystem offenbart, dessen Ausdehnung nach Millionen und Abermillionen Lichtjahren bemessen wird. Auch das Werden von Organismen und Organen sollte in diesem Sinne gesehen und beurteilt werden. Alle Veränderungen vollziehen sich zuerst in der Atomwelt eines Lebewesens und seiner Organe, derart, dass menschliche Sinne die Anfänge solcher Veränderungen nicht wahrnehmen. Alle neu erworbenen Eigenschaften sind in ihren Anfängen winzige Größen. Erst durch dauernde Summierung und Anhäufung über lange Zeiten und Geschlechterreihen hinweg, können sie derart anwachsen, dass sie einmal deutlich in unsere Wahrnehmung fallen, dass wir sie besser verstehen und erklären können.

Wenn Lamarck annimmt, dass sich mit einer Veränderung der Umweltverhältnisse auch die davon abhängigen Lebewesen verändern, so ist das eine durchaus vernünftige Annahme, die man, ich möchte sagen, im täglichen Leben überall in der Natur beobachten kann. Als Beispiel seien jene Menschen in Deutschland angeführt, die mit einer Veränderung der bestehenden Gesellschaftsordnung im Handumdrehen ihre politische Einstellung wechselten. So waren sie z.B. vorgestern überzeugte Monarchisten, eine treudeutsche Gefolgschaft ihres geliebten Kaisers, waren dann gestern ebenso überzeugte Anhänger sei es der Weimarer Republik und später Hitlers und seines Nationalsozialismus und schließlich dann, unter dem Marxismus, drauf und dran zweihundertprozentige Kommunisten zu werden. Der Ausdruck »Gesinnungsakrobat« trifft hier das Richtige. Ihre Gesinnung richtete sich meistens nach dem, was sie dafür als Gegenleistung in barer Münze und Annehmlichkeiten des Lebens erhielten. Jede dieser genannten Überzeugungen erforderte im Grunde eine innere Umstellung, die sich auch in äußeren Handlungen bemerkbar machen musste, zumindest im Reden.

Unveränderliche Erbmasse. Was müsste daraus folgen? Aus einer nichterworbenen, unveränderlichen Erbmasse oder Gene, müssten notwendig immer die entsprechenden unveränderten Formen und Eigenschaften folgen. Die vielen, oft grundlegenden Veränderungen an den meisten Formen des organischen Lebens während Jahrmillionen lassen sich einigermaßen treffend nur als Folgen von Anpassungen an eine jeweilige Umwelt erklären und weiterhin als innere Anpassungen von Zellen und Zellengruppen eines Organismus an besondere Tätigkeiten des gesamten Zellverbandes in solcher Umwelt.

Hätten sich z.B. bisher nie Menschen mit Malerei, Musik, Dichtkunst, mit bestimmten Wissenschaften befasst, so hätten sich nie die entsprechenden Eigenschaften und Anlagen am Menschen bilden können. Die höheren Entwicklungsstufen solcher Künste oder Wissenschaften, verkörpert durch geniale Menschen, wären dann nie erschienen; weder die Veranlagung dazu, noch die Erbmasse, wodurch solche Eigenschaften in einer Geschlechterreihe übertragen wird. Wäre eine nicht erworbene, unveränderliche Erbmasse die alleinige Ursache für das Werden menschlicher Eigenschaften, dann bliebe zu fragen, weshalb nicht schon vor zehn- oder hunderttausend Jahren getan und geschaffen worden ist, was andere geniale Menschen auf den verschiedenste Gebieten der Künste und Wissenschaften getan und geschaffen hatten. Weiterhin müsste man fragen, weshalb immer nur verhältnismäßig wenige Menschen besondere Fähigkeiten und Anlagen besitzen, während sie bei den meisten fehlen oder hier nur in schwacher Anlage bestehen. Einigermaßen folgerichtig lassen sich diese Fragen nur erklären durch die Annahme, dass jede Eigenschaft und Fähigkeit eines Organismus allmählich erworben wird; erworben durch bewusst oder unbewusst verrichtete Übungen und Taten, durch vollkommnere Ausbildung gewisser Körperteile für irgendwelche Zwecke im Sinne des Lamarckismus, erworben im selben Sinne, wie wir es noch heute sinnfällig bei Sportsleuten beobachten; bei den von Jahrzehnt zu Jahrzehnt steigenden Rekordleistungen in fast allen Zweigen des Sports.

Angesichts der gesamten Lebensentwicklung bleibt als einzig vernünftige Erklärung für das Entstehen und Vergehen bestimmter Eigenschaften nur die Erklärung Lamarcks. Wenn heute Wissenschaftler durch ihre Experimente zu Ergebnissen kommen, die sich mit der Annahme Lamarcks nicht vereinbaren, dann erklärt sich dies aus der Eigenart bestimmter Eigenschaften. Eine Eigenschaft die sich im Verlaufe von Jahrmillionen gebildet und gefestigt hat, die einem Lebewesen zum Urinstinkt geworden ist, verändert sich nicht von heute auf morgen, es bedarf zu einer solchen Veränderung erstens den inneren Willen eines Lebewesens sich zu verändern, d.h. sich einer veränderten Umwelt aus freiem Entschluss anzupassen, und zweitens wiederum langer Zeiten. Was heute als erworbene Eigenschaften bezeichnet wird, das sind Eigenschaften, die noch nicht alt sind, die sich noch nicht gefestigt haben, die noch nicht zur Gewohnheit zum Instinkt geworden sind und noch keinen Einfluss haben auf die äußere Form eines Lebewesens. Je länger solche Eigenschaften jedoch gepflegt und herangebildet werden, desto mehr festigen und erhärten sie sich und werden schließlich einmal – vielleicht im Verlauf von hunderten oder tausenden von Jahren – zu formbildenden, sich sichtbar vererbenden Eigenschaften.

Wenn von »nicht erworbenen Eigenschaften« gesprochen wird, so darf nicht unerwähnt bleiben, dass dies wahrscheinlich noch auf jenen religiösen Vorstellungen beruht, wonach der Mensch und alle Lebewesen fix und fertig mit bestimmten Eigenschaften »erschaffen« worden sind. Diese Eigenschaften sind die »nicht erworbenen«, man muss annehmen, die von einem Schöpfergott geschenkten; die später hinzugekommenen Eigenschaften wurden erworben, unabhängig von einem Schöpfer und seinem Willen. Wenn Theologen so denken, so darf das nicht verwundern. Wenn jedoch Biologen Gedanken solcher Art einkalkulieren, so scheint das ein Zeichen dafür, dass in ihnen noch ein altes geistiges Erbgut sein Unwesen treibt, dass sie das Leben immer noch durch die Brille der »Heiligen Schrift« sehen; u.z. unbewusst und ungewollt.

UNSTERBLICHKEIT
(Zum Werden und Vergehen organischer Formen)

Der Hauptinhalt der älteren Religionen beruht auf intuitiven Erkenntnissen die unseren Blick weiten, ihn über unsere enge, irdische Wirklichkeit hinausgehen lassen in andere Wirklichkeiten, die uns fragen lassen: was kommt nach unserem Tod, was kommt nach dem Tod der Menschheit, nach dem Untergang der Erde, des Verfalls unserer gegenwärtigen Menschheits-, Lebens- und Himmelskörperordnung. Denn nur ein flüchtiger Blick in die Geschichte aller Art, ins Leben, in die Vergangenheit offenbart uns, dass kein Ding, kein Zustand, keine Ordnung der Dinge ewig, unveränderlich dauert. Aus einer vergangenen Ewigkeit heraus, hat sich jener Weltzustand allmählich gebildet, den wir heute als Wirklichkeit erleben und empfinden, und in eine ewige Zukunft hin geht es fort und fort, ohne absehbares Ende; ein dauerndes Vergehen, ein dauerndes Werden flüchtiger Erscheinungen, flüchtiger Formen, flüchtiger Organisationen bestimmter Materieelemente. Mit und durch unseren Menschenleib empfindet sich ein solcher Organisationszustand von Materieelementen als Person, als Ich, hebt sich heraus aus diesem Wirbel von Erscheinungen aller Art und fragt nach der Bedeutung dieses Spiels, nach dem Woher und Wohin aller flüchtigen Erscheinungen.

Bei allen intuitiven Erkenntnissen, nicht nur der älteren Religionen und Philosophien sondern selbst in neuerer Zeit der fortschrittlichen Wissenschaften, sieht man wie diese oft den rein verstandesmäßigen vorauseilen. Die verstandesmäßige Erkenntnis hinkt fast allen Intuitionen nach, sie erbringt oft erst viel später den Wahrheitsbeweis irgendeiner Intuition. Im Hinblick auf die Fragen des »ewigen Lebens« und des »ewigen Kreislaufs« der Dinge ist er bis heute noch nicht erbracht. Aus diesem Grunde, also mangels menschlicher Verstands- und Urteilskraft, ist es zu verstehen, wenn gewisse intuitive Erkenntnisse der verschiedenen Religionen, die mit der irdischen Wirklichkeit scheinbar nichts zu tun haben, die diesen Bereich weit überschreiten und sich auf andere Welten, auf die Ewigkeit, auf Himmel und Höllen u.s.w. beziehen, anfangs nicht richtig verstanden und deshalb falsch ausgelegt und gedeutet, meist bezweifelt oder gar lächerlich gemacht werden; wie es auch leider oft geschieht von Seiten der Naturwissenschaften, wozu aber kein vernünftiger Grund vorliegt.

Angenommen man ginge an die Behauptung des Buddha, dem die Welt bei solcher intuitiver Erkenntnis als ewiger Kreislauf, unbeständiger, wandelbarer, vergänglicher Materieformen erschien, mit der Meinung heran sie sei falsch; so müsste man den Satz aufstellen: In der Natur geschieht nichts zweimal oder mehrmals, alles geschieht nur einmal; ferner: Alles besteht nicht zweimal oder mehrmals, sondern alles besteht nur einmal.

Vergleicht man diese Behauptung nun mit dem was unsere Sinne erkennen und was sich aus solchen Sinneswahrnehmungen als vernünftige, logische Schlussfolgerung ergibt, so erkennt man, dass die vorgefasste Meinung nicht zutreffend ist. Überall in der sinnlich-anschaulichen Natur sieht man allgemeine Veränderung, die sich in einem bestimmten Zeitmaß vollzieht; so z.B. die Vegetation in den gemäßigten Erdzonen, die Klimaschwankungen der verschiedenen Jahreszeiten; sie sind gebunden an den Rhythmus der Erdumdrehungen und des Erdumlaufs um die Sonne. Der Chemiker in seinem Arbeitsraum lernt verstehen, dass sich bestimmte Materieverbindungen nicht nur einmal vollziehen und dann wieder auflösen, sondern dass sich dies unzählige Male ereignen kann. Unzählige Male können bestimmte Materieelemente sich zu einer bestimmten Form verbinden und unzählige Male können sie wieder aufgelöst werden. Im Arbeitsraum des Chemikers, Physikers u.s.w. drängt sich die Gewissheit auf, dass es sich bei allen Naturerscheinungen um besondere Materieverbindungen, um Geschehen an bestimmten Materieelementen handelt. Bei vorurteilsloser Betrachtung der Dinge, zählt auch der menschliche Leib mit zu solchen Materieverbindungen und weiterhin alles, was sich in diesem Leib ereignet.

Wenn man den Kreislauf des Menschendaseins in der Natur leugnet, dann müsste man auch den Kreislauf der Gestirne leugnen; man müsste sagen: nicht nur die Daseinsform Mensch ist einmalig in der Natur, sondern auch die Erde, die Sonne, die Weltsysteme oder Galaxien u.s.w.

Zu den intuitiven Erkenntnissen, die scheinbar nicht durch normale Verstandsüberlegungen gewonnen wurden, die als Offenbarungen aus unbekannten Quellen, als Stimme Gottes u.s.w. erklärt werden und zuweilen das Wesen einer Erscheinung tiefer erfassen, zählen auch die religiösen Vorstellungen über Unsterblichkeit, über eine Fortdauer nach dem Tode. Die Bibel spricht von einer Auferstehung der Toten am Jüngsten Tage, andere Religionen lehren eine Seelenwanderung.

Die Seele wird hier als ein vom stofflichen Körper unabhängiges Etwas gedacht, das einen Körper mit Leben und Bewusstsein erfüllt, ihn beim Tode wieder verlässt und in anderen materiellen Körpern dasselbe Spiel fortsetzt. Man ist des Glaubens, dass Körper und Seele getrennte Dinge sind, die sich aus unbekannten Gründen miteinander verbinden und wieder trennen. Die Buddhalehre spricht von einer Wiederkehr oder Wiedergeburt alles Bestehenden in gleicher, ähnlicher oder veränderter Form, von einem ewigen Kreislauf der Dinge.

Aus solchen religiösen Vorstellungen spricht die Überzeugung, dass es einen Tod, so wie ihn sich die meisten Menschen denken, nicht gibt. Für viele bedeutet der Tod oder Untergang des Bestehenden ein absolutes Ende, ein Übergang ins Nichts, etwas, worüber man nicht forschen und nichts aussagen sollte.

Eine Menge Stellen aus philosophischen, wissenschaftlichen und sonstigen Schriften, ließen sich zur Bekräftigung des letzten Satzes anführen. So schreibt z.B. D. F. Strauß in seinem Buche: *Der alte und der neue Glaube,* dass der Glaube an die Auferstehung des Fleisches die heutigen Christen in

Verlegenheit bringe, oder wie es E. Haeckel im Buche: *Die Welträtsel* zum Ausdruck bringt, wenn er meint:

> ... nicht allein jene rohen, älteren, materialistischen Vorstellungen vom »Ewigen Leben« sondern auch die feineren, neueren, spiritualistischen Anschauungen darüber sind durch Fortschritte der Naturerkenntnis im 19. Jahrhundert hinfällig geworden ... dass die Auferstehung des Fleisches unmöglich ist, weiß eigentlich jeder, der einige Kenntnisse in der Anatomie und Physiologie besitzt. Die materielle Auferstehung Christi ... ist ebenso ein Mythos wie die Auferstehung von den Toten, welche er mehrfach ausgeführt haben soll. Für die reine Vernunft sind diese mystischen Glaubensartikel ebenso unannehmbar wie die damit verknüpfte Hypothese eines »Ewigen Lebens« ...

Solche und ähnliche Ansichten über, »Ewiges Leben« und »Fortdauer nach dem Tode« sind heute vorherrschend selbst bei Menschen mit höherer Bildung. Ist jemand gestorben, so bedeutet das einen endgültigen Abschluss, über dessen »Vorher« und »Nachher« zu forschen sich nicht lohnt.

Dennoch liegt diesen religiösen Vorstellungen ein vernünftiger Sinn zugrunde, ruht im Glauben an die »Auferstehung des Fleisches« die »Fortdauer nach dem Tode« eine tiefe Wahrheit. Leider hat es bisher – besonders unter christlichen Theologen – an fruchtbarer Gedankenarbeit gefehlt, um die Wahrheit dieses, wie so manchen anderen Glaubenssatzes ihren Anhängern, in Übereinstimmung mit dem heutigen Stand der Naturwissenschaften, verständlicher zu machen. Das muss als Unterlassungssünde bezeichnet werden.

Grundsätzlich bestehen zwischen der Religion und den Naturwissenschaften tiefe Gegensätze, da beide verschiedene Ziele und Forschungsgebiete haben, ihre Wahrheiten auf verschiedene Weise gewinnen. Ist z.B. das Bemühen wohl der meisten Theologen dahin gerichtet, nur dem Gebiet der

Metaphysik Beachtung schenken zu wollen, ohne sich um die anschauliche Natur und Weltwirklichkeit zu kümmern, um jenes Gebiet also das klar erfasst und erforscht werden kann, so steht diesem unzulänglichen Verfahren das vieler Naturforscher gegenüber sich bei ihren Arbeiten und Forschungen nur auf einen engbegrenzten Weltabschnitt, den der sinnlichanschaulichen Dinge zu beschränken, ohne das Gebiet der Metaphysik in ihre Betrachtungen und ihr Erkenntnisstreben einzubeziehen. Sie sollten dabei bedenken, dass unsere menschlichen Sinne nur einen winzigen Bruchteil aus einer unabsehbaren Welt erfassen. Der Mensch ist zeitlich wie räumlich gegenüber der Weltewigkeit ein Nichts. Aus diesem Umstand ergibt sich für uns Menschen notwendig ein winziges, bruchstückartiges Weltbild, selbst dann noch, wenn sich Forschergenerationen weitere Jahrhunderte und länger um ein besseres Verständnis der Welt mühen.

In einer vernünftigen Forschung sollte auch die Metaphysik eine gewisse Bedeutung haben. Wer sein Wissen über die Welt erweitern will, muss notgedrungen Metaphysiker werden. Wie es z.B. in der Mathematik neben einem kleinen Gebiet rationaler Zahlen ein unendliches Gebiet irrationaler Zahlen gibt, besteht für uns Menschen, neben einem kleinen Bereich klar begreifbarer Dinge, ein unendliches Gebiet unbegreiflicher Erscheinungen. Das kleine Gebiet klar begreifbarer Dinge erstreckt sich für uns soweit unsere Sinneserfahrung reicht, dann folgt, wie in der Atomforschung, ein Übergangs- oder Grenzgebiet, die Sinne erfassen es entweder nicht mehr klar oder überhaupt nicht, man kann es sich jedoch in bestmöglicher Übereinstimmung mit dem Gebiet der Sinneserfahrung begreifbar machen. Die Ergebnisse der Nuklearforschung erbringen den Beweis dafür. Danach folgt ein uferloser Ozean von Erscheinungen und Dingen, die wir Menschen nie klar begreifen werden, weil uns alle Mittel und Möglichkeiten dazu fehlen.

Die Gegensätze zwischen Religion und Naturwissenschaft aufzuheben und in die Bahnen einer gemeinsam betriebenen Forschungsarbeit zu lenken, indem man danach trachtet vorerst das Bekannte, das Nächstliegende zu erforschen und es dann in bestmöglichem Zusammenhang mit dem Unbekannten zu erklären, sollte heute das Ziel der Mitarbeiter auf diesen beiden Wissensgebieten sein.

Fortdauer nach dem Tode

Was wird nun aus uns Menschen nach dem Tode, nach dem Tode sowohl des Einzelnen, als auch der Gesamtheit? Ist es überhaupt möglich über die Zeit nach dem Tode vernünftige Aussagen zu machen, Aussagen, die mit allen bekannten Naturprozessen und Vorgängen an der Weltmaterie übereinstimmen und dadurch als Wahrheit gelten können, zumindest als wahrscheinlich? Das kann bejaht werden! Man darf die Materieform Mensch nur nicht als Ausnahme oder einen Sonderfall in der Natur ansehen, als eine Sache, für die die Naturgesetze nur in bedingtem Maße gelten, sondern als etwas, dass den gleichen Gesetzen unterworfen ist wie jede andere Materieform, sei es im organischen oder anorganischen Bereich. Recht gesehen und beurteilt ist also auch der Mensch eine Materieform wie alle anderen, ist mit ein kleiner Baustein im großen Ganzen Welt und Natur genannt, und so darf sein Werden, Dasein und Vergehen nicht anders aufgefasst und verstanden werden als dasjenige aller übrigen Materieformen ohne Ausnahme. Die äußere Form ist, wie bei allen Naturdingen, so auch beim Menschen, etwas Unwesentliches, Veränderliches und Vergängliches; wesentlich ist hier, was als Materie, als Materieelemente mit Worten wie Atom, Elektron u.s.w. bezeichnet wird und wovon das Substanzgesetz gilt.

Diese kleinsten Aufbauelemente des Lebens sind nun zwar auch unbeständig und wandelbar, sie überdauern jedoch den Tod von Menschen-, Tier- und Pflanzenleibern, wie die Auflösung von sonstigen chemischen Gebilden; sie überdauern auch den einstmaligen Untergang der Erde, unseres heutigen Sonnen- und Milchstraßensystems, den Übergang dieser Weltkörper in andere äußere Formen und Verhältnisse. Nur durch ihren Zusammenschluss, ihre bestimmte Organisation, ihre gegenseitige Anpassung und ihr Zusammenwirken, ist all das entstanden was heute als Mensch oder einer sonstigen Daseinsform auf Erden besteht.

Man versperrt sich den Weg zu einer klaren objektiven Ansicht der Dinge, besonders des Menschenorganismus, sobald man am Letzten etwas Unwesentliches, nämlich die jeweils äußere Form, als wesentlich betrachtet.

Nach einer Hypothese – aus einer Vielzahl solcher, wie das Leben auf die Erde kam – war die Erde ehemals Teil der Sonne, also wie diese ein glühend heißer gasförmiger Himmelskörper der nach Abkühlung und Verdichtung allmählich, im Verlaufe seiner weiteren Entwicklung, in jene Zustände überging die wir heute als Menschen erleben.

Aber nach dem Grundsatz; aus dem Nichts entsteht nichts, waren wir schon damals auf der Erde, eben nur in einer anderen äußeren Form, dem Aggregatzustand Gas.

Die Entwicklung des irdischen Lebens zeigt also deutlich, in welcher Weise, zu welchen Erscheinungsformen sich Materieelemente bisher verbunden und organisiert haben. Es handelt sich dabei um Elemente die möglicherweise früher einmal als glühendes Gas auf der Sonne existierten, sich aufgrund bestimmter Gesetze und Ursachenzusammenhänge von dieser abspalteten und Teil eines neuen Weltkörpers, genannt Erde wurden, wo sie dann, unter den hier sich langsam anbahnenden günstigen Umweltverhältnissen und Entwicklungsbedingungen, ihr Spiel der Organisation, das über winzige Anfänge hinweg bis zu Pflanzen-, Tier- und Menschenformen führte, begannen; und die sich nun heute vielleicht in irgendeinem Wissenschaftler oder sonstigem denkenden Menschen über all das wundern, was sie selbst sind und bisher getan haben; die in einer menschlichen Vernunft zuweilen unfähig sind, sich selbst und ihr bisheriges Spiel als ihre eigene Tat, als ihr eigenes Werk zu beurteilen, die sich einen lieben Gott ersinnen, den sie für alles verantwortlich machen, was im Grunde ihr eigenes Werk, ihre eigene Arbeit seit Jahrmillionen war.

Hier, in der Entwicklung des Lebens auf der Erde, in der immer vollkommneren Organisation bestimmter Materieelemente, kann jeder Mensch erkennen was er einmal war und was er immer wieder werden kann während der Weltewigkeit, denn die Elemente des Kohlenstoffs, Sauerstoffs, Wasserstoffs, Stickstoffs u.s.w. als Bausteine auch unseres Leibes, sind älter als die Erde. Ihr Wissen, Wirken und Dasein in der Welt muss mit dem Maßstab unendlicher Dauer, also mit dem Maßstab der Weltewigkeit gemessen und dementsprechend beurteilt werden; und so ist kaum anzunehmen, dass sie sich, im Verlaufe der Ewigkeit, auf der Erde zum ersten Mal in der äußeren Form von Lebewesen entfalteten. Vielmehr liegt die Vermutung nahe, dass sie dies, im Verlauf einer ewigen Vergangenheit, schon oft getan haben auf anderen Weltkörpern, falls dort ähnliche Entwicklungsmöglichkeiten vorhanden waren wie auf der Erde.

Was sie hier auf Erden tun ist für mich das Fortwirken von angenommenen oder erworbenen Eigenschaften, Gewohnheiten, Instinkten und Trieben, oder wie man dasjenige bezeichnen möchte, das als innerer Motor, als innere Triebkraft, Pflanzen, Tiere und Menschen bewegt, leben und streben lässt; ist eine Art mehr oder weniger bewusstes Gedächtnis an den Materieelementen, sich unter gewissen Umweltverhältnissen in einer bestimmten, gewohnten Form zu vereinigen und zu organisieren; eines Gedächtnisses vielleicht, bestehend in der Neigung oder Vorliebe für die besondere Art der Organisation.

Erhärtet und gefestigt werden solche Gewohnheiten und Triebe der Organisation an diesen Elementen zu festen, scheinbar nicht mehr veränderlichen Eigenschaften, deren Wirken sich schon im Voraus berechnen lässt, falls sie unter den Einfluss gleicher oder ähnlicher Umweltverhältnisse geraten. Solche inneren, gefestigten Urgewohnheiten und Urinstinkte, in Form eines Organisationstriebes oder Gestaltungswillens, vergehen nicht mit dem Tode und Zerfall organischer Formen. Der Tod löst diese Formen nur auf, zerstört aber nicht die Eigenschaften, Gewohnheiten und Triebe an den Materieelementen, aus denen derartige Formen immer und immer wieder entstehen können. Diese Fähigkeit bleibt durch Ewigkeiten an den kleinsten Aufbauelementen, den geisttragenden Atomen und Elektronen des menschlichen

Leibes, wie allen anderen Atomverbindungen bestehen; und mit dieser Fähigkeit ist auch alles gegeben, was dadurch an Erscheinungen in der Welt Wirklichkeit wird.

Man müsste sich das ähnlich vorstellen, wie z.B. mit dem Tode eines Volkes, also mit der Auflösung einer unwesentlichen äußeren Organisationsform, nicht jene Kraft aufgehoben wird, durch die ein Volk oder eine Gemeinschaft sich bildet. Solange diese Eigenschaft oder dieser Wille an bestimmten Menschen bestehen bleibt, solange ist mit dem Werden einer gleichen oder ähnlichen Organisation zu rechnen.

Eine vernünftige Erklärung lässt also alle Materieformen nicht lediglich aufgrund äußerer Verhältnisse entstehen, sondern auch aufgrund gewisser latenter Eigenschaften an den Elementen. Was ältere Philosophen als Urbilder, als »ewige Ideen« bezeichnen, nach denen sich die Erscheinungen auf der Erde bilden sollen, ist für mich ein Erinnerungsvermögen an jenen Elementen, die jahrmillionenlang sich an bestimmten Materieformen beteiligen und hier ihre Erinnerungen, Gewohnheiten, Instinkte u.s.w. erwerben. Diese Letztgenannten wirken dann in diesen Elementen ebenso wie die Neigungen, Gewohnheiten und Instinkte bei den Tieren wirken. Sie sind unbewusste, innere Triebkräfte, die automatisch etwas tun, worüber sich, wie beim Menschen, der Verstand und die Vernunft wundern, das ihnen rätselhaft erscheint.

Ob wir, d.h. die Bausteine unserer Leiber, während der Weltewigkeit jedoch immer das sein können oder sein werden was wir hier auf Erden sind, wird nicht ausschließlich bestimmt durch jenen, den Bausteinen unseres Leibes anhaftenden Organisationswillen oder Organisationstriebes für die gewisse Art der Organisation, sondern hängt auch ab von einer besonderen Umwelt, von den Entwicklungsbedingungen in einer derartigen Umwelt unter die die Bausteine unserer Leiber geraten.

Konnten sich z.B. Materieelemente wie Kohlenstoffatome auf der Erdoberfläche in größerer Freiheit mit anderen Atomen verbinden und dadurch auch eine Vielzahl organischer Formen hervorrufen; stand ihnen hier so etwas wie handeln nach eigenem Trieb, eigener Neigung, eigenem Willensentschluss frei, so sind solche Verbindungen des Kohlenstoffs unter stark veränderten Umweltverhältnissen nicht möglich. Jeder Wechsel der Umweltverhältnisse zwingt sie zu einem Wechsel ihrer äußeren Daseinsform, und so unendlich die Möglichkeiten äußerer Umweltverhältnisse in der unendlichen Welt, so unübersehbar und unvorstellbar sind dann auch die jeweiligen Erscheinungsformen von Materieelementen. Vielleicht diktiert ihnen ein solcher Umweltzwang die Daseinsform eines Minerals, eines Kristalls, eines Diamanten u.s.w., oder sie müssen unter sehr hohen Temperaturen bestehen, dann können sie es nur als Gas oder in Form von glühend-flüssigem Plasma, im letzteren Fall in einer Form, die bis jetzt hauptsächlich als Begriff bekannt ist.

Wenn in manchen Religionen von glühenden Höllen, von Höllenfeuern gesprochen wird, so klingt hier vielleicht eine intuitive Erkenntnis auf, die sich an bestimmten Elementen des Menschenleibes als Erinnerung an einen ihrer früheren Daseinszustände in der scheinbar ewigen heißen Hölle eines Fixsterns oder eines sonstigen, sehr hohen Temperaturen ausgesetzten Weltkörpers, erhalten hat.

Was sich also hier auf Erden bis zur Menschenform entwickelt hat, kann unter die verschiedenartigsten Umweltverhältnisse geraten und sich dort nicht so organisieren wie es einer inneren Gewohnheit entspricht, sondern muss sich dabei seiner Umwelt anpassen. Trotz alledem wird an solchen Elementen nicht erlöschen, was sich als Wille oder Verlangen nach der Organisation eines Menschen oder einer wie auch immer gearteten Organisationsform fühlbar macht. Es kann im Kristall, im Innern der Erde, der Sonne oder eines sonstigen angeblich toten Weltkörpers ruhen, kann dort auf seinen Tag der Auferstehung warten und sich dann schließlich irgendwo und irgendwann, im Verlauf der Ewigkeit, einmal so entfalten wie es seinem inneren Verlangen und Willen, einer so genannten ›ewigen Idee‹ entspricht. Dann wird dasselbe Spiel, was sich aus einer unabsehbaren Vergangenheit heraus bis zur Gegenwart, im Kosmos wie auf der Erde ereignet hat, im Verlauf einer unabsehbaren Zukunft wiederholen.

Scheinbar aus dem Nichts, aus dem so genannten anorganischen Reich eines neugebildeten Weltkörpers, vollzöge sich, aus einfachsten Anfängen heraus, wieder eine gleiche oder ähnliche Entwicklung wie wir sie auf der Erde erkannt und erlebt haben. Die Elemente des Kohlenstoffs, Sauerstoffs, Wasserstoffs und Stickstoffs könnten sich wieder zu Formen organisieren, die die Grundlage organischen Lebens sind, könnten sich über Millionen Jahre hinweg immer mehr vervollkommnen und organisieren, und schließlich wieder Menschenleiber bewirken mit allem was damit verbunden ist wie höheres Empfinden, Sinneswahrnehmung, Bewusstsein, Denken, Vernunft und andere seelische und geistige Eigenschaften.

Nur in diesem Sinne sollten die religiösen Vorstellungen über eine »Fortdauer nach dem Tode«, erklärt und verstanden werden; nur so hat die christliche Lehre von der »Auferstehung der Toten« oder vom »Weiterleben nach dem Tode« einen vernünftigen Sinn. Nicht dieselben Toten stehen wieder auf die unter bestimmten Namen und Personenbeschreibungen zu Grabe gebracht worden sind, sondern die gleichen oder ähnlichen Organisationsformen einer Materie, wie sie schon auf der Erde und vorher vielleicht schon unabsehbar oft, während der vergangenen Weltewigkeit, aufgrund günstiger Umweltverhältnisse bestanden haben und wie sie wieder verschwanden durch ungünstige.

Man sollte das Werden und Vergehen organischer Formen auf der Erde ebenso sehen und beurteilen wie der Chemiker das Verschwinden und Erscheinen einer chemischen Verbindung in der Natur oder im Reagenzglas sieht und beurteilt. Für ihn ist, was er dort wahrnimmt nicht ein einmaliger Vorgang der sich nie wiederholen kann, für ihn ist das eine Kette von Ereignissen mit ihren charakteristischen Formen, die nach Vergangenheit und Zukunft unübersehbar, ewig ist, in der sich alles in gleicher oder ähnlicher Form wiederholen kann und wiederholen wird, was sein Auge wahrnimmt und sein Denken beurteilt.

Was Chemiker, Physiker, Biologen erforschen ist, vorurteilslos gesehen, die besondere Seite oder Form eines ewigen Lebens, wie das Naturgeschehen nur treffend bezeichnet werden kann, und nur so bekommt auch der Begriff »Ewiges Leben«, wie ihn das Neue Testament der Bibel anwendet, einen tieferen Sinn.

Die Natur ist dann auch nicht mehr in zwei Teile gespalten, in eine belebte und eine unbelebte, sondern das ganze Naturgeschehen ist ein einziger großer Lebensprozess, der Unterschiede nur in seinen unwesentlichen Formen zeigt, im Wesentlichen jedoch überall und ewig dasselbe ist, die Bewegung, die Vereinigung und Auflösung bestimmter Materieelemente.

Der Begriff »Ewiges Leben« so verstanden, stimmt dann auch überein mit dem »ewigen Kreislauf der Dinge« wovon die Lehre des Buddha spricht, nur mit dem Unterschied, das dieser Begriff, wie ihn die christliche Religion in Bezug auf eine Erlösung der menschlichen Daseinsform aus allen Übeln und Nöten dieser Welt versteht, in diesem Sinne nicht mehr zutreffend ist, denn ein »Ewiges Leben« oder besser ein ewiges Weiterleben, müsste als Fluch empfunden werden.

Bei den religiösen Vorstellungen über eine Fortdauer nach dem Tode, einer Auferstehung von den Toten, einem Wiedererstehen des Lebens, einer Wiederkehr gewesener Dinge, handelt es sich also nicht um reine Fantasien oder unsinnige Glaubenssätze, sondern um ein Wissen, das mit den Naturvorgängen und Naturgesetzen widerspruchslos übereinstimmt. Eine leiblich-persönliche Fortdauer gibt es, wie gesagt nicht; d.h. derselbe Tote wie er beerdigt wird, geht daraus nicht in gleicher Form wieder hervor. Die Person ist aber auch etwas völlig Unwesentliches, sie ist etwas Ähnliches wie eine Wolke am Himmel oder ein Wassertropfen im Weltmeer; nämlich die unwesentliche Erscheinungsform einer zeitlosen Größe die trotz Tod, Zerstörung und Auflösung ihrer jeweiligen äußeren Formen beharrt und immer wieder und wieder, selbst nach scheinbaren Ewigkeiten, gleiche oder ähnliche Formen aus sich hervorbringt oder hervorbringen lässt, solange bestimmte Eigenschaften und Kräfte an ihr bestehen und wirksam bleiben.

So gesehen gibt es also ein Weiterleben nach dem Tod. In diesem Sinne gibt es überhaupt keinen Tod. Was wir als Tod empfinden ist im Wesentlichen der Gegenpol alles Werdens, nämlich die Auflösung des jeweils Bestehenden aus inneren oder äußeren Gründen und Ursachen.

Werden und Vergehen ist hier gleichbedeutend mit dem Zusammenschluss von Materieelementen, mit dem Bestehen charakteristischer äußerer Formen, mit der Auflösung solcher äußeren Formen und kann im Grunde als wesentlich dasselbe gelten, wie der Übergang einer Form des Wassers aus einem flüssigen oder starren in eine andere.

Dies ergibt sich auch aus allen wissenschaftlich erforschten und begründeten Vorgängen in der Natur. Aus den Versuchen, wie sie uns Physik und Chemie zeigen, folgt eindeutig, dass das Weltgeschehen nach Gesetzmäßigkeiten abläuft, die sich erforschen lassen, die wir Menschen heute vielleicht noch nicht alle kennen, die wir jedoch, im Verlaufe einer Weiter- und Höherentwicklung, noch erforschen werden. Diese Gesetzmäßigkeiten zwingen uns zu einer Annahme, die ein Buddha schon vor zweitausend Jahren in intuitiver Erkenntnis erfasst hatte, als er von einem ewigen Kreislauf aller Dinge sprach.

In seiner Lehre wird das Weltgeschehen so erklärt und beschrieben, wie es im Sinne heutiger, fortschrittlicher Naturforschung nur erklärt und beschrieben werden kann. Es geht hier alles natürlich zu in dieser Welt, nur Wahn und Unwissenheit haben bestimmte Erscheinungen im menschlichen Körper, wie Geist, Seele, Bewusstsein, gewisse Gedanken und Ideen, als überirdisch oder außerweltlich erklären wollen.

Betrachtet man die Dinge so, dann ist der heutige Mensch, alles was er will und tut, eine flüchtige und unbeständige, aus dem Schoß einer ewigen Vergangenheit kommende Erscheinungsform. Geleitet an der eisernen Kette von Naturgesetzen und Ursachenzusammenhängen sehen sich bestimmte Materieelemente heute als Menschenform auf der Erde. Sie denken – je nach dem Stand ihrer Erkenntnis – über sich, sie seien aus dem Nichts entstanden und gingen wieder ein ins Nichts; die Welt hätte an einem bestimmten Zeitpunkt begonnen und höre an einem anderen wieder auf, oder der Mensch beginne mit der Geburt und ende mit dem Tod. All diese Ansichten sind entsprungen einer Erkenntnis und Auffassung der Dinge, die mit der Weltwirklichkeit nicht übereinstimmt.

Beim Tode des Menschen fallen die sich auflösenden Materieelemente seines Leibes lediglich auf eine gewisse Anfangsstufe ihrer Entwicklung zurück und schließen damit eine Art Kreisbahn, aus welcher immer wieder eine gleiche oder ähnliche Entwicklung, ein gleicher oder ähnlicher Kreislauf mit gleichen oder ähnlichen äußeren Formen beginnen kann, wie jenen der durch den Tod scheinbar vernichteten.

Ebenso wie trotz aller Vernichtung und Auflösung materieller Formen nicht die Bindekräfte dieser Formen restlos zerstört werden, wie sie an der Materie weiter bestehen bleiben und unter gleichen Umweltverhältnissen immer wieder die gleichen äußeren Materieformen hervorrufen können, so verhält es sich auch mit besonderen Nebenerscheinungen an den Materieformen wie Geist, Bewusstsein, Erkenntnis, Gedächtnis u.s.w. Was diese Nebenerscheinungen hervorruft, lässt sich nicht vollständig zerstören, Keime und Spuren solcher Nebenerscheinungen bleiben an der Materie bestehen und können sich mit der Höherentwicklung materieller Formen ebenfalls wieder höher entwickeln.

Um also einen umfassenden Standpunkt bei der Beurteilung von Geist, Bewusstsein u.s.w. einzunehmen, sollte man den Menschen sehen, wie und was er wirklich ist, als Organisationszustand bestimmter Materieelemente, als einen Atomverband oder Elektronenwirbel, erfüllt von einem scheinbar einheitlichen Persönlichkeits- Selbst- oder Ichbewusstsein, zusammengehalten von einem einheitlichen Willen, in Wirklichkeit von dem Willen vieler, die sich irgendeiner Gemeinschaft unterordnen oder in ihr leben.

Für diese Elemente, die den menschlichen Leib aufbauen, deren Organisation der menschliche Leib ist, gibt es keinen Anfang und kein Ende. Sie existierten schon als es noch keine Erde, noch kein Planeten- oder Weltsystem im Großen, wie das unsere Milchstraße gab. Diese Elemente haben vielleicht schon Entstehen und Verfall mehrerer solcher nach scheinbaren Ewigkeiten zählender Weltsysteme in irgendwelchen äußeren, unwesentlichen Formen erlebt, und dieses Erleben hat sich ihnen eingeprägt, ist ihnen so etwas wie Gedächtnis geworden.

Wenn in buddhistischen Texten davon die Rede ist, dass sich Buddha oder manche seiner Anhänger, in den meditativen Versenkungen, an früher durchlebte Daseinsformen, während anderer Weltzeitalter wieder erinnern, oder wenn in manchem früher oder heute lebenden Menschen Gedanken oder Ideen von anderen besseren oder schlechteren Daseinsformen hervortreten, als es die gegenwärtige irdisch-menschliche ist, so kann das im oben erklärtem Sinne verstanden werden. Es handelt sich dann um die Äußerung eines Gedächtnisses oder Erinnerungsvermögens, das geprägt worden ist durch eine Unmenge Erfahrungen und Empfindungen während einer Millionen Jahre dauernden Entwicklung des Lebens auf der Erde oder darüber hinaus, während des Bestehens einer Materie während der vergangenen Weltewigkeit.

Sehr viele Leser werden die hier geäußerten Gedanken über Elementarteilchen wie Kohlenstoffatome und -elektronen, samt gewissen ihnen anhaftenden geistigen Eigenschaften, als Utopie bezeichnen. Für sie vollzieht sich die Organisation vom Kohlenstoffatom zum Diamanten nach chemisch-physikalischen Gesetzen, im Sinne eines toten, berechenbaren Mechanismus; während die Kohlenstoffatome und Kohlenstoffelektronen des Menschenleibes, vielleicht nur dieses Leibes, das Wirkungsgebiet von Seelen, Göttern und sonstigen leeren Begriffen sind, oder gar von einem allmächtigen Schöpfers Himmels und der Erden in eine solche Form gebracht werden. Es wäre fruchtlos gegen solche unter dem Einfluss überlieferter religiöser Vorurteile stehender Ansichten zu streiten. Solange es kurzsichtige Menschen gibt die sich zum Maß aller Dinge, den Menschen für das Maß aller Dinge halten oder glauben, dass nur der Mensch, höchstens noch das Tier Empfinden, Bewusstwerden, Bewusstsein und sonstige geistige Eigenschaften besitzt, solange wird es solche Denkweisen geben. Eher legen geistig beschränkte Menschen unbekannten Wesen außerhalb der Materie, vielleicht gar außerhalb der Welt, alle möglichen Eigenschaften bei wie Allmacht, Allwissenheit u.s.w., als dass sie den Bausteinen ihres Leibes geistige Eigenschaften zusprechen.

Exakte Wissenschaftler, die gewohnt sind, jede Erkenntnis erst dann als wahr oder wahrscheinlich hinzunehmen, wenn sie sich auf irgendeine mathematische Formel bringen lässt, werden diese Gedanken über Materieelemente als Träger des Geistes sicher erst recht nicht ernst nehmen. Sie sollten sich jedoch fragen: lässt sich das Wesen der Materie, wozu auch das organische Leben gehört, durch Rechenformeln im bisher üblichen Sinne erfassen? Durch solche Formeln wurden bisher nur Raum-, Zeit-, Gewichts- und Energieverhältnisse festgestellt und verglichen. Wenn nun aber höher organisierte Materieformen, wie Menschen- und Tierkörper, Eigenschaften zeigen wie Empfinden, Bewusstsein, handeln nach eigenem inneren Willensentschluss, eigene, und sei es nur beschränkte freie Wahl zwischen zwei oder mehreren Handlungsweisen, Eigenschaften also, die bisher keine der üblichen Rechenformeln erfassen konnte; müsste man nicht solche Eigenschaften auch bei den kleinsten Bausteinen der Materie voraussetzen? Müsste man nicht annehmen, dass auch hier ein, wenn auch winziger Rest besteht, den keine Rechenformel je erfassen wird?

Wer wirklich einen Blick für das Ganze genannt »Welt« hat, der muss notwendig folgern, dass alles was beim Tier und

Menschen als geistige Erscheinungen, in mehr oder weniger hoher Vollendung, zutage tritt, eine allgemeine Eigenschaft der »Materie« ist, die im hochentwickelten Menschen ihre für Menschen begreifbare höchste Vollendung auf Erden gefunden hat. Es handelt sich hier um eine Eigenschaft, die wie jede andere veränderlich ist, die noch viel höher entwickelt werden kann, als man es heute an hochentwickelten Menschen wahrnimmt; die wahrscheinlich am zukünftigen Menschen in ein- oder zehntausend Jahren viel höher ausgebildet sein wird, als am heutigen. Es handelt sich dabei um Eigenschaften, die mit der Höhe der Organisation zunehmen und vollkommner werden.

Aus diesen, schon den einfachsten Materieteilchen anhaftenden Eigenschaften, ergibt sich alles was die menschlichen Sinne heute wahrnehmen und was vielen heute noch eine ungelöste und ungeklärte Frage ist; daraus ergibt sich auch noch manches, was menschliche Sinne nicht erfassen.

Welcher Mensch wollte auch nur annähernd die Möglichkeiten und Formen vorerst geistig erfassen, die aufgrund bestimmter Eigenschaften an der Materie, unter den verschiedensten Umweltverhältnissen in der unendlichen Welt, beim Bestehen günstiger Entwicklungsbedingungen, entstehen können. Schon für die Materieform Mensch und ihre Zukunft sind diese Möglichkeiten unabsehbar. Was wir Menschen heute wahrnehmen ist nur ein winziger Bruchteil im Leben und Dasein einer Materie oder Substanz. Der etwaige Mensch nach tausend Jahren wird vielleicht manches sehen und erleben was uns Heutigen unfassbar oder märchenhaft-phantastisch erscheint. Vielleicht haben sich bis dahin Menschenformen entwickelt die etwas Ähnliches darstellen wie dasjenige was sich die menschliche Phantasie als Gott oder göttlich vorstellt, also Materieformen die willkürlich Leben schaffen. Man verfolge die Entwicklung menschlicher Erfindungen von ihren Anfängen bis heute und ziehe aus dieser Tatsache seine Schlussfolgerungen für die Zukunft.

Die heutige Entwicklung des Menschen ist also noch kein Höhepunkt, es steht zu erwarten, dass in Zukunft noch manches erreicht und verwirklicht wird, was vielleicht als Utopie, als unerreichbares Ideal gilt. Man denke an die Ideale der höheren Religion. Es kann aber auch geschehen, dass die Entwicklung des Lebens auf Erden aus besonderen Gründen abwärts geht, wieder zurück in eine Art Tierwelt, vielleicht eine schlimmere Tierwelt als die bisher durchlaufene, eine Tierwelt mit hochgezüchtetem Intellekt, wo dieser Intellekt als Werkzeug eines rücksichtslosen Daseinskampfes ausgebildet, durch keine höheren menschlichen Bedenken gehemmt, benutzt wird.

Den Weg in dieses zweifelhafte Ideal weisen die Schriften des Philosophen Friedrich Nietzsche, in welchen sich nur allzu oft ein beschränkter, aufgeblasener Eigendünkel äußert der bewusst Trennungsstriche zwischen Mensch und Menschen zieht, der in anderen Mitmenschen nicht den Schicksals- und Leidensgefährten, sondern lediglich das Ausbeutungs-, Ausnutzungs- oder Versuchsobjekt sieht, in gleicher Weise wie der Untermensch Hitler im deutschen Volke nur ein Versuchsobjekt für seine aus maßloser, persönlicher Eitelkeit geborenen Bestrebungen und Absichten sah. Hitler war ein Versuch die Lehre Nietzsches in die Tat und Wirklichkeit umzusetzen. Hitler war ein Versucher in des Wortes übelster Bedeutung. Er ließ sich als Übermensch verherrlichen, seine Taten stempelten ihn zum Untermenschen, zum Verbrecher übelster Sorte. Durch schöne Worte gaukelte er dem deutschen Volke eine bessere Zukunft, ein herrliches Reich vor. Seine Politik der Unvernunft und Kurzsichtigkeit, verbunden mit Zwang und Gewalt, des Hasses und Übelwollens gegen andere Völker und Rassen erwirkte schließlich das Gegenteil; nach verlorenem Kriege die Teilung Deutschlands und all die Übel und das Elend, worin das deutsche Volk und große Teile Osteuropas unter der Diktatur des russischen Kommunismus verstrickt war.

Man kann sagen, der Quell allen Unheils besteht darin, wenn die Unvernunft, verkörpert in engstirnigen Politikern, wo nicht Fanatikern, die Völker regiert, wenn unzulängliche oder schlechte, in wahnhaften Vorstellungen befangene Herren- und Gewaltmenschen größeren Einfluss auf eine Volks- oder Völkergemeinschaft gewinnen und diese durch

Belehrung und lügenhafte Zweckpropaganda für unlautere Bestrebungen reif machen, bis dann schließlich die geballte Kraft eines Millionenvolkes unvernünftige, verbrecherische Absichten dieser regierenden Untermenschen verwirklichen hilft und alles aufhebt was bisher als höhere Vernunft und Menschlichkeit gegolten hatte.

Aus den Vorgängen im Mittelalter, wie auch unter dem Nationalsozialismus, wird offenbar, dass die Menschheitsentwicklung, ebenso wie es sich im Naturgeschehen beobachten lässt, in Form einer Kreisbahn, einer Wellen- und Pendelbewegung verläuft, worin bestimmte Erscheinungen, Höhen und Tiefpunkte immer wieder in gleicher oder ähnlicher Form entstehen und vergehen, sich also als gesetzmäßige Vorgänge zu allen Zeiten in gleicher oder ähnlicher Form wiederholen können, solange die Menschheit besteht.

Sobald ein geistig verbohrter Fanatiker, der nicht anderes kennt und duldet als den eigenen Glauben, die eigene Weltanschauung oder Religion, durch irgendwelche Umstände begünstigt Macht und Ansehen in einem Volke gewinnt oder Übertragen bekommt, gibt es keine Höherentwicklung mehr, sondern nur noch ein Absinken in üble Zustände, in geistige Umnachtung; das haben nicht nur die Vorgänge im Mittelalter unter dem Fanatismus der herrschenden katholischen Kirche, sondern auch die unter Hitlers Nationalsozialismus und dem nachfolgenden russischen Kommunismus bewiesen; und das zeigt sich auch heute noch überall dort in der Welt, wo ein in nationalem, religiösem oder sonstigem Wahn befangener Un- oder Untermensch die Geschicke eines Volkes bestimmt.

Mit dem Auftreten und Wirken solcher, meist Hass und Zwietracht säender Unter-, Herren- und Gewaltmenschen, muss immer wieder gerechnet werden. Der günstigste Nährboden für derartige Phänomene ist meist eine unwissende, dummgläubig-ergebene Menschen- oder Volksmasse, die sich von diesen, ihnen gegenüber Leutseligkeit heuchelnden Individuen, nur allzu gern als Werkzeug gebrauchen, oder, was schlimmer ist, als Waffe missbrauchen lässt und damit oft ihr eigenes, elendes Schicksal heraufbeschwört.

ZUR GEISTESENTWICKLUNG

Sieht man den Menschen und sein Verhältnis zur Welt im gleichen Sinne wie es bei anderen Materieverbindungen getan wird, als besonderer Organisationszustand bestimmter Materieelemente, so ergeben sich damit unabweisbare Schlussfolgerungen für die so genannte Ewigkeit. Der Mensch muss sich fragen, soll das, was ich jetzt bin, was ich tue und erstrebe, was mich umgibt, was ich erlebe, immer so sein?

Die tägliche Erfahrung lehrt uns überall und zu jeder Stunde Veränderungen im Großen und Gewaltigsten, wie im Kleinen und Winzigsten. Die Natur, alles was wir als Natur erleben, kümmert sich nicht im Geringsten um menschliche Bedürfnisse und Wünsche; der Mensch muss seine Wünsche und Bedürfnisse den jeweiligen veränderlichen Umweltverhältnissen anpassen.

Der Grund und Boden, worauf wir leben, oft gedankenlos leben, verändert sich täglich und stündlich unseren Sinnen kaum bemerkbar. Wo wir heute leben, wo sich Kulturvölker hart im Raum drängen, wogte vor einigen Jahrtausenden das Meer und nach weiteren Jahrtausenden wird vielleicht wieder eine Wasserwüste die Länder bedecken, wo hochorganisierte Kulturvölker ihr Leben verbrachten. Unsere Erde, unser Sonnensystem im Kleinen, unser Weltsystem die Milchstraße, bleiben nicht in ihrem gegenwärtigen gewünschten Zustand. Auch hier dauernde Veränderungen und mit ihnen Veränderungen, die entscheidend sind für das irdische Leben, für seinen Fortbestand.

Alle diese Umstände sollten vernünftigen Menschen Anlass geben, zum Nachdenken über den Wert dessen, was Menschen auf dieser Erde tun und erstreben; ganz besonders aber jenen, die da gegenwärtig glauben, was sie tun und schaffen seien unvergängliche, unveränderliche Werte. Die Geschichte der Religionen, Wissenschaften und Künste, besonders die Geschichte der Naturwissenschaften während vier Jahrhunderte lehrt, dass es nichts Beständiges, keine ewigen Werte und Werke gibt, auch hier herrscht, wie überall in der Natur, ein dauerndes Entstehen und Vergehen.

Was werden z.B. alle heutigen Ansichten, Meinungen u.s.w. über die verschiedensten Dinge, Einrichtungen und Wissensgebiete in tausend Jahren noch wert sein? Man ziehe vergleiche mit Büchern vor eintausend Jahren die heute noch in manchen Bibliotheken stehen, heute, im Zeitalter der sich stürmisch entwickelnden Naturwissenschaften, wo sich die Meinungen und Ansichten über die Welt fast überschlagen, wo Wahrheiten von heute übermorgen nur noch Irrtümer von gestern bedeuten, und im Geiste lässt sich erfassen, was mit den meisten Büchern geschehen wird die heute geschrieben werden. Auch sie werden einmal verstaubt in irgendeiner Bibliothek stehen oder überhaupt nicht mehr bestehen; neue sind an deren Stelle getreten und so geht es fort ohne Unterbrechung. Der Mensch bleibt nicht bei irgendeiner Geistesverfassung stehen, solange er lebt wird sich sein Geist und sein Denken verändern, und zwar mit den Dingen die er untersucht. So unbeständig wie diese sind, so unbeständig muss notwendig auch das menschliche Denken darüber sein, schließlich wird eine gereifte menschliche Vernunft auf Tatsachen stoßen die immer ein gleiches Gesicht tragen, die immer, solange die Welt besteht, in gleicher Form und Richtung verlaufen ohne absehbares Ende. Buddha hatte solche Tatsachen gesehen und als Irrlichterglanz flüchtiger, vergänglicher Dinge und Begebenheiten bezeichnet, die kurze Zeit bestehen und wieder vergehen, an die sich der menschliche Wille bindet oder gebunden fühlt und die er deshalb als wertvoll beurteilt. Einen wahren Wert haben sie jedoch nicht, ihre Unbeständigkeit und Vergänglichkeit zeugt davon, dass sie keinen wahren Wert haben; nur der veränderliche Mensch ist es, der ihnen einen Wert beilegt.

Bei aller geistiger Entfaltung müsste man einen Abschluss zu sehen versuchen. Gibt es einen solchen überhaupt? Solange sich der Mensch mit besagten veränderlichen, vergänglichen Dingen befasst, kann es keinen Abschluss geben. Wir sehen doch wie mit dem heutigen Wissenschaftsbetrieb ein Umbruch nach dem anderen folgt, und erkennen keine Grenze oder Punkt, wo dieser Wissenschaftsbetrieb abgeschlossen sein wird. Selbst die Menschen nach weiteren zehntausend Jahren, werden sich vor irgendeinem Problem sehen, an dessen Lösung sie fieberhaft arbeiten und dessen Lösung ihnen vor allem weiter nichts einbringt, als entweder die Befriedigung irgendeiner Neugier oder einen neuen Hebel, eine neue Handhabe in der Meisterung bestimmter Naturgesetze, oder aber, die den Menschen ins Unheil führen sobald sie gelöst sind. (Siehe die Lösung des Problems der Kernenergie, im Verein mit den nuklearen Waffensystemen.)

Ein gleiches Geschehen bietet der Bereich des künstlerischen Schaffens und Strebens. Auch hier erleben wir das Werden und Vergehen aller möglichen Kunstformen und Kunstwerke, und sehen dabei, dass es keinen Abschluss gibt; selbst wenn der Mensch ewig leben könnte, würde er wohl nie fertig, käme er sich immer vor, als stände er am Anfang der Bahn und müsste noch unendlich viel schaffen und wirken. Bei uns Musikern heißt es mit recht, es ist des Übens kein Ende. Immer wieder tauchen neue Probleme auf, neue Gesichtspunkte und Auffassungen. Heute sind wir vielleicht fest davon überzeugt, dass wir das Richtige und Beste haben und morgen schon wirft ein neu eingetretener Umstand diese Auffassung um.

Sollte man hier nicht den höheren Religionen recht geben, die von einem solchen Getriebe abraten. Auf diese Weise kann der Mensch nie zur Ruhe, Vollendung, zum inneren Frieden, zu einem inneren Glück kommen, er jagt dabei immer irgendeiner Problemseifenblase nach, durch Ewigkeiten hindurch, und diese Jagd führt ihn durch alle Möglichen Abgründe des Daseins; daher das Gebot der Buddhalehre, seine Erkenntnis nur auf die »vier heiligen Wahrheiten« zu richten, sich dabei nicht ablenken lassen.

Solange der Mensch tätig ist und neue Werke und Werte schafft, müssen die alten Werte verkümmern und sterben. Ein Ende dieses Geschehens wäre nur dann abzusehen, wenn der

Mensch nichts Neues mehr schaffte, wenn er es nicht für der Mühe wert hielte, Neues zu schaffen. Das wäre jedoch nur von Menschen zu erwarten, die in der Lehre des Buddha höhere Vernunft erblickten, wahrscheinlich werden das immer verhältnismäßig wenige Menschen sein und bleiben. Die meisten werden fortsetzen was in der tiefen Vergangenheit getan und erstrebt, was in der Gegenwart noch getan wird. Sie werden nach irgendwelchen vergänglichen Zielen jagen, werden sich davon ein Heil erhoffen und so fort ins Unabsehbare, solange es Menschen gibt. Sie werden sich damit immer wieder auf demselben Punkt sehen, nämlich als Strebende und Schaffende und werden als solche immer wieder erleben was bisher schon seit Jahrtausenden und Jahrmillionen erlebt worden ist, neben einem Tropfen Freude ein Übermaß an Beschwerden, Leid und Elend.

Bei solchem Anblick der Dinge, wird sich der weiterblickende, vernünftige Mensch eine Art geistige Insel wünschen, wie sie Buddha als Nirvāna bezeichnete, einen Zustand höchster Unabhängigkeit von allen äußeren vergänglichen Dingen, wo man glücklich geworden ist durch höchste Wunsch- und Begehrlosigkeit.

In diesem Sinne muss man auch die religiösen Auffassungen von den so genannten »Kindern der Welt« und den »Kindern des Lichts« sehen.

Die Kinder der Welt leben in dem Wahn, dass sie irgendetwas tun, schaffen und erreichen müssen. Ein Blick in die Vergangenheit, in das Werden von der primitiven Einzelzelle bis heute, lehrt uns, dass wir auf diesem Wege nie fertig werden, dass wir dabei immer unterwegs sind, immer wieder arbeiten, kämpfen und streben, sofern es um vergängliche Dinge geschieht.

Kinder des Lichts sind dagegen jene Wenigen, die klar erkannt haben, was eben gesagt wurde, die aufhören mit Streben, Wollen, Arbeiten, Kämpfen und Schaffen, deren Ziel nicht das »Ewige Leben«, sondern vielmehr der Friede, die Vollendung, die »Ewige Ruhe« ist.

LEBENSBEJAHUNG UND LEBENSVERNEINUNG

ergeben sich einmal aufgrund von Empfindungen, Erkenntnissen und Schicksalen in derWelt; zum anderen aber auch im gleichen Sinne wie man alltägliche Gebrauchsdinge bejaht und verneint; je nach ihrer Zweckmäßigkeit. Ist man eines Dinges überdrüssig, entspricht es nicht mehr seinem Zweck, so verneinen wir es und sehen uns nach etwas Besserem um. Finden wir das Bessere, so ist das gleichbedeutend mit einer Bejahung. Nicht wesentlich anders verhält es sich mit den beiden vorangestellten Begriffen.

Unsere Erkenntnisse über die Welt können entweder tief oder oberflächlich, wahr oder falsch sein; sie sind jedoch bei der Wahl zwischen den beiden Begriffen von untergeordneter Bedeutung. Bedeutungsvoller sind unsere Empfindungen und Schicksale, sie beeinflussen unseren Willen tiefer und nachhaltiger als es alle Erkenntnisse tun könnten.

Die meisten Menschen halten ihre gegenwärtige Lebensform für die einzig mögliche und beste, bejahen sie bewusst oder unbewusst und begreifen keine andere bessere oder schlechtere und dies trotz der Tatsache, dass der Mensch seit den Urtagen seines Werdens in einer Unmenge unterschiedlicher äußerer Formen existiert hat.

Gewohnheiten sind es, die Mensch, wie Tier und Pflanze in einem Zustand, in einer Daseinsform festhalten. Durch solche inneren Gewohnheiten sind die Menschen fest verbunden mit alledem, was sie auf Erden treiben, was sie hier umgibt. Lässt man Menschen die Wahl zwischen gewohnter und ungewohnter Lebensweise, so werden sie sich mit größter Wahrscheinlichkeit für die gewohnte entschließen. Nicht zu Unrecht heißt es, der Mensch ist ein Gewohnheitstier; nur die Veränderung seiner Umwelt, sowie Überdruss am Alten, Herkömmlichen, veranlasst oder zwingt den Menschen zum Aufgeben alter und Erwerben neuer Gewohnheiten.

Neben reinen, zu Instinkten erhärteten Lebensgewohnheiten bildet sich in manchen Menschen umfassendere Vernunfterkenntnis, die den Sinn und Wert des jeweils Bestehenden zuweilen anders beurteilt, als nach Art bestehender Lebensgewohnheiten. Daraus kann sich dann eine andere Einstellung zu den Fragen der Lebensbejahung und Lebensverneinung ergeben, als die allgemein übliche.

Sofern Urteile als Ergebnisse mehr oder weniger umfassender Kenntnis und Erfahrung über bestimmte Gebiete aufgefasst werden, lassen sich treffende Urteile nur von solchen Menschen erwarten, die ein zu beurteilendes Gebiet gründlich kennen, es von einer höheren Warte überblicken und es in allen seinen Beziehungen zur Umwelt sehen. Auch bei Urteilen über Lebensbejahung und -verneinung sollte man prüfen und feststellen, ob sie wahren oder falschen, gründlichen oder oberflächlichen Erkenntnissen entspringen; ob sie sich auf nüchterne Wahrheiten oder Illusionen gründen.

Sollen treffende Urteile über das organische Leben gefällt werden, dann dürfte man als Grundlage solcher Urteile nicht ausschließlich das Dasein des Menschen, vielleicht nur einer Gruppe von Menschen wählen; dann sollte man sich nicht auf Erlebnisse und Erfahrungen der eigenen Person, des eigenen kurzen Lebens beschränken, sondern müsste vielmehr das gesamte organische Leben zu überblicken versuchen, müsste zu erfassen suchen, was bisher in der Menschheit auf ihren langen Entwicklungsweg geschehen ist. Wer ferner über die Weltordnung im Großen, worin Mensch und Erde winzige Stäubchen sind, einigermaßen treffend urteilen will, müsste versuchen in eine tiefere Vergangenheit unserer Erde, unser kosmisches Entstehen zu dringen, um aus den hier gewonnenen Erkenntnissen etwas Klarheit für die Zukunft zu gewinnen; er müsste versuchen jene Fäden der Ursachenverkettungen zu entwirren, aus denen das Gewebe der Zukunft geknüpft wird. Aus den Lehren der Vergangenheit und Gegenwart lassen sich auch Dinge der Zukunft, zumindest in groben Umrissen, deuten. Unsere Sinne und die davon abhängige Erkenntnis erfassen zwar nur das äußerst winzige genügt Bruchstück einer für uns unendlichen Weltentwicklung, doch genügt das vollauf, um alle Für und Wider einer Lebensbejahung und -verneinung einigermaßen treffend abzuschätzen.

Für und Wider Lebensbejahung und -verneinung ist bisher manches in Wort und Schrift zum Ausdruck gebracht worden, wobei die Lebensbejahung allgemein und meistens Vorrang hat. Auch die Meinung der breiten Masse zu diesem Thema ist für Lebensbejahung. Man findet selbst in den Schriften überzeugter Christen den Hang zur Lebensbejahung, obwohl doch aus dem Wortlaut des Neuen Testaments – den Worten Christi: »Mein Reich ist nicht von dieser Welt« – ganz klar die Abkehr von irdischen Gütern und Genüssen, das Streben nach einem himmlischen Reich hervorgeht. Hier muss natürlich berücksichtigt werden, dass es für Menschen, die unter den Einwirkungen eines blinden Daseinswillens in Form besagter innerer gefestigter Lebensgewohnheiten stehen, sehr schwer ist, unvoreingenommen zu urteilen, das gelingt nur Menschen, die unbeeinflusst von einem solchen Daseinswillen die Welt, die eigene Person, in ihrem wahren Verhältnis zur Welt nüchtern ohne Vorurteile erfassen.

Im Folgenden sollen nun, durch einige Zitate, die Überlegungen und Gründe für eine Lebensbejahung gezeigt werden.

So heißt es z.B. im Buche: *Geschichte der Philosophie* von Schwegler (Reclam-Verlag) unter § 50 Schopenhauer:

> »Was im Heiligen nur vereinzelt auftritt, die Verneinung des Willens zum Leben, das müsste, wenn es in der ganzen Menschengattung sich vollzöge, das Aussterben derselben herbeiführen.«

BEMERKUNGEN HIERZU: Ausschlaggebend für eine freiwillige Erlösung ist nicht ein Wille allein im oben beschriebenen Sinne, sondern eine bestimmte Erkenntnis, die dem Willen die Beweggründe seines weiteren Strebens liefert. Dieser Wille im Menschen kann erklärt werden als eine Summe aller im Menschenleib bestehender Urgewohnheiten der Organisation an den Bausteinen des Leibes. Bei den meisten Menschen, sicher wahrscheinlich bei allen Tieren und Pflanzen, sind derartige innere Gewohnheiten und Instinkte die hauptsächlichsten, vielleicht einzigsten Triebkräfte, die das Verhalten dieser Lebewesen regeln. Erst im geistig höher gebildeten Menschen zeigt sich, als eine neue Trieb- und Regelkraft, eine mehr oder weniger vollkommene, umfassende Vernunfterkenntnis, die darauf hinwirkt, das Streben und Verhalten eines Menschen in andere Bahnen zu lenken als die bisherigen, durch vererbte Gewohnheiten und Instinkte gewiesenen. Solange in Lebewesen eine solche umfassende Vernunfterkenntnis fehlt, werden sie kaum tun, was bei so genannten Heiligen als Erlösungsstreben genannt wird. Die Erlösung der gesamten Menschheit durch Verneinung des Lebenswillens ist also unwahrscheinlich. Wollte man alle Menschen dazu bringen, ihre jetzige irdische Daseinsform und Lebensweise freiwillig aufzugeben, so müsste man ihnen erst jene Erkenntnisse beibringen, die ihrem bisherigen Lebenswillen, ihren Neigungen und angeborenen Gewohnheiten entgegengesetzt sind. Man kann z.B. ungebildeten Menschen, die die elementarsten Rechenformeln noch nicht sicher beherrschen, unvermittelt keine höheren mathematischen Erkenntnisse und Zusammenhänge begreiflich machen. In Dingen wie umfassende Vernunfterkenntnis und wahrer Religion steht es nicht anders; nicht jeder ist fähig, sie beim ersten Hören gründlich zu verstehen oder gar danach zu handeln. Die meisten sind gar nicht empfänglich dafür.

Erst bei dauernder Pflege, Ausbildung und Festigung bestimmter Erkenntnisse, lernt man ihre Bedeutung und ihren Gehalt besser verstehen.

Angenommen nun, es gelänge, allen Menschen höhere Vernunfterkenntnis, Wissen um wahre Religion und ihre Bestrebungen zu vermitteln, so würde es für die meisten schwer sein, nach solchen Erkenntnissen zu handeln. Ein Sprichwort sagt treffend: der Geist ist willig, doch das Fleisch ist schwach. Also schon für solche, die zwar fähig sind, religiöse Erkenntnisse zu begreifen, die aber nicht die Kraft aufbringen danach zu handeln, hat es wenig zu bedeuten, wenn sich hier und da einige Heilige erlösen; ganz zu schweigen von allen Menschen.

Wenn beschränkte Vernunft also fürchtet, die Menschheit könne einmal von der Erde verschwinden durch freiwillige Selbsterlösung, durch Verneinung des Willens zum Leben, so bedeuten vorstehende Ausführungen vielleicht einen Trost für sie. Freiwillig, von umfassender Vernunft erfüllt und geleitet, wird die Mehrheit der Menschen ihre irdische Daseinsform nicht aufgeben, ebenso wenig werden dies Tiere und Pflanzen tun. Alle Menschen werden mit dem gesamten höheren organischen Leben einmal unfreiwillig, durch den Zwang äußerer, veränderter Umweltverhältnisse, ihre jeweils gewohnte irdische Daseinsform aufgeben müssen. Das gesamte organische Leben der Erde wird einmal auf jenen Punkt stehen, auf dem jeder Mensch und jedes Lebewesen bei seinem Tode steht.

In buddhistischen Schriften heißt es treffend, dass es immer nur sehr wenige sind, die in rastloser Mühe nach vorurteilsloser Erkenntnis streben, nach Erkenntnis über sich selbst, über ihre Welt, über den letzten höheren Sinn und Zweck alles dessen, was hier auf Erden getrieben und erstrebt wird. Noch weniger sind es, die aus vorurteilslosen Erkenntnissen weittragende Schlüsse ziehen, so wie es einmal Buddha getan hatte; und von diesen wenigen wird schließlich nur ein winziger Teil die Kraft aufbringen, im Sinne solcher Schlussfolgerungen zu handeln. Nur sehr wenige werden bestimmte Erkenntnisse solange in sich pflegen und entwickeln, bis sie zu einer inneren Kraft geworden ist, die alte überlieferte Lebensgewohnheiten und -neigungen beeinflusst, beherrscht und schließlich überwindet. Die meisten sind dessen nicht fähig, sie werden nie freiwillig den Erlösungsweg der höheren Religionen gehen. Ihre Erlösung kann auch nie dadurch möglich werden, wenn sich hier und da ein Heiliger erlöst. Wie alles, was erwirkt und geschaffen werden soll, erfordert auch das Werk der Erlösung eigene Arbeit, Mühe und Anstrengung, eigenen, meist sehr schweren inneren Kampf gegen uralte

Lebensgewohnheiten und Instinkte, wie sie jedem Menschen aus den Urtagen seiner Entwicklung ebenso anhaften wie dem Tier und der Pflanze. Derartige innere Urgewohnheiten zu beeinflussen, in neue Bahnen, auf religiöse Ziele zu lenken, erfordert eigene zähe, unermüdliche Arbeit und Selbsterziehung, wozu nur wenige erstens fähig und zweitens gewillt sind. Die Überwindung innerer, gefestigter Urgewohnheiten und Instinkte ist jener schmale, mühevoller, beschwerliche, gegen den Strom bisheriger oft liebgewonnener Neigungen und Gewohnheiten gerichtete Dornenweg, von dem die christliche Lehre spricht. Dieser Weg geht durch die Tortur bitterer, für manchen Menschen ekelhafter Wahrheiten, und so werden es die meisten Menschen, trotz etwaiger besserer Erkenntnis vorziehen, weiterhin, solange als möglich, auf der breiten, ausgetretenen Straße alter Gewohnheiten zu bleiben, ganz besonders dann, wenn diese Straße durch eine kurze, angenehm empfundene Gegenwart führt. Sie lehnen dann alle Wahrheiten ab die sich im Sinne von Lebensverneinung aussprechen und schenken ihr Ohr nur allzu willig allen guten Hoffnungen, selbst Illusionen, wie sie irgendeine oberflächliche Weltanschauung, Philosophie, irgendein religiöser Wahn ihnen einreden oder vorgaukeln.

Gegenüber der vielen Bedenken, die sich gegen eine Lebensverneinung äußern, die die Lebensverneinung gar als ein Übel hinstellen, lässt sich sagen, dass dieses »Übel« bei weitem nicht so schlimm ist als es in manchen Schriften dargestellt wird. Lebensbejahung und -verneinung sind für sich leere Worte, sie erhalten, wie es schon angedeutet wurde, ihren Sinn erst durch die Wirklichkeit, durch ihre praktische Auswirkung. So gibt es bestimmte Regungen des menschlichen Organismus die untrügliche Zeichen für den Charakter des menschlichen Daseinswillens sind. Wenn Menschen z.B. in Sorge um Nahrung, Kleidung, Wohnung sind, bei irgendwelchen widerwärtigen Umweltverhältnissen, bei unerwünschten, leidvollen Einwirkungen auf ihren Körper, sei es durch Krankheit oder durch üble Nachrede, Verachtung, Verfolgung, Missachtung seitens ihrer Mitmenschen in Kummer und Verzweiflung verfallen, so zeigen sie damit an, dass in ihnen noch ein ungebrochener Daseins- und Lebenswille wirksam und vorhanden ist, der sich aufbäumt und erschüttert wird bei üblen, unerwünschten äußeren Einwirkungen. Auch die Äußerungen des Geschlechtstriebes, das Verlangen zur Ausübung des Geschlechtsverkehrs ist ein Zeichen dafür, dass im Menschen etwas danach drängt, alles das zu wiederholen und zu tun, was der Mensch auf der Erde ist, was er hier will und erstrebt.

Solange sich also Menschen in ihrer gewohnten Art ernähren, solange sie sich gegen Krankheiten wehren, solange sie den Tod fürchten, ihn ungern kommen sehen, solange bejahen sie das Leben; und das tun wohl die meisten Menschen, selbst die meisten von denen, die für eine Lebensverneinung sind. Ihr wirkliches Leben entscheidet darüber, ob sie das Leben verneinen oder bejahen. Sehr viele Menschen ertragen selbst ein Leben unter dauernden Leiden und Qualen, als dass sie ein solches Leben abbrächen. Nur die Hoffnung auf Besserung hält sie im Leben fest. Man ersieht hierbei, trotz aller Ausweglosigkeit der Lage, trotz angebrachter Lebensverneinung, die Lebensbejahung. Der menschliche Leib ist, so gesehen, wie eine Fackel, die nie erlöschen soll, die um irgendeines Zweckes willen brennt.

Im Anschluss an die oben angeführte Stelle aus Schweglers Buch: »*Geschichte der Philosophie*«, heißt es weiter:

> »Mit dem Pessimismus ist diesem eigentümlichen ethischen Gefühl die ganze Basis entzogen. Für denjenigen, der das historische Gesetz des stetigen Kulturfortschritts begriffen hat, ist das oberste sittliche Prinzip nicht Abkehr vom Leben und Verneinung des Willens zum Leben, als vielmehr aktionskräftiges Streben im Dienste der Menschheit ...«

Hier lässt sich fragen: Was ist stetiger Kulturfortschritt? Gibt es einen solchen? Was sind beste, vor allem vernünftige Menschheitsbestrebungen?

Erfasst man die Vorgänge in der Natur dort, wo sie sich für uns Menschen klar begreifen lassen, in der anschaulichen Weltwirklichkeit, so drängt sich die Überzeugung auf, dass es einen stetigen Fortschritt jener Kultur, wie sie die meisten wünschen oder erhoffen, nicht gibt. Für diese Art Kultur, die abhängig ist von günstigen Umweltverhältnissen, gibt es nur den Aufstieg bis zu gewissen Höhepunkten, dem danach der Abstieg, das Vergehen, der Verfall des Bestehenden mit der Notwendigkeit eines Naturgesetzes folgt. Jede irdisch-menschliche Kultur ist im zeitlich unabsehbaren Weltgeschehen ein sehr kurzes, vergängliches Ereignis. Was also für kurzsichtige Menschen Kultur und kultureller Fortschritt bedeutet, was viele für höchste, erstrebenswerte Ziele halten, ist für den Weiterblickenden ein flüchtiges, vergängliches Ereignis, dessen Wert und Dauer gegenüber der Weltewigkeit zu einem Nichts schrumpft. Mit allen Bestrebungen der Menschheit im Großen und als Ganzes steht es nicht wesentlich anders als mit den Bestrebungen des Einzelmenschen im Kleinen. Der einzelne Mensch hat nur eine kurze Lebenszeit und vergeht dann wieder. Durch kein Mittel und kein Verhalten, lässt sich die Lebensdauer des Einzelmenschen über ein bestimmtes Zeitmaß verlängern. Dasselbe gilt von allen menschlichen Kulturen. Der höchste, erfreulichste Kulturzustand, sofern ihn eine bessere, vernünftigere Menschheit je erreichen sollte, wird nach einer bestimmten Dauer vergehen wie der unerfreulichste, leidvollste, in den die Menschheit durch Unvernunft geraten kann.

Kultur bedeutet für viele der Besitz und Gebrauch gewisser Güter und Einrichtungen mitsamt den dadurch vermittelten körperlichen und geistigen Annehmlichkeiten. Eine solche Kultur steht fast immer im Zeichen der Übersteigerung menschlicher Bedürfnisse und damit im Zeichen der Abhängigkeit des menschlichen Wohlbefindens von äußeren Dingen und Verhältnissen. Es ist unmöglich, dadurch ein wahres Wohl oder Heil zu erreichen und zu erleben. Wer eine derartige Kultur will und für gut hält, wird sich notwendig immer wieder in all dem Elend verstrickt sehen, das mit solcher Kultur verbunden ist; so, wie es sich jedem offenen Beobachter überall in der Menschheit zeigt.

Wenn z.B. Ernst Haeckel, der mit zu den hervorragenden Naturforschern gezählt werden muss, in seinem Buche: »*Die Welträtsel*« schreibt:

> »Die angedeuteten Fortschritte der Neuzeit in der Erkenntnis des Wahren und im Genuß des Schönen bilden ebenso einerseits einen wertvollen Inhalt unserer monistischen Religion, als sie andererseits in feindlichem Gegensatz zum Christentum stehen. Denn der menschliche Geist lebt dort in dem bekannten ›Diesseits‹, hier in einem unbekannten ›Jenseits‹. Unser Monismus lehrt, dass wir sterbliche Kinder der Erde sind, die ein oder zwei, höchstens drei ›Menschenalter‹ hindurch das Glück haben, im Diesseits die Herrlichkeiten dieses Planeten zu genießen, die unerschöpfliche Fülle seiner Schönheit zu schauen und die wunderbaren Spiele seiner Naturkräfte zu erkennen. Das Christentum dagegen lehrt, daß die Erde ein elendes Jammertal ist, auf welcher wir bloß eine kurze Zeitlang uns zu kasteien und zu quälen brauchen, um sodann im ›Jenseits‹ ein ewiges Leben voller Wonne zu genießen. Wo dieses Jenseits liegt, und wie diese Herrlichkeit des ewigen Lebens beschaffen sein soll, das hat uns noch keine ›Offenbarung‹ gesagt.«

und er begeistert ist von den Herrlichkeiten die dieser Planet zu bieten hat, so schildert er hierbei – ganz abgesehen davon, dass er die wahre Bedeutung von Diesseits und Jenseits, sowohl der christlichen als auch anderer Religionen, nicht richtig erfasst hat, er also im Geiste nicht über die Schranken der irdisch-menschlichen Daseinsform hinausgekommen ist – nicht die andere Seite des irdisch-menschlichen Lebens, die des Leids und Elends, worin viele, man kann sagen die meisten Menschen gegenwärtig noch verstrickt sind. Blickt man unvoreingenommen ins Leben, in die sehr kurze, bruchstückartig bekannte Menschheitsgeschichte, so drängt sich die Gewissheit auf, dass es bisher immer verhältnismäßig wenige waren, die das Glück hatten, ein, zwei oder drei Menschenalter hindurch, in Ruhe, Wohlstand und Beschaulichkeit lebend, die Herrlichkeiten dieses Planeten zu genießen.

Die Mehrzahl lebte bisher und lebt immer noch ein abhängiges, unfreies, beschwerliches Dasein. Nie endende Sorge um die oft notwendigsten Mittel zur Erhaltung des Körpers, einer abhängigen, unfreien Existenz, peitscht die meisten ununterbrochen an, sodass sie dabei wenig oder überhaupt keine Zeit und Gelegenheit finden, sich in höhere geistige und sonstige Genüsse zu verlieren. Schwere, oft gesundheitsschädigende und -untergrabende Arbeit tagein und tagaus ist das Los, das die meisten Menschen dieser Welt erwartet. Kaum dass es ihnen vergönnt ist, einen ruhigen, sorglosen Lebensabend zu verbringen, sterben sie, man kann sagen, in den Sielen.

(Bei der Beurteilung des Diesseits sowie menschlicher Lebens- und Arbeitsverhältnisse, dürfte man nicht nur die Verhältnisse in den europäischen Wohlstandsländern als Maßstab nehmen, sondern müsste auch die Arbeits- und Lebensverhältnisse in den ärmeren Entwicklungsländern zu erkennen und dementsprechend zu urteilen versuchen.)

Dazwischen tun die immer wieder hereinbrechenden Völkerkriege im Kleinen und im Großen, die mit dem Fortschritt der »Kultur« immer scheußlichere Formen annehmen, das ihrige, um den Blick der meisten Menschen von der Schönheit dieses Planeten hinweg auf die rauhe Wirklichkeit zu lenken und dort festzuhalten. Diese Wirklichkeit lässt sich auch gegenwärtig noch am treffendsten bezeichnen als unerbittlicher, höllischer Daseinskampf, der erwirkt und erhalten wird durch unwissende, kurzsichtige, tierisch-triebhafte Menschen, die trotz allem Fortschritt des Geistes, der Wissenschaft und der Kultur in der Menschheit, es bisher nicht verstanden haben, sich eine bessere, zumindest für Menschen bessere Daseinsordnung zu schaffen, die, wie es sich immer wieder beweist, eine bessere Daseinsordnung schaffen wollen durch Gewalt, Unterdrückung, durch Anwendung von Mord- und Vernichtungswaffen. In allen Kriegen Mensch gegen Mensch, Volk gegen Volk erreicht der Daseinskampf seinen Höhepunkt. Hier wirkt sich die wahre Natur, die Geistes- und Gemütsverfassung von Menschen aus, die keine Religion kennen, die dafür kein Verständnis haben. Unwissenheit, Selbstsucht, Habgier, Hass, Rach-, Vergeltungs-, Macht- und Prestigesucht lassen unter Einzelmenschen wie unter Völkern immer wieder Probleme und Gegensätze entstehen; und durch Kriege wird dann versucht, solche Probleme zu lösen und Gegensätze abzubauen oder zu beseitigen. Das bedeutet ebenso viel, als wollte man Feuer mit Brennstoff löschen.

Sicher wird mancher im Genusse des Schönen lebende, die Annehmlichkeiten kultureller Güter und Einrichtungen genießender und besitzender daseinsbejahende Monist seine Religion dadurch zu rechtfertigen versuchen, indem er vorgibt, die Menschheitskriege hätten nichts mit seiner monistischen Religion zu tun. Ergründet man jedoch die Motive und Ursachen der meisten Kriege tiefer, so kommt man zu der Gewissheit, dass sie entstehen aufgrund der Geistes- und Gemütsverfassung von Menschen und geschlossenen Völkern, die an irdischen Gütern, Dingen und Verhältnissen hängen, die durch ihren Willen und ihre Gewohnheit daran gefesselt sind. Unfähig deren wahren Wert zu durchschauen, kämpfen sie dann entweder als Einzelne oder als geschlossene Völker, als Eroberer oder Verteidiger, um diese, in ihrer Einbildung als hohe Werte existierender Dinge.

Es kann also in heutiger Zeit als eine Art Irrsinn bezeichnet werden, einer Kultur Loblieder zu singen, gleichzeitig aber jenen Geist zu pflegen, der immer schlimmer sich auswirkende Vernichtungswaffen und Vernichtungsmöglichkeiten ersinnt, wodurch diese Kultur und ihre Errungenschaften schneller umfassender und nachhaltiger zerstört werden kann. Überhaupt ist es eine zweifelhafte Kultur, wenn unter Mühe und Anstrengung unbeständige Dinge, Einrichtungen und Verhältnisse geschaffen werden, die, wie gesagt, nur verhältnismäßig wenigen einen flüchtigen Genuss bieten. Es ist keine wahre Kultur, wenn durch Übersteigerung von Bedürfnissen und menschlicher Genusssucht Millionen zu Arbeitssklaven verdammt werden, die, wie sich das besonders in den Entwicklungsländern zeigt, bei geringem Lohn, oft unter dürftigsten Verhältnissen lebend, unter Entbehrung des zum Leben Notwendigsten, herstellen und herbeischaffen müssen, was verhältnismäßig wenigen Nutznießern als kulturelle Errungenschaft gilt. Es ist eine zweifelhafte Kultur wo die Mehrzahl jener, die an der Bereitstellung kultureller Einrichtungen und Güter mitwirken, nie, oder nur in sehr geringem Maße, in den Besitz und Genuss derartiger Güter und Einrichtungen kommen. Aber ganz abgesehen davon, entscheiden nicht äußere Dinge und Einrichtungen über Wert und Unwert einer Kultur, sondern der Mensch, seine Geistes- und Gemütsverfassung als Einzelner oder als Volk. Unzulängliche, selbstsüchtige, habgierige, nur auf den persönlichen Nutzen, oder den Nutzen ihres Volkes bedachte, gehässige, rachsüchtige, übelwollende, überhebliche, ruhm- und herrschsüchtige Menschen, mögen sie noch so gebildet sein, mögen sie noch so gründlich die Naturgesetze kennen und beherrschen, werden nie eine höhere Kultur schaffen und erleben, ihre Kultur wird immer eine Art Tierkultur sein.

Wahre oder höhere Kultur, ein wirklicher Aufstieg der Menschheit, lässt sich nur herbeiführen im Geiste der höheren Religion, wie er in den Religionen Buddhismus und Christentum angedeutet ist. Dieser Weg beginnt damit, dass selbstdenkende, vom besten Wollen erfüllte Menschen vorurteilslos erkennen und verstehen lernen, was gut und übel, vernünftig und unvernünftig in der Natur ist, dass sie jene Ursachenzusammenhänge klar überblicken, worin Menschen als Einzelne wie als Volk verstrickt sind. Das bedeutet mit anderen Worten, dass sie die Auswirkungen ihrer Lebensweise, ihrer Taten und ihres gegenseitigen Verhaltens kennen, weithin absehen und alles verneinen und vermeiden, was üble Folgen und Auswirkungen, sei es für die eigene Person, als auch für andere Menschen und Wesen, nach sich zieht.

Im Zusammenhang mit den vorangegangenen Ausführungen möchte ich – den menschlichen Geschlechtstrieb betreffend – einen Ausspruch des Philosophen Friedrich Nietzsche, aus seinem Buche: *»Jenseits von Gut und Böse«*, zum Anlass nehmen, wo er von gefährlichen Diätverordnungen der Religionen spricht und deren eine die geschlechtliche Enthaltsamkeit sei.

BEMERKUNGEN: Betrachtet man z.B. – hinsichtlich einer solchen – all das soziale Elend in den übervölkerten Gebieten der Dritten Welt, die Unmenge Tragödien die sich dort abspielen, so ist ihr Urheber – einmal ganz abgesehen von so manchen, sich in diesen Ländern für Menschen meist sehr leidvoll auswirkenden Naturkatastrophen – der zügellose, jeder Vernunft zu spottende, sich über jede Vernunft hinwegsetzende Geschlechtstrieb, welcher hier, oft unter härtesten, elenden Bedingungen, Leben schafft und erhält und dessen Folge dann ein rücksichtsloser, gegenseitiger Kampf ums nackte Überleben ist.

Aus den trüben Erfahrungen mit solchem Elend, haben sich wahrscheinlich die religiösen Gebote von der geschlechtlichen Enthaltsamkeit ergeben; sie sagen kurz angedeutet: wenn ihr euch in einem elenden Dasein, in beschwerlichen, leidvollen Daseinsformen empfindet, so unterlasst, was solche Daseinsformen schafft.

Hier auf Erden zeigt sich deutlich, dass die Ursache für all die zahlreichen Übel und Leiden in der Menschheit und Natur weniger in äußeren Dingen und Verhältnissen, als vielmehr im Menschen selbst liegt. Durch seine Taten und Verhaltensweisen bestimmt jeder Mensch diejenige Daseinsordnung, in der er sich bewusst wird und damit auch die besonderen Schicksale in solchen Daseinsordnungen.

Bezüglich gewisser menschlicher Neigungen, Eigenschaften, Triebe und Gewohnheiten, soll noch gesagt werden, dass wohl die meisten Menschen all jene Eigenschaften für berechtigt und geheiligt halten, die über Jahrhunderte und länger zur festen Gewohnheit, zum Instinkt geworden sind. Die unvernünftigste Lebensweise, alle möglichen unzulänglichen Eigenschaften, Gebrechen und Übel können einmal als natürlich, berechtigt selbst als geheiligt empfunden und beurteilt werden, nachdem sie durch dauernde, gedankenlose Pflege und Überlieferung zu festen erhärteten Gewohnheiten der Lebensführung geworden sind, und als solche jene Rolle spielen, wie die Instinkte bei den Tieren. Das gilt auch von Gewohnheiten auf dem Gebiete religiöser Vorstellungen, Regeln und Gebote, besonders dann, wenn sie gedankenlos und blindgläubig als Wahrheit hingenommen, lange Zeit vererbt und überliefert werden und dabei zu Denkgewohnheiten erstarren. Dann kann es dahin kommen, dass unsinnige Vorstellungen, Regeln, Sitten und Zeremonien als Religion geheiligt und für unantastbar gehalten werden, während vorurteilslose Erkenntnis, samt daraus gewonnenen Schlussfolgerungen, als sündhaft, als Torheit und Ketzerei erklärt und verdammt werden. Solche uralten erhärteten Denk- und Lebensgewohnheiten im Menschen waren es auch, die bisher manchen Wahrheitsforscher manchen Bahnbrecher auf geistigen Gebiet verfolgten, misshandelten oder umbrachten. Sie sind die größten Hindernisse des jeweils Neuen, sei es einer besseren Erkenntnis, sei es einer besseren Lebensordnung; sie verdammen manchen besseren Menschen, manchen Vorkämpfer für die Wahrheit zum Märtyrer.

Unwissende, unvernünftige, denkträge Menschen, deren Leben von solcher Art innerer Neigungen und Instinkte bestimmt wird, oder die sich im Sinne solcher Neigungen von üblen Mächten leiten lassen, können teuflisch handeln, ohne sich dessen bewusst zu sein, ja sie können sich dabei noch als äußerst rechtschaffene, vielleicht gar edle Menschen dünken. Auch hierfür bot die Herrschaft des Nationalsozialismus treffende Beispiele. Viele Nationalsozialisten hielten sich für Angehörige einer höheren Rasse, eines hochstehenden Kulturvolkes. Nach nationalsozialistischen Reden und Schriften hatte die arische Rasse alle Kultur auf Erden hervorgebracht. Die Auswirkungen dieses Zeitgeistes war sowohl für das deutsche

Volk als auch für andere Völker derart verhängnisvoll, dass manche Nationalsozialisten nur als Teufel in Menschengestalt beurteilt werden mussten. Was sie taten, war eine Absage an alles höhere menschliche Empfinden und Denken. Was galt ihnen höhere Menschlichkeit? Sie war – nach den Worten ihres Führers – eine Mischung aus Dummheit, Feigheit und eingebildetem Besserwissen. Als dumm galt ihnen ein Volk, das nicht rücksichtslos auf den eigenen Nutzen und Vorteil bedacht war; als feige Schwäche galten ihnen die Regungen eines besseren Gewissens bei Verbrechen, als eingebildetes Besserwissen hielten sie die Stimme der weiterblickenden Vernunft, die sich gegen diese Untermenschen und deren Verbrechen erhob. Viele Nationalsozialisten waren verblendet wie Tiere. In persönlicher wie völkischer Selbstsucht und Habgier, befangen in Rassenüberheblichkeit, nahmen sie sich den Mut zu Verbrechen im Kleinen wie im Großen, zu Verstößen gegen höhere menschliche Sitte und Rechtsauffassung.

Man sieht also, dass alle menschlichen Eigenschaften im Grunde etwas Relatives sind. Ihr Wert oder Unwert, ihre Bedeutung im guten oder schlechten Sinne ergibt sich je nach ihrer Anwendung unter besonderen Umständen und Verhältnissen, unter denen dann jede Tugend als Fehler, Sünde oder Laster aufgefasst, jeder Fehler, jede Sünde hingegen als etwas Gutes, Zweckmäßiges vielleicht als Tugend erklärt werden kann. So ist z.B. der Mord in einer geschlossen handelnden Gemeinschaft ein Verbrechen. Anders, wenn sich eine Gemeinschaft als Volk im Kriege gegen ein anderes Volk befindet, dann ist Mord eine Tugend, die mit hohen Auszeichnungen belohnt wird, wer dagegen das Morden bei solcher Gelegenheit unterlässt, sich nicht daran beteiligen will, muss damit rechnen als Feigling verlästert oder gar vor ein Kriegsgericht gestellt zu werden.

Von einer Geistes- und Gemütsverfassung, wie sie Christentum und Buddhismus lehren, wie sie als eine Art Kern in diesen Religionen ruht, sind die meisten Menschen weit entfernt. Dementsprechend ist auch ihr Zusammenleben bedenkenloser Kampf ums Dasein, um den eigenen Bestand als Person, Stand, Partei, Klasse und Volk; ein Kampf der hier in allen möglichen Formen, offenen und versteckten; mit allen möglichen Mitteln, Mensch gegen Mensch, Partei gegen Partei, Volk gegen Volk ausgetragen wird.

Wo findet sich überhaupt ein Tier, das aus reiner Lust am Morden und Quälen Tiere der eigenen Art quält und zu Tode foltert, so, wie es unzählige Beispiele aus der Gegenwart, aus der nahen und ferneren Vergangenheit beweisen. Das tun nur Menschen ohne Sinn für höhere Religion und höhere Gesinnung, Tiere mit höher entwickeltem Intellekt. Sie morden und foltern unter Umständen im Namen einer Religion, im Namen einer angeblich besseren Gesellschaftsordnung.

Betrachtet man die Richtung der Menschheitsentwicklung, so hat schon der Dichter *Franz Grillparzer* für diese sehr treffende Worte gefunden, indem er sagte:

»Der Weg der neueren Bildung geht von Humanität durch Nationalität zur Bestialität.«

Auch Friedrich Nietzsche kündete in seinen Schriften etwas Ähnliches an. Die bewirkende Ursache, wodurch die Menschheit der Bestialität entgegenschreitet ist der »Wille zur Macht«. Dadurch zwingt der stärkste Mensch, die stärkste Macht, das stärkste Volk anderen Menschen, anderen Mächten oder Völkern seinen Willen auf, der, als Folgeerscheinung, Hass und Abneigung bei den jeweils Unterdrückten entstehen lässt. Wenn sich dann gegenseitiger Hass, in oder unter Völkern, wie eine Lawine zusammenballt, so führt das notwendig zur gewalttätigen Auseinandersetzung und damit zur Bestialität.

Will man einer solchen Entwicklung entgehen, so ist das nur möglich nach den Geboten der höheren Religion, nur dadurch könnte die Flut des Hasses eingedämmt und in vernünftigen Schranken gehalten werden, könnte der Grundstein für eine bessere Entwicklung gelegt und damit der Gang der Menschheit in die Bestialität verhindert werden.

Es müsste also ein anderer Geist in der Menschheit herrschen, als jener des Machtkampfes; nämlich ein Geist der Duldsamkeit, der Brüderlichkeit, der Hilfsbereitschaft, ein Geist der frei von persönlicher oder völkischer Selbstsucht, Gehässigkeit und Habgier, ein Geist der nicht den eigenen persönlichen oder völkischen Vorteil will und sieht, sondern der das Wohl der gesamten Menschheit will, jener Geist, wie ihn die höheren Religionen Christentum und Buddhismus als Vorbild des menschlichen Handelns beschreiben und fordern.

Man sieht heute deutlich, je weiter sich die Menschheit von diesem Geist entfernt, desto schneller und tiefer versinkt sie ins Elend. Selbstsucht, Habgier, Hass, Übelwollen, der Wille zur Macht werden für die Menschheit auf Erden eine Hölle schaffen, wie sie heute noch nicht geahnt wird.

Zur Lebensbejahung und -verneinung

Wenn höhere Religion das unseren Sinnen offenbare Diesseits und damit jene Daseinsordnung die der Mensch als Teil des organischen Lebens erhält als Übel, als Jammertal bezeichnet, so erklärt sie auch heute noch den Charakter dieses Weltzustandes treffender als mancher sich gegen den Pessimismus der welt- und lebensverneinenden Religion aussprechender Denker, wie es z.B. Max Planck, in seinem Buche: »*Wege der physikalischen Erkenntnis*« tut, und wobei sich offenbart, dass der menschliche Geist nicht überall und in jeder Hinsicht vollkommen sein kann. Vor allem aber macht sich bemerkbar, dass diese sich in Welt- und Lebensbejahung ergehenden Denker aus einer ganz anderen Geistes- und Gemütsverfassung heraus über religiöse Fragen urteilen, als es meinetwegen die Verkünder der höheren Religionen getan haben; und so werden und müssen ihnen wohl auch immer jene Folgerungen unbegreiflich bleiben, die beispielsweise ein Buddha aus seiner Welterkenntnis gezogen hatte.

Im oben genannten Buche von M. Planck heißt es zur Lebensbejahung und -verneinung:

> »Aber es gehört weder zu meiner Aufgabe, noch würde es meinen Kräften entsprechen, wenn ich hier etwa versuchen wollte, in eine nähere Würdigung des Wesens der Religion in ihren verschiedenen Formen einzutreten. Nur das eine liegt mir daran, hier hervorzuheben, das mit einem streng wissenschaftlichen Standpunkt jedwede Religion vereinbar ist, falls und insofern sie nur weder mit sich selber noch mit dem Gesetz der kausalen Bedingtheit aller Außenvorgänge in Widerspruch tritt. Wissenschaftlich unberechtigt und abzulehnen ist daher nach meiner Meinung auch eine Religion, die den Wert des Lebens verneint. Denn Verneinung des Lebens bedeutet sogleich eine Verneinung des

Denkens und eine Verneinung des Denkens bedeutet eine Verneinung der Religion. Mithin führt eine solche Religion konsequenterweise dazu, ihren eigenen Wert zu verneinen. Wer diese simple Schlußweise nicht anerkennen will, der muß entweder Leben ohne Religion oder Religion ohne Denken für möglich halten, beides Annahmen die mit zu absonderlich erscheinen, um bei ihnen länger zu verweilen.«

BEMERKUNGEN: Hier werden Denken und Religion als zwei sich gegenseitig bedingende Größen dargestellt, wobei mit der einen auch die andere steht und fällt. Man kann nun einem Menschen Religion und religiöses Empfinden nicht zu oder absprechen, je nachdem ob er denkt oder nicht denkt. Es gibt hervorragende Denker denen Religion und religiöses Empfinden unbekannt sind. Gewiss, religiöse Vorstellungen gelten als Denkvorgänge, aber sind sie auch ein auszeichnendes Merkmal höherer oder niederer Religion?

Das Denken schlechthin ist kein Merkmal höherer Religion. Diese letzte offenbart sich vielmehr in einer anderen Geistes- und Gemütsverfassung als die der meisten Menschen und Tiere. So sehen und empfinden viele ihr Verhältnis zu allen übrigen Naturdingen und Naturwesen durch etwas, das als Schleier eines Ich- oder Persönlichkeitsbewusstsein bezeichnet werden kann; sie stellen sich dabei in unüberbrückbaren Gegensatz zu allen übrigen Dingen. So auch, wenn Gläubige annehmen, ein unbekannter Gott bestimme ihr gegenwärtiges und zukünftiges Schicksal in der Natur, u.z. nur deshalb, weil sie zu einer so genannten Religionsgemeinschaft zählen. Für diese Art Menschen bedeutet der Kampf ums Dasein in der Natur, wobei der jeweils Stärkere den Schwächeren für seine eigenen Daseinsinteressen ausbeutet oder einfach umbringt und auffrisst, eine unabwandelbare, vielleicht gar »gottgewollte Selbstverständlichkeit«; dies allerdings nur dann und solange, als sie selbst nicht zu denen gehören die jeweils vernichtet und gefressen werden.

Die Bewertung und Behandlung schwächerer Wesen als

reine Ausnutzungssache ist nun für Menschen mit höherer Religion Unrecht, und eine Daseinsordnung, wie das irdische organische Leben ein übler Zustand, der mit Gott, göttlicher Art und göttlichen Zielen nichts gemein hat.

Wenn Leben und Denken nur auf diese Weise, durch Ausnutzung schwächerer Wesen möglich wären, dann verneint ein Mensch mit höherer Religion beides, gibt beides auf, wenn dadurch ein übler Zustand aufgehoben oder zum Besseren verändert werden kann.

Höhere Religionen verneinen jenes Leben, das in einer Art Hölle des Daseinskampfes besteht, worin das Frohlocken des Lebens aus Todesschauern und Todesqualen seine Nahrung zieht, sie verneinen jenen Geist, der eine solche Hölle werden lässt. Nach dem Urteil *Plancks* wären sie nicht vereinbar mit einem rein wissenschaftlichen Standpunkt und deshalb etwas, worüber vernünftige Menschen keine Worte mehr verlieren sollten. Das Wesentliche z.B. im Buddhismus aber auch in der christlichen Lehre, ist ein nicht zu überbietender Kern; er besteht in der Verneinung aller Übel und Leiden in der Natur, zielt auf ihre Abschwächung und Beendigung hin und weist andere so genannte himmlische oder göttliche Daseinsformen als erstrebenswerte Ziele. Nach dem Sinn dieser Religionen lässt nicht das Denken allein den Menschen besser werden, sondern nur höheres religiöses Fühlen, Empfinden, Handeln und Streben im eben besprochenen Sinne.

Die Lebensverneinung ist somit lediglich ein menschliches Urteil, hervorgerufen durch die Einwirkung eines Naturzustandes, den der Mensch durch sein bisheriges Leben und seine Taten mit aufrechterhalten hat, den er bisher aufgrund uralter, vererbter Lebensgewohnheiten und Instinkte als einzig besten und einzig möglichen bejahte und von dem er sich nun, nach dem Eintritt besserer Erkenntnis, höherer sittlicher wie moralischer Reife vorerst innerlich lossagt. Verneinung des gegenwärtigen organischen Tierlebens – anders kann man das heutige, das der breiten Masse aller Menschen, nicht bezeichnen – ist ein menschliches Urteil und wird hervorgerufen durch die Art und Weise, wie das organische Leben auf selbstdenkende, höhergesinnte Menschen einwirkt, welche Willensregungen und Willensbestrebungen es hier wachruft. Wenn eine Religion bestimmte Lebensformen und Daseinsordnungen als wertlos oder übel erkennt und verneint, so tritt diese bloße Verneinung weder mit sich selbst noch mit dem Gesetz der kausalen Bedingtheit aller Außenvorgänge in Widerspruch. Hier kann sich lediglich die Frage erheben, ob es für Menschen möglich ist andere, unterschiedliche, unbeschwertere Daseinsformen, wie sie die höheren Religionen weisen, in Übereinstimmung mit den uns bekannten Naturgesetzen und den Ursachenzusammenhängen der sinnlich-anschaulichen Natur, vorerst zu begreifen.

Auch der Philosoph Friedrich Nietzsche – zu dessen Philosophie ich noch einige meiner Gedanken zum Ausdruck bringen möchte – fühlte sich, in einer seiner Schriften *Fröhliche Wissenschaft* Abschnitt 326, (Die Seelenärzte und der Schmerz) der Lebensbejahung das Wort redend, veranlasst, allen Moralpredigern und Theologen den Vorwurf zu machen oder ihnen die Unart beizulegen, sie suchten allen Menschen einzureden, dass es schlecht um sie als Menschen stehe, dass sie dem irdischen Leben entsagen und ein anderes Dasein suchen sollten. Nietzsche findet, dass die meisten Menschen in ihre menschliche Daseinsform verliebt sind, dass sie alle möglichen Mittel finden Leiden, Schmerz und Unangenehmes von sich fernzuhalten. Vom Standpunkt eines kurzsichtigen Menschen, dessen Blick nur eine beschränkte Zeitlichkeit umspannt, nämlich jener Spanne Zeit die der Mensch auf der Erde durchlebt, hat Nietzsche vollkommen recht, und so kann man es nicht anders erwarten, wenn er im Buche: »*Jenseits von Gut und Böse*«, Abschnitt 56, (Das religiöse Wesen) – Jenseits von Gut wäre allerdings, meiner Meinung nach, nicht nur die kürzere sondern auch die treffendere Betitelung dieser Schrift gewesen – zu folgender Schlussfolgerung aus seiner Weltanschauung gelangt; welche lautet:

»Wer gleich mir, mit irgendeiner rätselhaften Begierde sich lange darum bemüht hat, den Pessimismus in die

Tiefe zu denken und aus der halb christlichen, halb deutschen Enge und Einfalt zu erlösen mit der er sich diesem
Jahrhundert zuletzt dargestellt hat, nämlich in Gestalt
der Schopenhauerischen Philosophie; wer wirklich einmal mit einem asiatischen und überasiatischen Auge in
die weltverneinenste aller möglichen Denkweisen hinein
und hinunter geblickt hat – jenseits von Gut und Böse,
und nicht mehr, wie Buddha und Schopenhauer, im
Banne und Wahne der Moral, – der hat sich vielleicht
eben damit, ohne daß er es eigentlich wollte, sich die Augen für das umgekehrte Ideal aufgemacht: für das Ideal
des übermüthigsten, lebendigsten und weltbejahensten
Menschen, der sich nicht nur mit dem, was war und ist,
abgefunden und vertragen gelernt hat, sondern es, <u>so wie
es war und ist</u>, wieder haben will, in alle Ewigkeit hinaus,
unersättlich da capo rufend, nicht nur zu sich, sondern
zum ganzen Stücke und Schauspiele, und nicht nur zu
einem Schauspiele, sondern im Grunde zu Dem, der gerade dies Schauspiel nöthig hat – und nöthig macht: weil
er immer wieder sich nöthig hat – und nöthig macht – –
Wie? Und dies wäre nicht – circulus vitiosus deus?«

Wenn Nietzsche sich angeblich lange darum bemüht hat,
den Pessimismus in die Tiefe zu denken und sich danach ein
umgekehrtes Ideal, in Form des übermütigsten, weltbejahensten Menschen offenbar gemacht hat, der, »was war und ist«
immer so haben will, in alle Ewigkeit hinaus, so zeigt er dem
tiefersehenden Menschen weiter nichts als eine erschreckende,
nicht weit über die eigene Person, über den eigenen gegenwärtigen Zustand hinauskommende Enge des Bewusstseins.
Versucht man weiterblickend das Dasein aller oder der meisten Menschen zu erfassen, so wird erkennbar, dass im Grunde
nur sehr wenige ein Dasein leben können, wie es ihren Wünschen entspricht. Die unerbittlichen Umweltverhältnisse und
Daseinsbedingungen schreiben ihnen eine unerfreuliche,
unerwünschte Daseinsform vor. Ob Nietzsche wohl ewig als
Arbeitssklave leben oder vielleicht gar das Los und Schicksal

irgendeiner Tiergattung an sich erfahren möchte. Wer von einer Ewigkeit und alles spricht, muss auch solche Fälle im Auge behalten.

Ergründet man das Leben in seiner Wirklichkeit, so liegen für die Menschheit noch ganz anderer Möglichkeiten im Schoße der ewigen Zukunft. Der Mensch oder besser dasjenige was auf dieser Erde als Mensch besteht, was sich in einem durch nichts begründeten Wahn als bevorzugtes, bevorrechtigtes Wesen, als Krone der Schöpfung fühlt, kann in anderen Teilen der Welt, während anderer Zeiten, unter anderen Umweltverhältnissen, weiter nichts bedeuten als ein Objekt, aus dem die Flamme des Lebens, in Form eines höherentwickelten, stärkeren, aber sittlich tiefstehenden Naturwesen ihre Nahrung zieht.

Die meisten Menschen möchten ewig die etwaigen Annehmlichkeiten, zumindest die Vormachtsstellung des Menschen über andere Lebewesen, nicht aber die Lasten und Qualen wodurch sich eine stärkere Materieform das Leben verschönert und angenehm macht.

Nietzsche, von einem blinden Daseinswillen in Form besagter uralter, innerer gefestigter Lebensgewohnheiten beeinflusst ohne sich um tiefere Erkenntnis zu kümmern, sah und begriff weiter nichts als die irdischen menschlichen Angelegenheiten und auch die äußerst beschränkt, und so ist und bleibt auch sein als höheres Entwicklungsziel gedachter »*Übermensch*«, wodurch der jetzige Mensch überwunden werden soll, so wie er ihn beschreibt und handeln lässt, gegenüber dem Sinn der höheren Religionen, nur ein unzulänglicher, wohl geistig und körperlich über der Masse seiner Mitmenschen stehender und diese nach seinen Absichten beeinflussender und lenkender, ansonsten aber doch nur ein an unbeständige, veränderliche Dinge gebundener, sein Heil von solchen Dingen abhängig machender, an vergänglichen Werken schaffender und darin seine Hauptaufgabe erblickender Mensch.

Wenn Nietzsche's Lehre vom Übermenschen vielfach im schlechten Sinne ausgelegt und verstanden wird, so liegt die Schuld einzig und allein bei Nietzsche selbst. Dunkel, unklar und verfänglich wie sie geschrieben, kann sie jeder Untermensch für seine Ziele benutzen und anwenden. Diese Auffassung verstärkt sich noch, wenn man bei Nietzsche liest, das Leben werde durch Gewalttat, durch alles Grausame, Böse und Schlechte erhöht und gesteigert; oder, wenn er in seinem »Zarathustra« vom Übermenschen redet und einige Sätze später mahnt: an bösen Taten sollte man nicht sparen wollen. Nietzsche spricht oft, zuweilen im empfehlenden Sinne von kleinen Bosheiten als etwas, das sich ein vornehmer Mensch erlauben darf. Derartige Empfehlungen führen nun keineswegs zum Übermenschen, sondern geradewegs zum Untermenschen in irgendeiner Form.

Jeder einigermaßen vernünftige, weiterblickende Mensch besitzt die Fähigkeit, sich das Ideal eines höheren Menschen, höheren Menschentums, einer höheren menschlichen Daseins- und Lebensordnung zu bilden; ja vielleicht sogar Mittel und Wege ausfindig zu machen wodurch solche Ideale zu erreichen und zu verwirklichen sind. Nietzsche, sich für die Herrenmoral entscheidend, ganz offenbar nicht. Im schon genannten Buche: »Jenseits von Gut und Böse« (Abschnitt 258 Was ist vornehm) zeichnet er sein Bild vom Typus wohlgeratener, höherer Mensch. Was er hier als höheres Menschentum, als gute gesunde Aristokratie bezeichnet ist ein bestimmtes Untermenschen- und Schmarotzertum, das sich, aufgrund äußerer Machtmittel, aufgrund geistiger und materieller Gewalt, ein Vorrecht oder eine Vormachtsstellung innerhalb der Menschheit erzwang. Von dieser Aristokratie waren, um nur einige aus der deutschen Vergangenheit zu nennen, die ehemaligen Raubritter, Fronvögte und manche Feudalherren. Wenn Nietzsche einen solchen Menschenschlag als gut heißt, als hochstehend beurteilt, (auch seine Bemerkungen über manchen antiken Feldherrn, über Napoleon u.s.w. offenbaren dies) so kann es nur in einer Art Wahn, in einer Art Unfähigkeit zum logischen Denken geschehen sein; oder aber Nietzsche zeichnet sich hier selbst und seine Eigenart, versucht auf diese Weise die Existenzberechtigung dieses Menschenschlages vernünftig darzulegen; was als eine wertlose Theorie bezeichnet werden kann, denn die Praxis des Lebens lehrte zu allen Zeiten das Gegenteil.

Ganz abgesehen von Nietzsches, aus vielen Stellen seiner Bücher sprechenden beschränkten Persönlichkeitsstandpunkts der nichts Höheres, Besseres neben sich anerkennt als die eigene Person; der sich in arroganter Überheblichkeit erhaben dünkt über seine Mitmenschen, mutet es doch seltsam an, wenn er von einer Bedrohung Europas durch einen neuen Buddhismus spricht. Jeder geistig normale Mensch, der die Lehre des Buddha auch nur oberflächlich kennt, weiß, dass von dieser Seite weder europäische noch sonstige Menschen bedroht werden können, im Gegenteil.

Alle vernünftigen Menschen könnten durch diese Lehre nur gewinnen, sie könnten sich heilsame Zustände, ein besseres erträgliches Zusammenleben auf Erden schaffen. Wenn schon von einer Bedrohung Europas gesprochen wird, dann ist sie ja nur zu erwarten von jenen Menschenbestien, durch die sich Nietzsche, in einer Art Wahn befangen, eine Steigerung des Lebens erhofft, also Menschen wie Alexander der Große, Julius Cäsar, all jener Imperatoren und deren Nachwehen wie Napoleon u.s.w. u.s.f., die Nietzsche als höhere Menschen beurteilt.

Durch diese Menschen ist bisher die Hölle des Daseinskampfes gesteigert worden und auch in Zukunft wird es nicht anders sein. Die Bedrohung durch eine Religion wie den Buddhismus muss und kann als Ausgeburt eines Wahns oder Irrsinns bezeichnet werden. Vernünftige Menschen sollten vielmehr auf der Hut sein vor den Raub-, Gewalt- und Herrenmenschen, die Nietzsche als Ideal eines Menschen aufstellt. Der Letzte dieser Art, dem es gelang größeren Einfluss auf das Schicksal der europäischen Völker zu gewinnen war Hitler. Seine etwaigen Nachfolger werden nicht besser sein, sofern dunkle Kräfte, in Verbindung mit einer gedankenlosen, dummgläubigen Masse, solche Menschenbestien zu Macht und Einfluss auf das Schicksal von Völkern verhilft.

Diese Menschen werden es immer sein, die eine wahre Höherentwicklung der Menschheit verhindern und verzögern;

sie werden die Menschheitsentwicklung immer in rückläufige Bahnen lenken. Sie sorgen dafür, dass das Tier im Menschen verstärkt zur Geltung kommt, das unvernünftige von eingewurzelten, vererbten niederen Instinkten und Neigungen beherrschte Menschentier, dem jede höhere menschliche Regung wie Mitgefühl, Mitleid, Erbarmen u.s.w. fremd ist, und das, so wie es sich bei Nietzsche und manchem anderen Denker zeigt, ein derartiges höheres religiöses Empfinden gar nicht fassen und sich erklären kann.

Wahrhaft höheres Menschentum, ein wirkliches Heil für die Menschheit, kann nur erwirkt werden im Sinne und Geiste der höheren Religion, durch Menschen, die wahre Religion kennen, die den unvergänglichen Kern, wie er im Buddhismus aber auch im Christentum enthalten ist, erfasst haben und ernsthaft bestrebt sind danach zu handeln; die jenen beschränkten Individualismus, der nichts Höheres kennt und anerkennt als die eigene Person, mehr oder weniger aufgegeben haben und mit allen Menschen und Wesen dieser Welt denken und fühlen; deren Streben und Verhalten also einer höheren Vernunft entspringt, aus bestimmten wahren Welterkenntnissen einzig richtige Schlussfolgerungen zu ziehen und danach zu handeln, wie es z.B. ein Buddha getan hatte, der im Gegensatz zu Nietzsche riet, das Bestehende nicht so zu lassen: »*wie es war und ist*«, sondern es zu verbessern, alles in sich zu verneinen, wodurch üble, leidvolle Daseinsformen und Daseinsordnungen, während der weiteren Weltentwicklung, offenbar werden können. Denn jene Materie, die in allen Teilen, Räumen und Zeiten dieser unendlichen Welt aufgrund anhaftender Urgewohnheiten und Urinstinkte der Organisation unter gleichen Umweltverhältnissen immer wieder gleiche äußere, unwesentliche Formen offenbar werden lässt und die sich hier auf Erden als Menschenorganismus eine Hölle des Daseinskampfes erwirkte, wird dies während der zukünftigen Weltentwicklung immer wieder tun, und unter solchen Daseinsbedingungen wird und kann für lebende, empfindende, bewusste Formen der Materie Übel, Leid und Elend überwiegen.

Mit solchen Augen muss der Pessimismus, wie ihn die höheren Religionen lehren, gesehen werden. Aus diesem Blickfeld heraus sollte man den Menschen und das organische Leben betrachten und beurteilen. Dabei ergibt sich auch ein höherer vernünftiger Sinn all jener religiösen Vorstellungen, die von einer Fortdauer nach dem Tode, von einem ewigen Leben, von einer Wiederkehr des Bestehenden sprechen.

Betrachtet man die Welt, den Menschen, wie das Verhältnis des Menschen zu allen übrigen weltlichen Dingen von dieser Warte, so kann dasjenige, was Nietzsche schreibt, nur als Ausfluss der Blindheit, Kurzsichtigkeit und Unwissenheit beurteilt werden, von welcher auch ein anderer Abschnitt im Buche: Jenseits von Gut und Böse, (Abschnitt 55, das religiöse Wesen) durchdrungen ist. Hier spricht Nietzsche von einer Anbetung des Nichts. Es heißt da wörtlich: *für das Nichts Gott opfern.* Damit meint Nietzsche sicher die keinen Gott anerkennende Religion des Buddhismus. Hierzu muss bemerkt werden: Wenn ein vernünftiger, sich ein höheres Ziel der Entwicklung stellender Anhänger der Buddhalehre all jene als unzulänglich, übel und leidschaffend erkannter Gewohnheiten und Eigenschaften in sich verneint und sie durch Selbstzucht, durch vernünftig betriebene Askese, (worunter niemals Selbstpeinigung verstanden werden darf) zu beseitigen sucht; wenn er sein Glück und Wohlbefinden nicht mehr von bestandlosen, vergänglichen, kurzdauernden, wandelbaren und damit wertlosen Dingen und Verhältnissen – worunter ja auch die menschliche Daseinsform gezählt werden muss – abhängig macht; wenn er durch höchste Bedürfnislosigkeit eine überirdische, himmlische Unabhängigkeit und Freiheit erstrebt, so hat das, vernünftig beurteilt, keineswegs mit einer Anbetung des Nichts zu tun, wie Nietzsche schreibt.

Kein vernünftiger Buddhist betet das Nichts an in dem Sinne wie der Begriff Anbetung im Abendlande verstanden wird. Obwohl das höchste, erstrebenswerte Ziel in der Lehre des Buddha »das Nirvāna« zuweilen mit dem Wort *nichts* erklärt wird und worunter man generell einen Zustand frei von aller Materie, frei von jedem Inhalt versteht, ist eine solche Erklärung des Wortes »Nirvāna« nicht treffend; denn jene Materie, die als Mensch existiert und den Erlösungsweg der Buddhalehre geht, kann nicht zu einem Nichts werden, sie kann nur ihre unwesentliche äußere Form wandeln, kann nur in andere unwesentliche Zustände übergehen, in diesem Falle also in einen Zustand den der Buddhist als Nirvāna bezeichnet.

Auch Nietzsches Äußerung: Buddha habe sich im Banne oder Wahne der Moral befunden, beweist, dass er die Lehre Buddhas nicht kennt, zumindest punktuell nicht richtig erfasst hatte; denn Buddha gab seinen Anhängern die Anweisung, dass sie auf dem Wege der Erlösung und Befreiung aus allen Banden und Fesseln dieser Welt, auch das Rechte und Gute – ganz zu schweigen vom Bösen und Unrechten – zu lassen hätten. Er riet damit seinen Anhängern, sich in ihrem Streben nicht durch äußere Umstände ablenken, nicht von irgendwelchen moralischen Bedenken höherer Art beeinflussen und bestimmen zu lassen. Dies mag auch der Grund sein, dass man zuweilen dieser Lehre den Vorwurf macht, sie schenke den Geboten der tätigen Nächstenliebe nicht jene Beachtung wie die christliche Religion. Die Überlegungen die Buddha dabei hegte, lassen sich kurz wie folgt umreißen. Er betrachtete den Weltzustand, worin der Mensch lebt, wegen seiner Unbeständigkeit und Veränderlichkeit auf allen Gebieten wie ein brennendes Haus, man solle sich nicht allzu lange in diesem Haus aufhalten, sondern es so schnell als möglich verlassen, man solle sich also nicht durch Taten der Nächstenliebe und des Mitleids verleiten lassen, länger als unbedingt notwendig in diesem Weltzustand auszuhalten. Die Nächstenliebe und des Mitleids in einem brennenden Hause kann sich demnach nur darauf beschränken, einen Menschen so schnell als möglich aus diesem Hause zu bringen. Wenn er nicht freiwillig geht, so sollte man wegen ihm nicht mitsamt diesem Hause umkommen, sondern sollte sich selbst retten. Buddha stand also keineswegs im Banne oder Wahne der Moral, er hatte sich auch diesem Bann entwunden, hatte sich auch von diesem Wahn freigemacht.

Wer den Sinn der Buddhalehre erfasst, erkennt, dass der

Verkünder dieser Lehre ein weitblickender, vorurteilslos denkender Mensch gewesen sein muss, der aus dem Schlaf bestimmter menschlicher Gewohnheiten, auch bestimmter Denkgewohnheiten, erwacht war; der den wahren Charakter der uns sichtbaren Welt und des Lebens – im Gegensatz zu Nietzsche – tiefer durchschaute und daraus jene Schlussfolgerungen zog, die in den vier heiligen Wahrheiten ihren knappen Niederschlag gefunden haben.

Wenn die Illusionen des Menschen als Einzelner, als Familie, als Stand, als Volk oder Völkerfamilie gar der gesamten Menschheit vergangen sind, dann bleibt wahr und richtig, was Buddha einst gedacht und gelehrt hat. Seine Lehre und wer sie kennt, befolgt und verwirklicht, zeigt, was Philosophie und wer Philosoph ist.

Will man über Lebensbejahung und -verneinung einigermaßen richtig urteilen, so dürfte man sich in seinem Urteil nicht von einem angenehm verbrachten Leben – also, dass man selbst, oder vielleicht die Vorfahren, ein verhältnismäßig erträgliches gar glückliches Dasein im Sinne ihrer Wünsche verbringen konnten – beeinflussen lassen. Wer das tut, gleicht einem Wanderer durch weite, zum größten Teil noch unbekannte Gebiete, der sich in der Hoffnung wiegt, die Verhältnisse auf seiner ferneren Reise seien immer und überall so, wie er es sich wünscht und wie es ihm angenehm und erträglich ist. Ein vernünftiger Wanderer durch unbekannte Gebiete rechnet mit allen nur denkbaren Möglichkeiten, auch mit schlimmen und schlimmsten. Zweckmäßig ist es jedoch, wenn man sich vor einer Reise so viel Klarheit als nur möglich verschafft, sich auf alle nur denkbaren Möglichkeiten vorbereitet und sich so vor unliebsamen Überraschungen sichert.

Das Wesentliche des Menschen, eine Materie, bestimmte Materieelemente, kann verglichen werden mit einem Wanderer durch die Weltewigkeit und Weltunendlichkeit, durch alle Zeiten und Räume, durch alle nur denkbaren unwesentlichen äußeren Formen und Organisationszustände. Gebilde wie Menschen, Tiere, Pflanzen u.s.w., wie wir sie auf der Erde wahrnehmen, sind nur einige von unzähligen anderen, die im Fortgang der Weltewigkeit durchlaufen werden müssen; durchlaufen unter dem Druck und Zwang innerer wie äußerer Gesetze, sowohl am eigenen gefühlten Ich, als auch in der jeweiligen Umwelt.

Solchen Standpunkt der Betrachtung sollte einnehmen, wer einigermaßen treffend über die Welt und ihre Teilerscheinungen urteilen will. Er dürfte sich nicht von einer unbeständigen Gegenwart beeinflussen lassen, sondern müsste vielmehr alle nur wahrnehmbaren Materieformen samt deren Schicksalen überschauen lernen, sollte selbst zu ergründen versuchen, was sich während einer vergangenen Ewigkeit auf dem Entwicklungsweg jener Materieelemente ereignet hatte, die gegenwärtig auf der Erde in unwesentlichen Organisationen, wie Mensch, Tier, Pflanze u.s.w. existieren und sich für kurze Zeit, mit einem mehr oder weniger umfangreichen Bewusstsein, in solchen Formen als Ich oder als Person empfinden. Die Vernunft sollte ergründen, welcher höhere Sinn und Zweck all dem innewohnt, was sich hier auf Erden ereignet, was Pflanzen, Tiere und Menschen treiben. Lässt sich hier, im dauernden Werden und Vergehen unbeständiger Materieformen überhaupt ein höherer Sinn und Zweck für unsere menschliche Vernunft begreifen, besonders dann, wenn sie ununterbrochen in gleichen äußeren Formen entstehen und vergehen, sich ununterbrochen in gleicher Folge wiederholen? Gleicht dies alles nicht einem kindlichen Spiel, oder dem Ablauf eines spielerischen Mechanismus?

Obwohl wir Menschen nur einen winzigen Teil einer Weltunendlichkeit erfassen und daraus unsere sehr beschränkten Urteile über die Natur fällen, können wir uns doch einigermaßen richtige Urteile über die Welt im Großen, als auch über manche Ereignisse und Ursachenzusammenhänge während einer weit zurückliegenden Vergangenheit, ferner noch über kommende Ereignisse bilden, wenn wir die Welt als ein zusammenhängendes Ganzes auffassen, worin überall und zu allen Zeiten, die gleichen Gesetze herrschen, wie im sinnlich-anschaulichen Weltteil, wo in allen Räumen, während aller Zeiten, aus gleichen Ursachen gleich Erscheinungen folgen. Wie sehen überall in der Natur, in der Nähe und in Lichtjahresfernen, die gleiche Materie. An der gleichen Materie, wie sie überall erkennt wird, müssen notwendig die gleichen Gesetze und Ursachenzusammenhänge walten, sofern unter solchen Gesetzen und Ursachenzusammenhängen das Verhalten oder die Reaktion bestimmter Materieelemente unter den verschiedensten Umweltverhältnissen verstanden wird. Dabei ist es unwesentlich, mit welchen Worten oder Namen solche Gesetze näher erklärt werden, ob als chemische, physikalische, biologische, ob diese Vorgänge im Sinne des heutigen Mechanismus oder Vitalismus beurteilt werden. Im Wesentlichen handelt es sich dabei immer um unwesentliche Begriffe für ein und dieselbe Sache, um Begriffe die der menschliche Intellekt, je nach seinem Entwicklungszustand, sich bildet und die er wieder aufgibt und verwirft, wenn er tiefer und klarer verstehen gelernt hat.

Tiefere Erkenntnis der sinnlich-anschaulichen Welt bietet uns die Handhabe zu einigermaßen treffenden Vorstellungen sowohl über die Weltvergangenheit als auch über die Weltzukunft. Wir können uns hier Klarheit verschaffen über eine kurze Strecke jenes Weges, den das Wesentliche des Menschenkörpers, wie aller übrigen Erscheinungen, schon seit unvorstellbaren Zeiten durchwandert hat. Wir können uns ferner einige Klarheit verschaffen über jene Wegstrecke, die die Menschheit und das organische Leben auf der Erde bisher durchwanderte. Die Menschheits- und Naturgeschichte beschreibt all das bruchstückartig. Obwohl diese Geschichte nur sehr unvollständig niedergeschrieben ist, bietet sie doch genügend Stoff, um den Charakter des Lebens, der Welt und viele ihrer Teilerscheinungen vorurteilslos zu erfassen.

Was ein vernünftiger Mensch wahrnimmt und erlebt, und sei es nur als unbeteiligter Zuschauer oder Mitwisser, sollte ihm nicht gleichgültig sein. Er selbst, das Wesentliche seiner Erscheinung wird und kann einmal, im weiteren Fortgang der unabsehbaren Weltentwicklung, in gleiche, ähnliche oder schlimmere Umweltverhältnisse, Lebenslagen und Schicksale hineingeraten, wie sie ihn gegenwärtig, als Beobachter und Mitwisser vielleicht erschüttern, wogegen sich sein Inneres sträubt und auflehnt. Solange im Menschen ein Wille wirkt, der sich an seine gegenwärtige Daseinsform klammert, sich daran gebunden fühlt, solange ist damit zu rechnen, dass das Wesentliche seiner Erscheinung, während des Fortgangs der ewigen Weltentwicklung, einmal all das empfinden und erleben muss, was er jetzt als unbeteiligter Zuschauer sieht.

Menschen, die nur die eigene Person, die beschränkte Gegenwart, ein kurzes Wohlbefinden als Person, als Volk im Sinn haben und aus dieser Geistesverfassung heraus Urteile über Lebensbejahung und -verneinung fällen, die sich für Lebensbejahung entscheiden, würden sicher ganz anders urteilen, wenn sie in einer Welt zum Leben erwachten, wo der Mensch in seiner Gesamtheit, nichts anderes bedeutete als irgendeine Ausbeutungs- oder Ausnutzungssache, deren Wert nach dem Nutzen beurteilt wird den sie gebärt, sei es als Arbeits- oder Schlachtvieh; wenn sich also, im Fortgang der weiteren ewigen Weltentwicklung, die Elemente, die sich bis zu Menschenleibern organisierten, die sich im Verlaufe von Jahrmillionen bestimmte Instinkte und Triebe anerzogen haben, feststehende, scheinbar unausrottbare Instinkte der Organisation, die immer wieder zu bestimmten Organisationen hinneigen und hindrängen; wenn alles das im Fortgang der weiteren Weltentwicklung einmal auf Himmelskörpern geschehen sollte, wo in ähnlicher Weise andere Elemente sich zu noch stärkeren und mächtigeren Organisationsformen zusammenschlössen, durch die eine etwa mit herangebildete Organisationsform *Mensch* nicht anders beurteilt und behandelt würde, wie der Mensch seine Zucht-, Versuchs-, Jagd- und Schlachttiere beurteilt und behandelt; wenn es kein Entrinnen aus diesem Schicksal gebe, wenn ein angeborener Geschlechtstrieb an der Materieform Mensch immer wieder nur Nahrungsnachschub für ein stärkeres Naturwesen lieferte. Unter solchen Umständen würde es wohl kaum einem denkenden Menschen einfallen sie zu bejahen.

Derselbe Mensch also, der hier auf Erden zu einem allmächtigen Gott Himmels und der Erden betet, auferstanden in der Weltewigkeit, im ewigen Leben, nicht in einem Himmel, sondern in einem Zustand, den er als höllische Daseinsform empfindet. Was· und zu wem wird er dann wohl beten? Sein etwaiges Beten wäre dann ebenso fruchtlos wie ein etwaiges Gebet heutiger menschlicher Haus-, Nutz- und Jagdtiere.

Wer tiefer blickt rechnet mit allen Möglichkeiten während des weiteren Verlaufs der künftigen Weltentwicklung, vor allem aber mit unangenehmen oder schlechten, denn man sieht ja schon auf Erden, dass wahres Glück und wahre Freude verhältnismäßig seltene Ausnahmen sind, gegenüber dem Leid und der Beschwer, welche von den meisten Menschen und Tieren ertragen werden muss.

Das alles wird für manchen Menschen phantastisch klingen, namentlich für die meisten die noch nie die Welt, das Leben, sich selbst und ihr Verhältnis zur Welt und zum Leben tiefer betrachtet haben. Wer das getan hat, wer mit dem Blick auf die Ewigkeit den Werdegang aller Lebensformen schon hier auf Erden vorurteilslos sieht, für den gibt es kein Unmöglich, was die äußere Form oder Organisation bestimmter Materieelemente betrifft. In jede nur denkbar gute oder böse, glückliche oder unglückliche, hohe oder niedere Form kann, im Fortgang der weiteren unabsehbaren Weltentwicklung, dasjenige geraten, was sich hier auf Erden als Menschenform zeigt und empfindet; und das in ununterbrochener Folge solange, als an den Elementen des Menschen- oder eines anderen Organismus ein Organisations- oder Formwille besteht, eine Masse erhärteter Gewohnheiten, Triebe und Instinkte, die immer wieder eine gewohnte äußere Form wollen, die vielleicht gar nichts weiter kennen, als eine bestimmte Organisation. Aus diesem Gestaltungs- und Organisationswillen ergeben sich dann immer wieder charakteristische äußere Formen, die in ihrer Umwelt ein bestimmtes Schicksal haben, ähnlich den bestimmten Schicksalen von Menschen und Tieren hier auf der Erde.

ZUR ERLÖSUNG AUS »DIESER WELT«
(Religiöse Bestrebungen und Ziele)

Wenn irgendetwas im Menschen das Dasein auf Erden bejaht und lange aufrechterhalten möchte, dann müsste es hinstreben nach einer anderen Daseinsform, als es die gegenwärtig menschlich-leibliche ist; nach einer Daseinsform, die unabhängig ist von solchen Bedingungen, mit denen dieser Menschenkörper steht und fällt. Wer von uns heute Lebenden denkt aber an so etwas? Wir lesen und hören täglich von einem schöneren, angenehmeren Leben, das uns in Zukunft gebracht werden soll. Aber ist das wirklich eine höheres Ziel? Kann ein angenehmes, schönes Leben in einer kurzdauernden, abhängigen, hinfälligen, dem Tode unterworfenen Daseinsform Anreiz sein für einen strebenden Willen, der von Klarsicht, Weitblick und höherer Vernunft geleitet wird? Das glaube ich kaum. Wer solche Ziele aufstellt verrät damit, was in ihm als Geist, Weitblick und Vernunft vorhanden ist; er hat von alledem nicht viel.

Was hier auf Erden als Mensch schafft, strebt, sich sorgt und müht, was seinen besonderen Zielen nachjagt, kommt mir vor wie ein unwissendes Kind, das, nach Eintritt der Ebbe, am Meeresstrand alle möglichen Formen aus Sand baut, diesem Spiel mit tiefem Ernst ergeben ist, darin seine Hauptaufgabe erblickt und das nach Eintreten der Flut immer wieder erleben muss, wie seine Werke aus Sand auf Sand gebaut von der Flutwelle überspielt und vernichtet werden, das aber aus solchen immer wiederkehrenden Belehrungen keine vernünftigen Schlussfolgerungen zu ziehen vermag, das trotz aller Belehrungen fortfährt in diesem kindlich-törichten Spiel und sich davon eine höchste und letzte Befriedigung erhofft.

Während ich dies schreibe und den Sinn und Zweck des menschlichen Daseins anzweifle, denkt es in meinem Innern, dass dieses Leben einen höheren Sinn und Zweck haben könnte, falls durch tiefere Überlegung die Elemente des

Menschenleibes dazu gebracht werden könnten, etwas anderes zu erstreben als die hinfällige, veränderliche, vergängliche, abhängige Daseinsform des Menschenleibes. Es wäre dies eine reine Organisationsfrage. An diesen Elementen, die sich bisher über Milliarden Jahre hinweg, aus primitivsten Zuständen und Verhältnissen heraus, unbewusst, ohne klare Vorstellungen über die Endzustände eines Werdens, lediglich in Anpassung an besondere Umweltverhältnisse, bis zum Menschen mit seinem Wissen und seiner Kultur entwickelt haben, die in ihrer Höherentwicklung als Kulturvölker – man kann sagen – geradezu Wunderleistungen vollbrachten, ruht die Möglichkeit, bewusst, aufgrund klarer Erkenntnis der Lebensgesetze, eine Entwicklung anzubahnen, die in Daseinsformen und Daseinsordnungen führt, wie sie Buddhismus und Christentum als Ziele und Ideale andeuten.

Wer hier Zweifel hegt, wem die Möglichkeit einer bewussten Verwirklichung religiöser Ziele nicht einleuchten will, der durchdenke einmal vorurteilslos die Entwicklung des Menschen aus dem heute klar erkennbaren Zustand primitiver Einzelzellen, und ziehe daraus seine vernünftigen Schlussfolgerungen für die Zukunft.

Hätte z.B. ein Urmensch, als reines Tier, seinen Zeitgenossen vor hunderttausend Jahren all die Dinge, die Errungenschaften unseres heutigen technischen Fortschritts vorausgesagt, so hätte man ihn sicher für einen Fantasten gehalten, der Unmögliches aussagt, der Märchen erzählt. Nun war der Mensch vor hunderttausend Jahren, obwohl mehr Tier als Mensch, immerhin ein sehr hochentwickeltes Lebewesen. Hätten dagegen in den Urtagen der Lebensentwicklung dem Wasser angepasste Einzelzellen die Gabe des Prophezeiens besessen, sich mit ihresgleichen verständigt und ausgesagt was seither in Millionen von Jahren auf der Erde Geschehen ist, die Anpassung von Zellverbänden an das Festland, an Umweltverhältnisse, unter denen organisches Leben scheinbar nicht bestehen kann. Hätte eine solche Zelle weiterhin das Werden des Menschen, das Werden von Gemeinschaften, von Völkern mit allen heute sichtbaren Nebenerscheinungen vorausgesagt, so wäre ihre Aussage wahrscheinlich als Ausgeburt des Irrsinns erklärt worden.

Wir heute Lebenden sind nun fähig uns bestimmte Ursachenzusammenhänge dieser Entwicklung klar zu machen, können aus dem bisherigen Gang der Entwicklung gewisse Schlussfolgerungen im Hinblick auf den weiteren Verlauf dieser Entwicklung ziehen. Dabei lässt sich der Vernunftschluss nicht abweisen, dass es ein Unmöglich in der bewussten aber auch unbewussten Gestaltung, der Verwirklichung äußerer wie auch immer gearteter Materieformen, sei es in dieser uns bekannten Welt, sei es in Welten die wir noch nicht kennen, dass es hier kein Unmöglich gibt. Jede nur irgendwie geartete Daseinsform, jeder nur denkbare Organisationszustand der Materieelemente ist möglich und kann im Verlauf einer zeitlich unbegrenzten Entwicklung verwirklicht werden, sobald ein strebender, beharrlicher Wille eine derartige Entwicklung vorwärts treibt; wenn dieser Wille ferner geleitet wird von einer klaren umfassenden Erkenntnis, die sich über die Endziele einer solchen Entwicklung klar ist, die die Mittel und Wege erforscht, die zu einem bestimmten Endziel führen und wenn schließlich äußere Umweltverhältnisse eine solche Entwicklung nicht verhindern.

Das scheint auch der vernünftige Sinn jener höheren Religionen zu sein, die den gegenwärtigen Zustand des Menschen auf Erden als unzulänglich, veränderungsbedürftig betrachten und andere Daseinsformen wollen, die sie als göttlich, himmlisch als Nirvāna u.s.w. bezeichnen.

Wenn also, durch eine heranreifende Vernunft im Menschen, der Wille geweckt wird, solche als überirdisch oder übersinnlich geltende Daseinsformen zu organisieren, wenn dieser Wille in unserer Körperatom- und Körperelektronenwelt ein Echo, wenn er hier Aufnahme findet, wenn in der Elementarteilchenwelt unseres Körpers auf allmähliche Organisation solcher Daseinsformen hingearbeitet wird, so müssen einmal, und sei es erst im Verlauf längerer Zeiten, sicher einmal die entsprechenden Formen Wirklichkeit werden. Vielleicht gibt es solche Formen bereits, nur sind unsere Sinne nicht fähig sie zu erfassen, vielleicht wirken solche Formen bereits auf uns ein, geben sich kund als Gefühle, Gedanken, Willensregungen u.s.w., nur wissen wir ihren Ursprung nicht.

Trotz unzulänglicher Erkenntnis über geistige Vorgänge, über das Entstehen von Bewusstseinszuständen, lässt sich die Bildung jedes Bewusstseins- oder Gedächtnisinhaltes auch erklären als bedingt durch die Einwirkungen einer Außenwelt auf besondere Sinnes- und Empfindungsorgane. Jeder Sinn, jedes besondere Empfindungsorgan bedingt eine besondere Bewusstseinsform.

Die Fortschritte der neueren Elektrizitätslehre berechtigen zu Schlüssen, wonach die bekannten Sinne des menschlichen Organismus nicht die einzigen Ursachen zu sein brauchen, um das Entstehen eines Bewusstseinsinhalts, oder besonderer innerer Regungen zu erklären. Abgesehen von der Lebenstätigkeit aller Körperzellen, die uns als innere Regungen, Gefühle und Stimmungen bewusst werden, lassen sich innere Regungen vielleicht auch aufgrund der Äthertheorie annehmen. Danach besteht eine feinste trägheitslose Masse; sie erfüllt und durchdringt jeden Stoff und wird als Überträger magnetischer und elektrischer Wirkungen angenommen. Über einen vollkommen leeren Raum könnten sich jene als Elektrizität, Licht u.s.w. bezeichneten Schwingungen der Materie nicht ausbreiten und fortpflanzen.

Nach der Äthertheorie stehen alle Teile und Formen der Materie durch den Ähter in gegenseitiger Verbindung, werden vom Äther erfüllt und durchdrungen. Bei allen Geistes- und Bewusstseinsvorgängen spielen elektrische Wirkungen, Übertragungen und Einflüsse eine wichtige Rolle. So hat jedes menschliche Gehirn und Nervensystem seine besondere elektrische Frequenz und Eigenschwingung; es ist als solches fähig, einerseits Wirkungen auf den alles durchdringenden und erfüllenden Äther auszuüben und andererseits äußere Einwirkungen durch den Äther zu erleiden. Ähnlich, wie ein verhältnismäßig kleines Steinchen eine große Wasserfläche in Erregung oder Schwingung versetzen kann, könnte auch der

Ablauf von Nerven- und Geistestätigkeiten in Menschen und Tieren den alles erfüllenden Äther, und sei es nur in geringem Maße erregen, wodurch dann wieder besondere Wirkungen in anderen, ähnlichen oder gleichen Körpern denkbar wären. Je nach der Eigenart des Gehirns und Nervensystems könnten sich solche von außen kommenden Erregungen bei dem einen fühlbar auswirken, während andere nichts davon bemerken.

Die wahren Ursachen innerer Regungen und Bewusstseinszustände im Menschen, werden sich kaum vollständig in ihrem wahren Ursachenzusammenhang erklären lassen. Wahrscheinlich ist jedoch, dass durch den alles erfüllenden Äther als Überträger elektrischer Schwingungen, im Menschen geistige Regungen und besondere Bewusstseinsvorgänge hervorgerufen werden. Der Mensch als Gemeinschaftswesen befindet sich im Wirkungsbereich solcher Ätherschwingungen. Der Menschen- wie auch der Tierkörper, worin fast alle Nerven-, Organ- und Gliedertätigkeiten von elektrischen Vorgängen begleitet sind, kann, nach der Sprache der modernen Radiotechnik, verglichen werden mit einem Sende- und Empfangsgerät für drahtlose Übertragung elektrischer Schwingungen. Jeder Menschen- und Tierkörper beeinflusst durch seine Nerven-, Organ- und Gliedertätigkeit das ihn umgebende Ätherfeld; jeder Menschen- und Tierkörper erleidet aber auch auf diese Weise Einwirkungen von außen, die ihm vielleicht als solche gar nicht bewusst sind, die sich bei dem einen fühlbarer als bei dem anderen bemerkbar machen. Vielleicht beruhen manche okkulte Erscheinungen im menschlichen Seelen- und Geistesleben auf solchen Außeneinwirkungen, die durch ein Ätherfeld übertragen werden, und sich in besonders dazu veranlagten Menschen in Form okkulter Erscheinungen auswirken.

Es macht nun keinen Sinn Vermutungen darüber anzustellen, ob solche transzendenten Phänome existieren, ob sie uns beeinflussen und wie das Letzte geschehen mag. Wir sollten vielmehr alle Vorgänge in der Menschenwelt gründlich und vorurteilslos ins Auge fassen und daraus vernünftige

Schlussfolgerungen ziehen. Wenn es nicht nur einzeln in menschlichen Körpern Bestrebungen gibt zur Vereinigung mit göttlichen, himmlischen Daseinsformen, wenn unsere gegenwärtige Daseinsform und Daseinsordnung verneint wird zugunsten einer anderen, so genannten himmlischen; wenn Heilige der verschiedenen Religionen bestimmte tierisch-menschliche Gewohnheiten verneinen und sich an deren Stelle andere Gewohnheiten anerziehen, so gibt sich hier ein strebender Wille für die besondere Richtung der Entwicklung kund.

Wenn z.B. religiöse Menschen ihre Bedürfnisse auf ein erdenkliches Mindestmaß einschränken, sich vom weltlichen Trubel zurückziehen, den sinnlichen Genüssen entsagen, wenn sie sich unabhängig und frei von einer Umwelt zu machen versuchen, all jene Eigenschaften verneinen wodurch der Daseinskampf seine üblen und übelsten Formen annimmt, so äußern sich darin Bestrebungen die höchstwahrscheinlich aus der Körperatom- und -elektronenwelt herrühren und durch die der menschliche Körper allmählich verändert wird. Wenn unsere Vernunft rastlos tätig ist im Sinne höherer religiöser Bestrebungen, so empfängt dadurch auch die Atomwelt unseres Körpers Impulse im Sinne religiöser Bestrebungen, und aufgrund solcher Impulse kann das Gefüge dieser Atomwelt verändert werden.

Die Möglichkeit äußerer Daseinsformen und Organisationszustände wird sich also nicht im entferntesten in alledem erschöpfen, was unsere unzulänglichen Sinne in einem winzigen Zeit- und Raumabschnitt dieser unabsehbaren Welt erfassen und was unserem dementsprechenden Geist verständlich und begreiflich wird. Mit größter Wahrscheinlichkeit lässt sich annehmen, dass aufgrund unübersehbarer, unvorstellbarer Willensbestrebungen und Umweltverhältnisse in der unendlichen Welt, sich ein uns Menschen nicht annähernd erfassbarer und begreifbarer Reichtum an Materieformen und Organisationszuständen besteht; dass in anderen Teilen der Welt, die unseren Sinnen verschlossen sind, unter günstigen Entwicklungsbedingungen sich weit höhere und vollkommnere Formen und Organisationen von Materieelementen bilden können, als unsere jetzige irdisch-menschliche sie darstellt, darunter auch solche die göttliche Eigenschaften besitzen, die anders organisiert, etwas Beständigeres, Dauerhafteres, Unabhängigeres darstellen, als dieser gegenwärtige, von so vielen günstigen Umständen, äußeren Bedingungen und Verhältnissen abhängige Menschenleib; Daseinsformen, die nicht mit so viel Leid, Beschwer und Last verbunden sind, wie dieser gegenwärtige Leib in seiner Mehrheit; deren Dasein und Wohlbefinden nicht erkauft werden braucht durch Mühe und Plage, durch all das Elend für andere Wesen, indem diese ihr Dasein aufgeben, aufopfern müssen, damit unser Leib und sein Dasein erhalten bleibe.

Fragen also wie: Gibt es einen Gott? Ist der Gottesgedanke vernünftig? Solche Fragen brauchen nicht verneint zu werden. In der räumlich wie zeitlich unendlichen für uns nicht absehbaren Welt kann es Materieformen geben, die göttliche Eigenschaften besitzen. Obwohl unsere Sinne und unsere Erkenntnis das Dasein solcher so genannten göttlichen Daseinsformen nicht klar erfassen und begreifen, können wir uns durch logisches Denken höhere Eigenschaften als die des gegenwärtigen Menschen ersinnen, desgleichen auch höhere, bessere unbeschwertere Daseinsformen und Daseinsordnungen als die heutigen menschlichen. Der Gedanke Gott kann und sollte für vernünftige Menschen erstrebenswertes Ziel einer Entwicklung sein, das einmal, durch zielstrebige Erziehungsarbeit, über Generationen hinweg, Wirklichkeit wird. Der Gedanke »Gott« sollte für vernünftige Menschen beurteilt werden, wie der Gedanke an eine noch nicht bestehende Erfindung, die erst durch zielstrebige, ausdauernde Menschenarbeit, aus einem scheinbar unwirklichen Gedankenzustand heraus, Wirklichkeit wird.

Wer nach Klarheit über Eigenart göttlicher Daseinsformen forscht, sollte sich also von dem Vorurteil freimachen, dass alles Höhere und Bessere dieser Welt nur in den Formen des organischen Lebens, vielleicht gar nur in Menschenformen bestehen und sich bewusst werden könnte, das wäre eine beschränkte Auffassung, die den heutigen, irdischen Menschenleib zum Maß aller Dinge macht, die sich nicht klar ist über die Unbeständigkeit und Veränderlichkeit des menschlichen Körpers und Geistes. Was wird dieser Körper und Geist nach einem weiteren Fortgang der Entwicklung in etwa ein- oder zehntausend Jahren sein, falls die Existenzbedingungen für das organische Leben auf der Erde bis dahin andauern sollten. Vielleicht blicken spätere Generationen auf den heutigen so genannten Kulturmenschen und dessen Körper- und Geistesverfassung samt all seiner Werke ebenso zurück, wie wir zurückblicken auf Körper- und Geistesverfassung unserer Vorfahren vor hunderttausend Jahren und deren Entwicklungsvorstufen.

Wer über Gott und göttliche Eigenschaften sinnt, dürfte Gott und seine Eigenschaften nicht nach dem Ebenbild des Menschen allein zu formen versuchen, das Gegenteil solcher etwaigen Versuche spricht aus allen lebensverneinenden Religionen. In der Buddhalehre wird der Menschenleib in seiner heutigen Form als unzulänglich, veränderlich, für Leiden aller Art empfänglich bezeichnet und Buddha riet seinen Anhängern sich nicht an eine solche Daseinsform zu binden, sie zu überwinden, etwas Besseres an deren Stelle zu erwirken. Dieses Bessere bezeichnete er als ›Nirvāna‹. Darunter verstehen viele, selbst gebildete, wissenschaftlich geschulte Menschen, ein ›Nichts‹.

Hierzu lässt sich bemerken, dass dasjenige was Wissenschaftler bei der Erforschung des Wesens der Materie und ihrer Gesetze als Stoff, Substanz, oder wie es manchmal geschieht, als ein gewisses Etwas bezeichnen, – also auch dasjenige, was als wesentlicher Kern in unwesentlichen Menschenformen existiert – zwar unvorstellbar veränderungs- und wandlungsfähig ist, dass es unter dem Einfluss besonderer Umweltverhältnisse in für Menschen unvorstellbare äußere Formen übergehen kann; unser normaler Verstand sträubt sich jedoch gegen die Annahme, dass die Materie, Substanz und was dergleichen Begriffe für ein gewisses <u>Etwas</u> mehr sein mögen, ins »*Nichts*« übergehen könne. Das Letzte ist vielleicht möglich durch Gedankenakrobatik und Begriffserfindungskunst, selbst wenn sie sich in mathematischen Formeln darstellen.

Religiöse Übungen

Auch die christliche Lehre bezeichnet ebenso wie die buddhistische das Leben auf der Erde als Reich des Todes, als Reich vergänglicher, sterblicher Daseinsformen und lehrt als religiöses Ziel die Erlösung aus diesem Reich. Dieses Ziel wird durch Begriffe wie »Himmel«, »ewige Seligkeit«, »Verbindung mit Gott« u.s.w. bezeichnet. Sollten unter diesen Begriffen Daseinszustände verstanden werden die keinen Tod kennen, die frei sind von allem, was am heutigen Menschen als unzulänglich gilt, so wären sie vergleichbar mit dem, was im Buddhismus das ›Nirvāna‹ ist.

Da nun diese genannten, als religiöse Ziele bezeichneten, Daseinsformen und Daseinsordnungen für uns Menschen nicht sinnlich-anschaulich erfasst werden können, lässt sich die Vermutung nicht verhindern, dass es sich hierbei vielleicht um reine Worte handeln könnte, denen keine Wirklichkeit zugrunde liegt und denen auch künftig nie eine zugrunde liegen wird. Dabei sollte jedoch erwogen werden, dass unsere menschlichen Sinne, wie gesagt, nur ein winziges Bruchstück aus einer grenzenlosen Welt erfassen und damit auch ein winziges Bruchstück aus unvorstellbar zahlreichen Organisationszuständen von Materieelementen samt den damit verbundenen Eigenschaften. Selbst vieles von dem, was uns heute umgibt, was uns täglich berührt, wird nicht klar verstanden. Begreifen lassen sich jedoch die Auswirkungen unserer Taten. Was Menschen tun, wollen und erstreben, ist von notwendigen Folgen, sowohl am eigenen Körper, als auch in ihrer jeweiligen Umwelt begleitet. Selbst unscheinbare Taten und Übungen beeinflussen und Formen den Menschenkörper; selbst sehr schwache, kaum beachtete Gedanken und Wünsche, sollten als nach außen erkennbare Wirkungen betrachtet werden, die von den kleinsten Bausteinen des menschlichen Körpers ausgehen und als richtungsweisende Kräfte für den weiteren Entwicklungsweg jener Materieelemente beurteilt werden müssen, die sich jetzt in einer unwesentlichen äußeren Menschenform bewusst sind oder bewusst werden.

Der Wille religiöser Menschen, die sich z.B. von der Buddhalehre leiten lassen, ist auf höchste Unabhängigkeit von allen äußeren Verhältnissen gerichtet; sie sehen in der Abhängigkeit des Menschenleibes von einer Unmenge günstiger Bedingungen und Verhältnissen, ferner in der kurzen Dauer und Unbeständigkeit dieses Leibes, eine unzulängliche Daseinsform. Buddhistische Schriften bezeichnen die Bedürfnisse unseres Körpers als eine offene Wunde, die der noch aufreißt und verschlimmert, wer seine Bedürfnisse steigert. Ein Gebot dieser Lehre rät dazu, durch Herabminderung aller Bedürfnisse auf ein Mindestmaß, diese Wunde zu heilen. Überzeugte Anhänger dieser Religion üben sich deshalb in freiwilliger Armut, in bewusster Entsagung; sie werfen alles Erschwerende und Beschwerende von sich; werfen von sich, was Tod, was Menschen oder besondere Umstände rauben können. Wer sich so müht und übt, kann einmal erreichen, dass er schon auf der Erde mit wenigem zufrieden und glücklich ist, dass er leicht entbehren kann, was einer übersteigerten Genusssucht und Begehrsucht als dringendes Bedürfnis quält. Durch solche Übungen lässt sich schon auf der Erde ein Heil erreichen. Menschen können schließlich dahin kommen, dass sie nicht einmal am eigenen Körper hängen, dass sie nichts mehr erschüttert oder erfreut, was diesem Körper als Leid und Glück widerfährt.

Hat sich ein Mensch durch bewusst geübte Enthaltsamkeit und Bedürfnislosigkeit von äußeren Dingen und Verhältnissen freier und unabhängiger gemacht, so steht es schon auf Erden besser mit ihm, als mit jenen Vielen, deren Wohlergehen nur von äußeren Dingen abhängt und durch solche bestimmt wird; die, wie man es nur allzu oft beobachten kann, im Wohlstand lebend Mangel leiden.

Bei allen auf bewusste Veränderung gerichteten Bestrebungen sind das Wichtigste nicht Gedanken, sondern Taten, und zwar zweckmäßige, erfolgversprechende Taten, die aus klarer

Erkenntnis von Ursache und Wirkung bestimmt werden. Jede Tat ist ein kleiner Schritt in der jeweiligen Entwicklungsrichtung, die entweder zum Heil und zum Guten oder ins Elend und Unheil für den jeweiligen Täter führen kann. Durch dauernde Summierung winziger Größen über lange Zeiten hinweg, müssen sich einmal beträchtliche Wirkungen ergeben.

Unser Körper und Geist kann als unabsehbar bildungs- und wandlungsfähig angesehen werden, kann nach jeder Richtung, zum Guten wie zum Schlechten, zur Höhe wie zur Tiefe bewusst oder unbewusst verändert werden. Der vernünftige Mensch übt sich <u>bewusst</u> in dieser Körperbildung, er verneint was er als unzulänglich, fehlerhaft oder übel an sich empfindet und steckt sich höhere Ziele der Entwicklung, die er durch besondere Willens-, Geistes- und Körperübungen zu erreichen versucht. Ganz abgesehen davon ob derartige Übungen im Dienste oder für die Ziele einer Religion betrieben werden, sollte ihr Zweck vorerst ein von vernünftigen Überlegungen beherrschter Körper sein. Was ist denn ein Mensch mit unbeherrschtem Körper und Gemüt? Er ist als solcher ein Spielball innerer oft unvernünftiger Triebe, Gewohnheiten und Affekte.

Wenn der Buddhismus zur Beherrschung des Geistes und Denkens Konzentrationsübungen empfiehlt, wodurch im Menschen dasjenige erreicht werden soll, was als innere Ruhe als Seelenfrieden bezeichnet wird, so sind das sehr nützliche Übungen, für viele jedoch, bedingt durch die besondere Lebens- und Arbeitsweise in Gemeinschaften, schwer durchzuführen. Dieses Leben in Gemeinschaften, mit seinen vielen Ablenkungen und Zerstreuungen, erfordert einen beweglichen Geist, und ein solcher, wohl den meisten Menschen anhaftender reger oder unsteter Geist der von Minute zu Minute, von Stunde zu Stunde mit anderen Dingen beschäftigt ist, taugt nichts zur tieferen, nur auf das eigene Innere und Selbst bezogenen Geisteskonzentration, wie sie zum Beispiel einem Heiligen eigen ist, um den es stille geworden, den äußere Einflüsse nicht mehr ablenken.

Wenn in den Lehrreden Buddhas das Geistige im Menschen

verglichen wird mit einem Affen im Wald, der sich von Baum zu Baum fortbewegend bald diesen bald jenen Zweig erfasst, um ihn kurz danach wieder fahren zu lassen, so ist das kennzeichnend für das Geistige im heutigen Menschen, es ist unbeständig und beweglich wie ein Wellenspiel, jeder Windstoß bringt es in Unruhe, treibt es bald in diese bald in eine andere Richtung. Anleitende Übungen zur Geisteskonzentration sind daher ein wichtiger Bestandteil aller Lehrreden des Buddha.

Solche, der inneren Selbsterziehung dienende Übungen machen den Menschen auch freier und unabhängiger, sein Geist erhebt sich dabei über manche Alltagssorgen und Alltagskümmernisse, löst sich mehr und mehr aus dem Netz solcher Sorgen und Nöte, erhebt sich über die flüchtige nie ruhende Gegenwart, über die jeweils gewohnten Zeit- und Raumbegriffe und lernt dabei allmählich auch in Fragen des wahren Verhältnisses der menschlichen Daseinsform zu allen Naturdingen und zur Weltewigkeit, im Sinne wahrer Religion und Philosophie, klarer sehen. Auf diesem Wege der bewussten Selbsterziehung, im Sinne einer weltverneinenden Lebensanschauung und somit eines Willens der sich an nichts mehr – weder in dieser noch einer anderen Welt – gebunden fühlt, lässt sich eine höchste Freiheit und Unabhängigkeit von allen äußeren und inneren Verhältnissen und damit schließlich eine Freiheit im Sinne religiöser Ideale erringen.

Wollte man nun eine solche Freiheit durch den Einwand verneinen, dass hier der Mensch, der menschliche Wille, an dem gebunden sei, was gemeinhin als sein erstrebenswertes Ideal gilt, so bliebe jedoch zu unterscheiden, ob der menschliche Wille an äußere, bestehende Dinge gebunden ist, oder ob er sich an etwas bindet, was im Grunde als seine eigene geistige Schöpfung bezeichnet werden muss. Wenn also religiöse Menschen vorerst im Geiste andere bessere Daseinsformen und Daseinsordnungen ersinnen, die für sie noch nicht bestehen, die erst verwirklicht und geschaffen werden sollen, so muss dem menschlichen Willen die Freiheit zugesprochen werden, all das zu schaffen oder zu verwirklichen, was ihm als religiöses oder sonstiges Ideal vorschwebt.

So gesehen ist der religiöse Mensch eine besondere Daseinsform wie alle Übrigen, nur, dass seine Entwicklung nicht mehr
plan- und ziellos von anhaftenden Lebensgewohnheiten, von
blinden Trieben gelenkt und bestimmt verläuft, sondern von
einer weiterblickenden höheren Vernunft die genau weiß und
sieht, was sie gestaltet, und dabei die Weltewigkeit des Weltgeschehens im Sinn hat. Aus derartigen Bestrebungen religiöser
Menschen können, im weiteren Fortgang der Weltentwicklung, einmal jene Daseinszustände Wirklichkeit werden, wie
sie ihre Religionen als Ziele, als Erlösung aus tiermenschen-
ähnlichen Daseinsformen und Daseinsordnungen weisen.

Wichtigste Voraussetzungen also, um bestimmte Ziele
bewusst zu erreichen, ganz gleich welche, sind erstens, ein
beharrlicher Wille, der sich nicht mit dem bloßen Wollen
begnügt, sondern durch Taten zu verwirklichen sucht, was
vorerst als innerer Gedanke, als bessere Idee gefühlt wird;
und zweitens, klare Erkenntnis, die einem strebenden Willen
erfolgversprechende Taten und Übungen offenbart. Wenn ein
solch strebender Wille, wie ihn fast alle Heiligen der verschiedenen Religionen gemeinsam haben, die erlöst sein wollen
aus jener Daseinsordnung auf Erden, die als organisches
Leben bezeichnet wird, gepaart ist mit einer vorurteilslosen
tiefen Erkenntnis bestimmter Ursachenzusammenhänge und
Gesetze, nach denen sich das organische Leben bildet und
verändert, wenn seine Erkenntnis das Werden organischer
Formen klar erfasst, beherrscht und meistert, so kann er jedes
nur denkbare Entwicklungsziel erreichen bis hin zu göttlichen Daseinsformen. Er muss nur die Eigenschaften solcher
Formen kennen und sie kommen ihm mit dem Fortschritt
der Entwicklung. Alles Übrige ist dann nur noch eine Frage
der Zeit und diese spielt bei allen Materieformen keine nen-
nenswerte Rolle. Die Materie ist eine zeitlose Größe, sie ist an
keine Zeit gebunden. Das gilt auch für alles was mit und an
einer Materie an Erscheinungen, in dieser oder einer anderen
Welt, erwirkt und offenbar wird. In diesem Falle ein Wille an
der Materieform Mensch, der bewusst auf bestimmte Ziele

der Entwicklung hinarbeitet, der etwas verneint und aufgeben will und etwas anderes an dessen Stelle erstrebt. Tod und Auflösung materieller Formen setzt keinen Schlussstrich unter alle menschlichen oder sonstigen Bestrebungen in der Natur, lediglich die Gunst oder Ungunst einer jeweiligen Umwelt, ferner richtige und verkehrte Taten und Übungen entscheiden darüber, ob und in welcher Frist ein solch strebender Wille im Menschen seine Ziele erreicht.

So wird z.B. ein geistig hochentwickelter Mensch, der die Naturgesetze kennt und beherrscht, unter günstigen Umweltverhältnissen bestimmte Ziele schneller und sicherer erreichen, als ein unwissender, in irgendeinem Wahn verstrickter Gläubiger, der dasselbe durch bitten und beten, durch das Anflehen unbekannter Götter erhofft. Ein Wille der mit solchen Mitteln seine Ziele zu erreichen versucht· wird sie ebenso wenig erreichen wie ein Erfinder, der durch bloße Gebete seine Erfindung Wirklichkeit werden lassen möchte. Soll das Letzte geschehen, dann muss er arbeiten, muss zweckmäßig handeln, muss seinen Verstand, seine Erkenntnis und Vernunft ausbilden und anspornen, damit sie rechte Mittel und Wege zur Verwirklichung dessen finden, was seinem Geist als neue Erfindung vorschwebt. Auch mit den Zielen in einem besseren Jenseits und ihrer Verwirklichung oder Erreichung, verhält es sich nicht wesentlich anders als mit den Zielen des menschlichen Willens im Diesseits.

Ich glaube also nicht daran, dass die gegenwärtige Daseinsform Mensch unvermittelt und sprunghaft dasjenige erreichen kann, was in den höheren Religionen, im Sinne der Erlösung aus dieser Welt, als Himmel, ewige Seligkeit, Verbindung mit Gott, Nirvāna, als ein anderer, besserer jenseitiger Daseinszustand bezeichnet wird. Die Menschenform hat sich über Jahrmillionen hinweg zu dem entwickelt, was sie heute ist. In dieser Zeit haben sich an den Aufbauelementen dieser Daseinsform, an den Zellen des menschlichen Körpers bis hin zu deren Aufbauelementarteilchen, eine Unmenge Eigenschaften in Form von besagten Trieben, Instinkten und Gewohnheiten der Organisation gebildet, gefestigt und erhärtet, die sich nicht von heute auf morgen unwirksam machen oder in ihr Gegenteil verkehren und drängen lassen. Diese Eigenschaften besitzen ein gewisses Beharrungsvermögen, so dass es selbst bei ernstem, starkem Willen und günstigen Entwicklungsbedingungen wiederum längerer Zeiten bedarf, um den inneren und äußeren Menschen durch bewusste Selbstzucht für religiöse Ziele reif zu machen, den Einfluss und die Macht uralter unzulänglicher oder übler Triebe zu brechen und einer höheren Vernunft zum Siege zu verhelfen.

Was sich bei solcher bewussten Selbstzucht im menschlichen Körper ereignet, lässt sich auch hier wieder annähernd veranschaulichen und erklären durch wesensgleiche Vorgänge im Großen, im Leben von Volkskörpern.

So gibt es im Leben von Völkern fortschrittliche, erhaltende oder rückschrittliche Kräfte und Bestrebungen. Die rückschrittlichen wollen alte, inzwischen veränderte Gewohnheiten und Lebenssitten wiederum einführen; die erhaltenden sträuben sich gegen eine Veränderung des Bestehenden, während die fortschrittlichen an einer Veränderung des Bestehenden arbeiten oder dafür kämpfen. Dabei braucht das was gemeinhin als Fortschritt erklärt wird, nicht immer das Bessere oder Vernünftigere sein; im Gegenteil. Ein Fortschritt kann sich auch in der Richtung zu Schlimmeren oder Schlechteren ergeben, sofern dieser »Fortschritt« durch Gewalt und Terror herbeigeführt werden soll oder wird. Im Leben geschlossener Volkskörper lässt sich das Ringen der verschiedensten Kräfte und Bestrebungen deutlich wahrnehmen, mitsamt allen dabei angewandten Mitteln und Methoden. Im menschlichen Innern, wo ja die bewirkenden Kräfte aller Lebensvorgänge die Körperbausteine sind, und wobei es sich um fühlende, bewusst und zielstrebig wirkende Lebewesen handelt, die in unserem Körper etwas Ähnliches darstellen wie die einzelnen Menschen, Menschengruppen und Interessengemeinschaften in Volkskörpern, wird es sich nicht wesentlich anders verhalten. Im Leben von Volkskörpern erkennt man, wie Menschen durch bestimmte Erkenntnisse voreist geistig verändert und reifgemacht, wie sie für gewisse Bestrebungen gewonnen werden können; wie sie lernen, etwas bestehendes Altes zu verneinen und etwas Neues, Besseres vorerst zu begreifen und dann zu wollen. Im Leben von Völkern gibt es wirkende Kräfte, die den Menschen erhöhen, verbessern möchten, aber auch Kräfte, die ihn am alten Bestehenden festhalten wollen; und schließlich Kräfte, die ihn mit schönen Worten und Versprechungen auf eine herrliche Zukunft ins Unheil führen.

Aus allen bisherigen Veränderungen in Volkskörpern, von der Urzeit bis zur Gegenwart, lassen sich vernünftige Erkenntnisse auch über Veränderungen im menschlichen Körper gewinnen.

Nach solchen Erkenntnissen vollzieht sich z.B. das Werden eines Heiligen nicht plötzlich von ungefähr, – wie es Friedrich Nietzsche in einer seiner Schriften zum Ausdruck bringt, wenn er schreibt:

> »Fragt man sich aber, was eigentlich am ganzen Phänomen des Heiligen den Menschen aller Art und Zeit, auch den Philosophen, so unbändig interessant gewesen ist, so ist es ohne Zweifel der ihm anhaftende Anschein des Wunders, nämlich der unmittelbaren *Aufeinanderfolge von Gegensätzen*, von moralisch entgegengesetzt gewerteten Zuständen der Seele; man glaubt hier mit Händen zu greifen, daß aus einem schlechten Menschen mit einem Male ein Heiliger, ein guter Mensch werde.« –

sondern allmählich, in dauernden Übergängen und Veränderungen, im Verlaufe eines Werdens aus kleinsten Anfängen, oft aus reinen Gegensätzen.

Auch der so genannte Heilige hat in den Anfängen seiner Entwicklung, wenn er z.B. seine bisherige Lebensweise aufgibt, seine Umwelt verlässt, noch nicht die Macht der jeweils in ihm ruhenden Gewohnheiten gebrochen, die jedem Menschen als Vermächtnis seiner Vorfahren, bis hin in die Urtage der Menschheitsentwicklung anhaften, das soll und kann von nun an erst allmählich, durch besagte vernünftige Übungen und Selbstzucht, durch unablässige Pflege bestimmter Gedanken und Erkenntnisse geschehen.

So ist ein solcher Anfang in der religiösen Geistes- und Gemütsausbildung schon gegeben durch die bloße Erkenntnis, dass sich Selbstsucht, Habgier und Hass im gegenseitigen Verhalten übel auswirken, dass es vernünftiger ist, solche inneren Neigungen und Instinkte vorerst zu verneinen; sich zum höheren Menschen zu erziehen, indem man versucht, sich in seinen Taten so wenig als möglich von solchen Instinkten leiten zu lassen.

Ein Beginn in der Anerziehung religiöser Gemütsverfassung ist es ferner, wenn einer seine nächsten Mitmenschen nicht schlechter beurteilt und behandelt, als er selbst von Anderen beurteilt und behandelt sein möchte; wenn er seinem Nächsten nichts zufügt oder wünscht, was er selbst nicht gern erleiden möchte; wenn er etwaige Fehler seiner Mitmenschen mit den eigenen Fehlern entschuldigt.

Fortschritt in dieser Entwicklung bedeutet es, wenn man in jedem Menschen so etwas wie Bruder und Schwester zu sehen versucht, mit denen man in einer Schicksalsgemeinschaft lebt; wenn man fähig wird, gemeine, niederträchtige Handlungen vonseiten seiner Mitmenschen nicht mit ähnlichen Handlungen zu erwidern, sondern mit Handlungen höherer Gesinnung und Menschlichkeit, bis dann schließlich, als eine Art Höhepunkt in diesem Streben, die durch ein Ichbewusstsein bedingten Schranken überwunden sind, und man alle Naturwesen als gleich oder gleichberechtigt neben der eigenen Person anerkennt, sie in jenem Geist zu umfassen versucht, wie er aus buddhistischen Schriften spricht.

Wer höhere Ziele erstrebt, folgt also nimmer mehr bedenken- und hemmungslos seinen inneren vererbten Lebensgewohnheiten und Lebensinstinkten, sondern untersucht sie gründlich. Die guten, die zur Höhe führen, stärkt und entfaltet er, die anderen oder schlechten, die zur Tiefe ziehen, schwächt er ab und lässt sie verkümmern. Sein Hauptaugenmerk ist nicht mehr auf ungewisse, unbeständige Dinge und Ziele gerichtet, sondern einzig auf feststehende, unerschütterliche Tatsachen. Eine dieser Gewissheiten ist, dass es sich beim gegenwärtigen Menschenkörper um eine unzulängliche Daseinsform handelt; sie ist unfrei, abhängig von einer Unmenge günstiger Umweltverhältnisse, anfällig für alle möglichen Leiden und von kurzer Dauer. Eine andere Gewissheit ist, dass alle vergänglichen Dinge und Angelegenheiten, mitsamt den darauf gerichteten Bestrebungen ohne besonderen Wert sind. Bewusst und dauernd geübte Denk- und Erkenntnistätigkeit in diesem Sinne, bewirkt allmählich Veränderungen der menschlichen Geistes- und Gemütsverfassung im Sinne höherer Vernunft und Religion.

Wunder im wahren Sinne des Wortes, wie es Fr. Nietzsche oben in Bezug auf einen religiösen Menschen, einen Heiligen gebraucht, gibt es nicht. Auch zur Lebenszeit Christi und früher vollzogen sich alle Geschehen in der Natur und am Menschen nach den gleichen Gesetzen und Ursachen wie heute. Es soll noch heute Menschen geben, an denen sich rätselhafte, so genannte okkulte Erscheinungen zeigen. Wenn das auf Wahrheit beruht, hätten solche Erscheinungen nur das Wunderbare an sich, dass die wahren Ursachenzusammenhänge noch unbekannt sind. Wären sie bekannt, dann spräche man nicht mehr von Wundern. Zudem ist gerade am menschlichen Körper noch sehr vieles unbekannt und okkult. Man möchte fast behaupten, die Wissenschaft weiß über die Außenwelt viel mehr, als über den menschlichen Körper, über dasjenige also, was dem Menschen am nächsten liegt.

Für höhere Religion sind Wunder und Wunderwerke aber ohnehin nicht von großer Bedeutung. Es besagt z.B. wenig, wenn früher einmal Kranke durch Wunder geheilt, Gestorbene durch Wunder zum Leben erweckt, Wasser in Wein verwandelt worden sein soll. Tieferer Sinn läge solchen Geschehen selbst dann nicht zugrunde, wenn sie sich wirklich ereignet hätten. Auch wenn ein Kranker durch Wunder immer wieder geheilt würde, müsste er doch einmal sterben; auch wenn Gestorbene durch Wunder mehrere Male zum Leben erweckt würden, müssten sie doch einmal endgültig sterben;

und die Befriedigung menschlicher Bedürfnisse oder Genusssucht durch Wunder ist nicht im Sinne höherer Religion.

Als vortreffliches Wunder müsste es jedoch gelten, Menschen dahin zu bringen, das Tier in sich zu erkennen und zu
verneinen; dass sie ferner durch unermüdliche, von höherer
Vernunft angeleiteter Selbstzucht, zuerst höhere Menschen
würden und später einmal bewusst etwas erreichten und ver-
wirklichten, was in den höheren Religionen als göttlich, göttliche Eigenschaft, göttliche Daseinsform bezeichnet wird.

Die Erlösung im Christentum
(Die ewige Seligkeit)

Wer das irdische organische Leben und mit ihm die gegenwärtige menschliche Daseinsform als unzulänglich empfindet, wer sich daraus erlösen will, wer in andere, bessere Daseinsformen übergehen möchte, muss zuerst den Einfluss und die Macht innerer vererbter Urgewohnheiten und Urinstinkte an der Materie seines Leibes – an jenen kleinsten Elementarteilchen also, die diesen Leib hervorbrachten und entwickeln ließen – beeinflussen, verändern und schließlich brechen, muss sie unter die Herrschaft und Oberhoheit einer höheren Vernunft bringen. Religiöse Ideale und Ziele einer solchen Vernunft sind sehr ferne Ziele, sie können nicht gesehen, können nur durch logisches Denken annähernd erschlossen werden, samt dem Wege der dorthin führt. Solche Ziele lassen sich, wie gesagt, nicht plötzlich und unvermittelt erreichen und verwirklichen, so wenig, als man unvermittelt, durch bloße Wunschgedanken ein hervorragender Sportsmann, Künstler, Gelehrter u.s.w. werden könnte. Ebenso wie die auszeichnenden Eigenschaften der zuletzt genannten Menschen nur allmählich, durch unermüdliche, anhaltende, zweckmäßige Übungen erworben werden mussten, so verhält es sich auch mit religiösen Idealen und Zielen; wer sie erstrebt, muss sich zuerst dafür geistig reif machen und vorbereiten. Das geschieht niemals durch herunterleiern von Gebeten, oder durch den bloßen Glauben an die Hilfe unbekannter Götter u.s.w., wie es z.B. der bereits zitierte *H. Mühle*, im Vaterunser 7. Bitte ... *und erlöse uns von dem Übel* darzulegen versucht.

> »Da ist nun unser Glaube, der die Welt überwunden hat, daß <u>Christus</u> uns Tag für Tag aus den Stricken des Bösen befreit. Haben wir nicht alle erlebt, sobald wir uns <u>ganz hingaben </u>an Christus und es mit allem Dämonischen unserer Selbstsucht brachen, daß dann Kräfte der Erlösung frei wurden!

Wie klar hat doch Richard Wagner die ganze Überheblichkeit durchschaut, die keiner Erlösung zu bedürfen vorgibt, wie er sagt: »Zu wissen, daß ein Erlöser einst da gewesen, bleibt das höchste Gut des Menschen.«

»Denn Christus ist nicht eine Idee, ein Mythos, sondern er ist das gegenwärtige Leben, aus dem uns die göttliche Kraft gespendet wird. ›Ich lebe, und ihr sollt auch leben‹, das ist unsere Verheißung. Wir haben auch heute im 20. Jahrhundert <u>keine andere</u> Möglichkeit der Erlösung, als die Hinnahme seiner am <u>Kreuz geopferten Liebe</u>, als der größten Macht gegen das Böse. Und auf mancherlei Bedenken, die in den Herzen aufsteigen könnten, soll nochmals R. Wagner antworten: ›Die Welt erwartet die Erlösung vom Übel durch die Physik und Chemie; nein, durch den freiwillig leidenden Heiland ist die Erlösung allen geworden.‹ …«

»Die Erlösungsbitte schaut schon voraus in die wirkliche Befreiung, dem ewigen Leben, sie ist auch immer zugleich <u>Bitte um ewige Seligkeit</u>. Luther hat einmal treffend gesagt: ›Wenn ich drei Wünsche äußern sollte, die mir erfüllt würden, so wollte ich mir zuerst die ewige Seligkeit wünschen zum zweiten und dritten Male ebenfalls nur dieses eine. Doch es geht noch vorher hindurch durch das dunkle Tal des Todes‹ …

Tatsächlich gibt es eine wirkliche <u>Überwindung</u> der Todesfurcht nur durch ein rechtes Beten um Erlösung. Wer weiß, das Christus den Tod überwunden hat, dem wird das Sterben zur Befreiung von den Gewalten, die uns an die Erde ketten. Sauerbruch sagte einmal: ›Der Tod ist zuletzt ganz immer Erlösung.‹«

BEMERKUNGEN: Auch hier Unkenntnis und Bibelglaubenslogik über das Wesen der Erlösung, die ewige Seligkeit und das ewige Leben. Wie bereits gesagt, könnten weder Christus noch tausende anderer Gottessöhne einen Menschen dadurch erlösen, dass sie für ihre bessere Erkenntnis und Überzeugung den Märtyrertod sterben oder sich für eine bessere Idee opfern.

Erlösung aus Übeln, aus Verhältnissen, die als Übel empfunden werden, kann nur das Werk oder die Tat jedes einzelnen Menschen sein, dem es nach Erlösung verlangt. Will jemand aus »dieser Welt« erlöst werden, so muss er »diese Welt« zuerst als übel empfinden und erkennen, derart, dass der Tod für ihn Befreiung und Erlösung bedeutet. Will er in eine »andere Welt«, die der religiösen Ideale eingehen, so geschieht das am sichersten und zweckmäßigsten, wenn er sich auf die eigene, von Vernunft gelenkte Kraft und Tat besinnt, er vorerst einigermaßen klare Vorstellungen über sein religiöses Ideal in einer »anderen Welt« zu gewinnen versucht und wenn er sich weiterhin die Ursachenzusammenhänge klarmacht, nach denen er sein religiöses Ideal verwirklichen und erreichen kann. Es muss immer wieder betont werden: Weder durch Gebete allein, noch durch felsenfesten Glauben an irgendeinen Buchstabeninhalt können oder werden Menschen je so etwas wie eine »ewige Seligkeit« erreichen. Was ein »ewiges Leben« betrifft, so ist das Wesentliche des Menschen im Grunde Teil des ewigen Lebens, sofern man die gesamte Natur, worin der Mensch ein verschwindender Teil ist, im Kleinen wie im Großen als ewiges Leben bezeichnet. Hier, in diesem Naturprozess, in der ewigen Weltentwicklung, vollzieht sich im Kleinsten wie im Größten das Los und Schicksal aller Materieformen, deren eine auch der Mensch ist, nach unerbittlichen Gesetzen und oft in ganz anderer Form, als es sich viele gläubig-vertrauende Beter vorstellen, oder als sie es erwarten. Hier findet auch alle etwaige Schuld ihren Ausgleich oder ihre Sühne.

Durch Physik und Chemie, besonders wenn sie auch als Mittel des Daseinskampfes zwischen Menschen und Völkern gestellt und vervollkommnet werden, kann es keine Erlösung des Menschen aus Übeln geben, bestehende Übel werden dabei unendlich gesteigert und verschärft. Jedoch nach den Erkenntnismethoden der Physik und Chemie, also durch vorurteilslose Naturerkenntnis, durch Kenntnis bestimmter Naturgesetze und Ursachenzusammenhänge, können Menschen dahin kommen, sich aus Übeln zu erlösen, oder schließlich einmal religiöse Ideale bewusst zu verwirklichen. Blinder

Glaube an widerspruchsvolle Bibelvorstellungen und biblische Begriffe bringt der Menschheit keine Erlösung aus Übeln; das beweist doch schon die bisherige Entwicklung des Christentums in Europa. Wer so etwas wie eine ewige Seligkeit erstrebt, müsste zuerst einmal versuchen, klare Vorstellungen über einen solchen Zustand zu gewinnen. Wohl den meisten Gläubigen fehlen solche Vorstellungen, sie kennen von einer »ewigen Seligkeit« oder einem »ewigen Leben« nur inhaltslose Begriffe, rein gar nichts jedoch von einer Wirklichkeit dessen, worauf solche Begriffe bezogen werden. Nur durch nüchterne Wahrheitsforschung auf dem Gebiet religiöser Fragen, nach den Forschungsmethoden, wie sie in der neueren Physik und Chemie üblich sind, lässt sich für Menschen vorerst logisch und geistig etwas von einer Wirklichkeit des ewigen Lebens oder der ewigen Seligkeit begreifen, indem man solche Begriffe in bestmöglicher Übereinstimmung mit unserer wirklichen Welt erklärt und verstehen lernt.

Zu wissen, dass ein Erlöser gelebt hat, besagt und beweist im Grunde genommen wenig oder nichts. Solange der Mensch durch innere Bande, durch innere Neigungen und Instinkte an seine jetzige irdische Daseinsform oder an sonstige vergängliche Dinge und Verhältnisse gebunden ist, solange befindet er sich, sofern er selbst und die Dinge wie Verhältnisse seiner Neigung veränderlich und vergänglich sind, im Reich oder der Gewalt des Todes. Niemand, selbst Gott nicht, könnte ihn aus diesem Reich erlösen, sofern er nicht den Willen, die Kraft und die Tat, vor allem die erfolgversprechende Tat aufbringt, dieses Reich zu verlassen. Wer das Vaterunser betet, wer von einem unbekannten Gott die Erfüllung aller möglichen Wünsche, die Stillung irdischer und sonstiger Bedürfnisse erbittet und erhofft, beweist dadurch, dass er noch an vielem, wo nicht alledem hängt, was er hier auf Erden, in »dieser Welt« als Mensch ist und was ihn hier umgibt. In dieser Geistesverfassung wird er sich immer wieder in der Gewalt oder in einem Reich des Todes verstrickt empfinden, d.h. in unbeständigen Daseinsformen unter unbeständigen Lebensbedingungen. Erst wenn sich der Wille des Menschen abwendet von allem, was veränderlich und vergänglich ist, wozu ja auch sein jetziger Leib mit allen seinen Bedürfnissen und seinem Verlangen nach Wohlsein zählt; erst wenn sich ein Mensch – im Sinne der Worte Christi an den reichen Jüngling: »Geh hin, verkaufe alles was du hast, schenke den Erlös den Armen und folge mir nach.« – in Wunsch und Begehrlosigkeit, in freiwilliger Armut und Entsagung übt, wenn er sich frei und unabhängig macht von unbeständigen Dingen, Bedürfnissen und Verhältnissen, erst dann und dadurch könnte er die Gewalt oder das Reich des Todes überwinden. Bloßes Beten hat mit einer solchen Erlösung wenig oder nichts zu tun, wichtig und entscheidend dabei sind immer Taten in der angedeuteten Form. Wer sich in höchster Wunsch- und Bedürfnislosigkeit übt, sich dadurch eine Freiheit, Unabhängigkeit und Erlösung aus vergänglichen Dingen erkämpft, worum sollte der noch beten?

Solange an den Materieelementen des sich auflösenden Menschenleibes jene Kräfte und Eigenschaften bestehen und wirksam bleiben, die diesen Organisationszustand entstehen ließen und ihn wie eine Fessel an diese Welt binden, solange bedeutet der Tod des Menschen keine Erlösung aus dieser Daseinsform. Erst wenn solche Kräfte und Eigenschaften, die als Urinstinkte und Urgewohnheiten bezeichnet werden müssen, im Menschen verneint worden sind; erst dann besteht die Möglichkeit, dass solche Elemente in andere, bessere, unbeschwertere Daseinsformen und -ordnungen übergehen; – mit anderen Worten – dass sie aus sich heraus eine andere bessere Welt schaffen und erleben. Die Erwartung mancher Gläubigen, dass irgendetwas am Menschen nach dem Tode in eine »ewige Seligkeit«, eingehe, ist solange eine törichte Hoffnung, als ihr Leib während seiner Lebenszeit von besagten inneren, vererbten Urgewohnheiten und Urinstinkten beherrscht und gelenkt wird; solange sich in ihrem Leib etwas bemerkbar macht, das unbelehrbar, nicht empfänglich für bittere Wahrheiten ist, das sich an seinen jetzigen Zustand auf der Erde klammert und gebunden fühlt, ihn um jeden Preis oder um irgendwelcher Zwecke willen erhalten und verlängern möchte und sich seine Zukunft ebenso denkt und vorstellt, wie sein bisheriges Leben mit allen seinen Annehmlichkeiten und Freuden als Mensch auf der Erde. Solche Urgewohnheiten der Organisation an den Bausteinen des Menschenleibes führen den Menschen nicht in eine ewige Seligkeit, einen Himmel u.s.w., sondern immer wieder dorthin, wo er während einer vergangenen Ewigkeit war und wo er sich heute bewusst wird; darunter auch in gleiche und ähnliche Lebensformen, Lebensordnungen und Lebensschicksale, wie sie hier auf Erden beim Werden des gesamten organischen Lebens, der gesamten Menschheit, bekannt geworden sind. So gesehen gibt es *keine* Erlösung aus dieser Welt.

Die Erlösung im Buddhismus
(Das Nirvāna)

Ähnlich wie für den gläubigen Christen »Gott«, »Vereinigung mit Gott«, »ewige Seligkeit« u.s.w. ein erstrebenswertes Ziel bedeuten, so auch für den gläubigen Buddhisten das »Nirvāna«.

Buddha hatte nun den blinden Glauben verworfen, er verlangte klare, wahre Erkenntnis. Diese Tatsache sollte sich heute jeder vor Augen halten und danach handeln, wer sich zur Lehre des Buddha bekennt.

Vergleicht man den Erlösungsgedanken der christlichen Lehre mit der buddhistischen, so weist diese den Heils- und Erlösungsweg besser durchdacht als die christliche. Überzeugte Buddhisten gehen diesen Weg nicht als unwissende, blindgläubig vertrauende Beter, sondern in tiefer Erkenntnis von Ursache und Wirkung durch eigenes Handeln. Für sie muss die Geistesverfassung all jener Christen als »trostlos« erscheinen, die sich durch Gebete an unbekannte Götter nach dem Tode im unbekannten Jenseits ein Heil erhoffen; die als blinde Gläubige an unbeständige Dinge und Verhältnisse dieser Welt gebunden sind, obgleich ihr Reich doch nicht von dieser Welt sein sollte; denen der Glaube an altüberlieferte, dunkle, zweifelhafte Lehr- und Glaubenssätze mehr bedeutet als eigenes Anschauen, Denken und Handeln.

Wie man in der Erlösung der Buddhalehre aus allen Weltübeln klarer sehen kann, soll aufgrund der folgenden Stelle, im Zusammenhang mit den Vorgängen in der sinnlich-anschaulichen Wirklichkeit kurz umrissen werden.

In der Mittleren Sammlung der Reden Buddhas, übersetzt von *K. E. Neumann* (122. Rede) heißt es:

»Das aber ein Mönch, der an Gemeinsamkeit froh ist, an Gemeinsamkeit Freude hat, an Gemeinsamkeit Befriedigung findet, gemeinsam froh, gemeinsam erfreut, gemeinsam zufrieden ist, eine zeitlich ersehnte Geisteserlösung erringen werde oder ewige Stille: das ist unmöglich. So nun aber ein Mönch, der allein, von Gemeinsamkeit abgeschieden verweilt, ein solcher Mönch es erhoffen vermag, er werde eine zeitlich ersehnte Geisteserlösung erringen oder ewige Stille: das ist möglich.

Nicht weiß ich auch nur von einer Form, wobei Freude, wobei Befriedigung an der Form, da sie wandelbar, veränderlich ist, nicht in Schmerz überginge, in Jammer, Leiden, Trübsinn, Verzweiflung«

Das Letzte gilt ganz besonders auch von allen Formen des Zusammenlebens in Gemeinschaften.

Einer der einflussreichsten Triebe und Instinkte im Menschen ist, neben dem Selbsterhaltungs-, Geschlechts- und Wohlseinstrieb, der Herdentrieb, er äußert sich im Verlangen oder dem Bedürfnis nach Gemeinschaft mit wesensgleichen Artgenossen. Der Herdentrieb hat Staaten und Völker entstehen lassen, er hat vorher jeden Organismus, so auch den menschlichen Körper bewirkt. Der Herdentrieb hält Zellengemeinschaften, darüber hinaus Tier- und Menschengemeinschaften aufrecht. Neben Herdenvorteilen und -annehmlichkeiten erwachsen aus ihm alle Leiden, die sich ergeben durch den gegenseitigen Kampf ums Dasein.

Solange Menschen das Dasein in Herden bejahen, werden sie immer wieder eine solche Daseinsform erwirken und werden immer wieder das Gute aber auch alles Schlechte erleben, was notwendig mit dem Herdendasein verbunden ist. Gewiss, die meisten wollen nur die gute Seite einer Sache genießen und möchten alles Schlechte abschaffen und beseitigen. Das ist beim Herdendasein nicht möglich, es hat neben guten Seiten auch üble und unerwünschte. Eine davon ist Unfreiheit, Abhängigkeit von fremden Menschen und Mächten; besonders aber Abhängigkeit von einer jeweiligen Herdenregierung. Das wirkt sich besonders dann unerwünscht aus, wenn schlechte Menschen regieren.

Wer höhere Ziele erstrebt, für den ist jedes Herdendasein

eine unzulängliche Daseinsform, für den bedeuten Herdenge-wohnheiten etwas das überwunden werden muss.

Will man sich also erlösen aus jenen Leiden die mit dem organischen Leben notwendig verbunden sind, so muss man zuerst die Ursachen kennen, aus denen das Leben in allen sei-nen Formen entsteht, aus denen es erhalten wird und damit alle mit ihm verbundenen Leiden. Erst durch klare Kenntnis dieser Ursachen und Gesetze des Werdens, kann ein Mensch fähig werden, sie im Sinne seiner Bestrebungen bewusst zu beherrschen. Was man im Großen, im Leben von Menschen- und Tiergemeinschaften klar erkennen kann, hat tieferen Sinn auch für das Innere des Menschenkörpers.

Durch Übungen der Einsamkeit und Abgeschiedenheit von Gemeinschaften, wie sie in der oben angeführten Stelle gelehrt wird, werden, wie durch jede andere Übung, die lebenden, empfindenden, bewusst handelnden Bausteine des menschli-chen Körpers beeinflusst. Das lässt sich veranschaulichen im Leben von Menschengemeinschaften. Wenn ein Wille zur Gemeinschaft, wenn Herdentriebe und Herdengewohnheiten das Getriebe einer Gemeinschaft verursachen, dann muss die Anerziehung entgegengesetzter Triebe notwendig eine Auflockerung und schließlich die Auflösung von Herden zur Folge haben. Strebt ein Mensch danach, sein Wohl nicht von Gemeinschaft abhängig zu machen, übt er klarbewusst die Einsamkeit und fühlt sich dabei glücklich und zufrieden, so arbeitet er mit daran, jene Bande zu lockern und abzustreifen, die das Gebilde einer Gemeinschaft bewirken. Tut das nur einer oder sehr wenige Menschen in einer Gemeinschaft, so wird man von ihrem Wirken wenig merken; anders jedoch, wenn es die Mehrheit einer Gemeinschaft tun sollte.
Wenn religiöse Menschen frei und unabhängig werden wollen von äußeren Dingen und Verhältnissen, wenn sie jene Herdengeselligkeit meiden, die ihr religiöses Streben hemmt und hindert, so ist dieses Verhalten von notwendigen Folgen für das Innere dieser Menschen begleitet. Schließlich kann

der Wille mancher Menschen zu den genannten religiösen Übungen auch als Ausfluss ihres Körperinnern angesehen werden. Im religiösen Menschen geht die Erkenntnis auf, dass der menschliche Leib wegen seiner Veränderlichkeit, Unbeständigkeit und kurzer Dauer, ferner aufgrund der Art und Weise wie er sich am Leben erhält, eine unzulängliche Daseinsform ist. Wenn sich solche Gedanken im Menschen erheben, wenn ein Mensch mit solchen Gedanken angesichts des Todes, der Auflösung seines Leibes, ruhig und gelassen bleibt, so ist das ein Zeichen dafür, dass jene inneren Kräfte erlahmen, jene inneren Kräfte sich lockern, die den Zellenstaat gerade dieses Körpers zusammenhielten. Das vollständige Erlahmen dieser Kräfte bedeutete das Ende eines Zellenvolkes oder Zellenstaates. Das Nachlassen und Erlöschen jener inneren Kräfte im Körper eines wirklich erlösten Heiligen, die bisher den Zusammenhalt dieses Körpers bedingten, ist die klar begreifliche Ursache dafür, dass aus der Körpermaterie eines wirklich erlösten Heiligen, während der künftigen endlosen Weltentwicklung, nicht mehr die Materieform des tierisch-menschlichen Leibes entstehen wird. Das wäre gleichbedeutend mit einer Erlösung aus solchen Daseinsformen und allen durch sie bedingten Daseinsordnungen in Form von Tier- und Menschengemeinschaften.

Ein klares Bild über den Erlösungsweg und Erlösungsvorgang, wie ihn die Buddhalehre weist, kann nur auf die eben beschriebene Weise gewonnen werden, also anhand klarer Erkenntnisse die mit allen sicheren Erfahrungen widerspruchslos übereinstimmen.

Wenn nun der schon eingangs erwähnte buddhistische Schriftsteller *G. Grimm* annimmt, der Mensch oder dasjenige was wir als Menschenform empfinden, könne durch bloßes Denken nach dem Tode, das Nirvāna erreichen und verwirklichen, so belehrt doch schon das wirkliche, uns täglich und stündlich umgebende Leben, das durch bloße Wunschgedanken überhaupt nichts verändert, nichts bewirkt und erreicht werden kann; es sei denn, dass der Zufall uns beschert, was wir gerade wünschen. Wie jedes Ziel, dass erreicht werden soll doch immer Taten voraussetzt, und zwar eigene erfolgversprechende Taten, so verhält es sich auch mit dem Ziel der Buddhalehre, dem Nirvāna. Dieses Ziel, oder besser dieser Erlösungszustand, kann also niemals herbeigeführt werden durch Gedanken wie Grimm sie hegt, indem er nach den Worten der buddhistischen Urtexte: »Das bin ich nicht«, »das gehört mir nicht«, »das ist nicht mein selbst«, annimmt, man habe mit dem eigenen stofflichen Körper nichts zu tun, man sei nicht das, was normale Sinne vom menschlichen Körper, Bewusstsein und Gemüt erfassen, sondern sei etwas ganz anderes; worauf dann notwendig folgt, dass man auch nichts mit den Taten seines Körpers zu tun hat, dass dieser sie nicht begangen hat.

Hier ergibt sich auch ein Widerspruch mit anderen Stellen der buddhistischen Urtexte, die von der eigenen Tat sprechen: Was du begangen hast, das hat nicht dein Vater, nicht deine Mutter, nicht dein Bruder, nicht deine Schwester u.s.w. getan, sondern du hast es getan und du selbst musst die Verantwortung für deine Taten auf dich nehmen. Wo soll nun der Täter der eigenen Tat angenommen, gesucht und gefunden werden, wenn jene Erscheinung die klar erkannt wird, aussagt: »das bin ich nicht«.

Eine Rechtfertigung dieses Ausspruchs, der, wie es sich bisher bewiesen hat, reichlich Verwirrung und Widerstreit schuf, lässt sich nach meiner Meinung vernünftig nur begreifen, wenn man ihn vom Standpunkt des entsagenden Buddhaanhängers sieht, der selbst am eigenen Körper nicht mehr hängt, diesen betrachtet wie eine fremde Sache, die er jederzeit unbeschwertem Gemütes aufgeben kann.

In diesem Sinne bedeuten dann die genannten Worte keine Aussage darüber, was der Körper ist oder nicht ist, sie bedeuten lediglich nur Lossage von diesem Körper; sie entspringen einer höchsten Wunsch- und Bedürfnislosigkeit die an nichts mehr in dieser Welt gebunden ist.

Es könnte aber auch möglich sein, dass die genannte Textstelle gar nicht vom Buddha herrührt, sondern erst nachträglich in seine Lehre eingefügt wurde durch jene Anhänger der Buddhalehre, die mit bestimmten, damaligen zeitbedingten Denkgewohnheiten behaftet waren, die ihr *Selbst* überall in der Welt vermuteten, nur nicht dort wo es bei vernünftiger Ansicht zuerst vermutet und gesucht werden muss, nämlich am eigenen Leib. Da die Buddhalehre erst längere Zeit nach dem Tode ihres Verkünders schriftlich niedergelegt worden ist, also längere Zeit aus dem Gedächtnis überliefert wurde, liegt die Vermutung nahe, dass dabei Zusätze und Ansichten in die ursprüngliche Buddhalehre kamen, die nicht von ihrem Verkünder herrühren.

Wer den Erlösungsweg der Buddhalehre beschreiten will, wer erreichen will, dass künftig nicht mehr vergängliche, wandelbare, sterbliche, allen möglichen Leiden unterworfene Menschenleiber entstehen, müsste also jene Kräfte und Gesetze beherrschen, die bei der Bildung solcher Leiber wirksam sind. Die etwaige Annahme, dass diese Kräfte und Gesetze unergründlich und unbegreiflich sind, besagt, dass ein in diesem Sinne unwissender Mensch, solche Kräfte und Gesetze nie bewusst beherrschen und meistern wird, dass er sich also nie bewusst durch eigene Tat, aus der Daseinsform des menschlichen Leibes erlösen kann.

Für vernünftige Buddhisten liegen deshalb die wahren wirkenden Kräfte und Gesetze im Werden und Dasein organischer Formen nicht außerhalb der Welt, im Unergründlichen und Unbegreifbaren, sondern in der Welt, in den organischen Formen selbst; und nur hier können sie einigermaßen klar erforscht, ergründet und beherrscht werden.

Wenn Grimm in seinen Schriften immer wieder zu dem Schluss kommt, das wahre Wesen, das wahre Ich, die Essenz des Menschen sei unerkennbar, unbegreiflich, unergründlich, so sagt er damit, dass er über die wahren Bindekräfte des menschlichen Körpers nichts weiß und nie etwas wissen wird. Daraus folgt notwendig, dass er in dieser Unwissenheit nie fähig werden kann, irgendeinen bewussten oder gewollten Einfluss auf diese Kräfte auszuüben. Gedanken *allein* sind kein hinreichendes Mittel um das Erlösungsziel der Buddhalehre zu erreichen, ganz zu schweigen von Wahngedanken. Es mag jemand noch so viel denken, was er wohl ist, was er alles sein und werden könnte. Die Erfahrung lehrt, dass durch derartige Gedanken nichts erreicht wird. Nur durch zweckmäßige Übungen und Taten, denen klare Vorstellungen von Ursache und Wirkung zugrunde liegen, kann der menschliche Körper für die Ziele der Lehre Buddhas reif gemacht werden.

Religion sollte heute als Wissenschaft – kurz dargelegt – in folgendem Sinne gepflegt werden.

Der Mensch ist gleich allen Naturdingen, ohne Ausnahme, ein besonderer Organisationszustand von Materieelementen. Die äußere Form ist bei ihm etwas Unwesentliches, Vergängliches bis zum äußersten Veränderliches. Wesentlich am Menschen ist, was allen Naturformen als Materie, Stoff, Substanz, mit seinen besonderen, veränderlichen Eigenschaften zu Grunde liegt. Die Kraft die alle erfreulichen aber auch unerfreulichen Daseinsformen und Daseinsordnungen, sei es in dieser oder einer anderen Welt, hervorbringt, ruht sowohl an den Elementen des Menschenkörpers als auch an den Elementen der übrigen Dinge und kann durch Auflösung unwesentlicher äußerer Formen weder aufgehoben noch unwirksam gemacht werden. Durch seine Erscheinung, seinen Willen und seine Taten ist der Mensch Teil jener Kräfte, die während der Weltewigkeit, in Anpassung an bestimmte Umweltverhältnisse, immer wieder charakteristische Organisationszustände, Daseinsformen und Daseinsordnungen entstehen lassen. Im Menschen ruht die Fähigkeit, die in ihm ruhenden wirkenden Kräfte an den Materieelementen durch höhere Vernunfterkenntnis zu beeinflussen, sie allmählich hinzulenken auf das Werden besserer, unbeschwerterer, höherer Daseinsformen und -ordnungen.

Das sollte als vernünftiger Sinn der höheren Religionen betrachtet werden. Sie wollen den Menschen über das Tier erheben, wollen ihn hinausführen aus unzulänglichen, beschwerlichen oder höllischen Daseinsformen und -ordnungen, wollen ihm den Weg weisen zu höheren, göttlichen oder als Nirvāna bezeichneten Daseinszuständen. Nur Wahrheitserkenntnis und jener Geistes- und Gemütszustand wie ihn die höheren Religionen als gut bezeichnen, können den Menschen zur Höhe führen.

Vom Nirvāna

Was bedeutet es nun für all jene, die in Fragen des buddhistischen Erlösungszieles oder -zustandes, dem Nirvāna, klarer sehen und wissen möchten?

Es bedeutet: Diejenigen Elemente, die sich hier auf Erden, im Verlaufe von Milliarden Jahren, bis zu einer Menschenform organisiert haben und in diesem Daseinszustand die Welt erleben und empfinden, tun es nun nicht mehr; der Trieb, Wille, Wunsch u.s.w. zum Zusammenschluss, zur Vergesellschaftung mit anderen Elementen ist in ihnen erloschen, ja sie entäußern sich weiterhin sogar all jener Eigenschaften, aus denen in der Welt überhaupt eine irgendwie geartete Daseinsform entstehen könnte, selbst solcher wodurch sie als Gas bestehen. Wir sehen und erleben ja, dass sie in dieser Form immer noch Bestandteil der Welt sind, mit der Welt verflochten bleiben und in alle möglichen Lagen geraten können; sie wären also, nach dem Sinn der Lehre Buddhas mit seinem Nirvāna, nicht erlöst, sondern wiederum in andere Daseinsformen übergegangen.

Von einer wirklichen Erlösung könnte erst dann gesprochen werden, wenn die Elemente des Menschenleibes aus dem Kreislauf irdischer Stoffe herausgetreten sind. Hier muss man sich fragen: ist das überhaupt möglich und wie lässt sich eine solche Möglichkeit begreifen? Begriffen werden kann sie nur durch die bereits erwähnte Annahme, indem die Elementarteilchen des menschlichen Leibes selbst jene Eigenschaften verlieren, wodurch sie gasförmig existieren; sie müssten dann vielleicht dasjenige werden, was in heutiger Zeit durch den Begriff »Äther« bezeichnet wird, ein feinster All-durchdringender Stoff, dessen Eigenschaften der Mensch bis heute nicht feststellen konnte, mit dem er z.Z. noch nichts anzufangen weiß, die ihm lediglich als Hilfsbegriff zu Erklärung elektrischer Wellen und Schwingungen dient.

Wenn Buddha also sagte, für ihn gibt es keine Wiedergeburt mehr, er sei erlöst, so kann das vernünftig nur in diesem

Sinne gedeutet werden. Bedingt durch seine Erkenntnisse und Willensbestrebungen hat Buddha den Organisationstrieb oder Gestaltungswillen seiner Körpermaterie gebrochen und ist damit aus dem Kreislauf irdischer Stoffe, diesem dauernden Werden und Vergehen herausgetreten. Er ist damit nicht vernichtet oder außerhalb der Welt, seine Körperaufbauelemente bestehen auch weiterhin, nur in einem anderen Daseinszustand, behaftet mit anderen Eigenschaften; sie haben höhere Eigenschaften an sich erwirkt und sind damit Bestandteil eines Reiches, das in der Lehre des Buddha als »Nirvāna«, in der christlichen als »ewige Seligkeit«, als Himmels- oder Gottesreich bezeichnet wird. Liest man z.B. im Neuen Testament, Jakobus 1./17. die Worte:

»Alle gute Gabe und alle vollkommene Gabe kommt von oben herab, von dem Vater des Lichts, bei welchem ist keine Veränderung noch Wechsel des Lichts und der Finsternis.«

durch die etwas ausgesagt werden soll über eine Eigenschaft Gottes, eines Gottes, bei welchem ist keine Veränderung noch Wechsel des Lichts und der Finsternis, so glaubt man etwas vom Nirvāna Buddhas zu hören, denn er beschreibt dieses Nirvāna ebenso, als einen Zustand wo es kein Unten und Oben, kein Hüben und Drüben, keinen Wechsel, keine Veränderung u.s.w. mehr gibt und der vernünftig gedacht nur dadurch erreicht werden kann, indem im Menschen jeder Wille beschwichtigt wird der Veränderungen schafft und erwirkt, der, mit dem was ist unzufrieden, stets auf Neues sinnt, der mit sich und der Welt unzufrieden, ruhelos arbeitet, wirkt und schafft, endlos, ewig.

Buddhismus oder Christentum?

Wichtiger als diese Frage sollte eigenes Anschauen und vorurteilsloses Nachdenken über religiöse Dinge sein. Für jeden, der sich an diese Regel hält, bedeuten Buddha und Christus Vorbilder zur Verbesserung und Vervollkommnung der Religion, im gleichen Sinne, wie alle hervorragenden Naturforscher früherer Zeiten Mitarbeiter an der Verbesserung und Vervollkommnung der Naturwissenschaften waren. Die genannten Religionsverkünder zeigten dem menschlichen Willen einen besonderen Weg, eine besondere Richtung seines Strebens und seiner Entwicklung; sie zeigten ihm ein heilsames Ziel.

Vernünftige Menschen betrachten die Arbeit und das Wirken eines Buddha, Christus und anderer Religionsgründer nicht als abgeschlossen, sondern als etwas, das nie abgeschlossen werden wird, solange die Menschheit – sich in dauernder körperlicher und geistiger Veränderung befindend – besteht.

Religion ist eine zurückgebliebene Wissenschaft, sie steht heute noch dort, wo sie vor zweitausend Jahren gestanden hat, erstarrt, versteinert, verkapselt in Glaubenssätzen, von denen viele heute nicht mehr glaubwürdig sind.

Ebenso wie es für nüchtern denkende Menschen keine englische, amerikanische, russische oder deutsche Physik, Chemie, Biologie u.s.w. gibt, sondern nur Verbesserung und Vervollkommnung dieser Wissenschaften bis zu Wahrheitserkenntnissen, die mit allen Sinneserfahrungen übereinstimmen; ebenso wie es für einen nüchternen Verstand nicht heißt: für Lamarck, Darwin, Newton u.s.w., sondern für den jeweiligen Fortschritt einer Wissenschaft, so sollte es auch auf dem Gebiete religiöser Fragen sein; es sollte hier nicht heißen für Buddha oder für Christus, sondern für bestmögliche Erkenntnis, für die Wahrheit, für gemeinsame, einträchtige Forschungsarbeit auf dem Gebiete einer vorurteilslosen Religionswissenschaft. Nur so eiferten vernünftige Menschen Vorbildern wie Buddha und Christus nach. Dabei wird keineswegs der Wert oder die Bedeutung dieser Männer herabgesetzt oder geschmälert, dabei kann die Sache der Religion niemals Schaden nehmen. Religion würde dadurch verbessert, würde gereinigt von dunklen, widerspruchsvollen, auf Unkenntnis und Aberglauben beruhenden Vorstellungen, die ihr noch heute, in überreichem Maße, anhaften und ihren Ursprung aus den Kindheitstagen der Menschheit verraten. Nur so könnte Religion allmählich zu einer beachtenswerten, ernst zu nehmenden Wissenschaft und Angelegenheit werden.

Fortschrittliche Forscher auf dem Gebiete religiöser Fragen, sollten sich ein Vorbild an fortschrittlichen Naturforschern nehmen. Glaubenstreue im Hinblick auf altüberlieferte Schriftinhalte ist sehr oft, wo nicht immer, ein Kennzeichen von Urteilslosigkeit, Denkträgheit und Denkunmündigkeit. Theologen oder Religionsanhänger mit dieser Geistesverfassung behaftet, werden nie auf eine Verbesserung oder einen Fortschritt der Religion hinarbeiten können. Bei den dauernden Veränderungen in der Menschheit und der menschlichen Geistesverfassung kann Religion für die Dauer nur dann bestehen, wenn sie als lebende Sache behandelt, immer wieder veränderten Naturerkenntnissen, Menschen und Sitten zweckmäßig angepasst wird.
Als vollkommen könnte eine Religion erst dann gelten, wenn sie sich auf widerspruchslose, unanfechtbare Erkenntnisse, also auf Wahrheiten gründet; wenn religiöse Vorstellungen, Gebote und Lebensregeln immer wieder vor dem Richterstuhl einer heranreifenden höheren Vernunft und besserer Naturerkenntnis bestehen können. Nur in diesem Sinne ist zweckmäßige Arbeit auf dem Gebiete religiöser Fragen zu verstehen. Wer sich zu solcher Arbeit entschließt wird nicht sagen: für Buddha oder für Christus, sondern er wird aus deren Lehren entnehmen und gelten lassen, was noch heute vor der Vernunft bestehen kann; für den bedeuten Religion und deren Verkünder etwas Ähnliches wie andere Wissenschaften, deren Mitarbeiter, Bahnbrecher und Verbesserer.

Ein Unterschied besteht hier nur darin, dass Religion dem menschlichen Willen viel umfassendere Gesichtspunkte eröffnet, dass sie sich in ihren Bestrebungen nicht auf die sehr kurze Zeitdauer des irdisch-menschlichen Daseins beschränkt, sondern dabei immer die Weltewigkeit vor Augen und im Sinn hat; die Weltewigkeit, worin das Wesentliche des Menschen, bestimmte Materieelemente, verstrickt und verwoben sind, worin sie ihr Schicksal aufgrund der jeweiligen Umwelt sowie der eigenen Körper- und Geistesverfassung erleiden müssen. Wahre Religion, geboren aus umfassender Wahrheitserkenntnis und Vernunft, versucht die Materieform Mensch dahin zu bringen, ihr Schicksal in dieser Weltewigkeit nicht mehr dem blinden Zufall, nicht mehr unbekannten Göttern zu überlassen, sondern versucht den menschlichen Willen anzuspornen, sein Schicksal irgendwie selbst zu meistern und zu bestimmen, wie es mit zu dem Grundgedanken der Lehre des Buddha gehört.

EPILOG
SELBSTGESPRÄCH

»Du hast Pläne und sorgst dich, dass sie im dir verbleibenden Rest deines Lebens nicht mehr erfüllt werden. Das ist aber unbegründete Sorge. Die Ewigkeit ist lang, ohne Ende, da lässt sich alles erreichen wonach irgendein Wille strebt, selbst das scheinbar Unmögliche. Es gehört nur Arbeit in irgendeiner Form dazu; sei es geistige oder körperliche Arbeit.

Jeder Gedanke, jeder Handgriff, jede Bewegung ist eine Art Impuls, der dich in eine bestimmte Richtung drängt auf dein vermeintliches Ziel hin. Wer zu den Göttern strebt, muss unermüdlich arbeiten und kämpfen, muss eine Unmenge Ballast abwerfen der ihn hier in der Tiefe festhält. ›Aber‹, so fragt es weiter in mir, ›was willst du bei den Göttern, gibt es nicht hier in dieser Welt, in der Menschheit, große und schöne Aufgaben;‹ Aufgaben an denen sich einmal Buddha, Christus und andere versucht hatten. Aufgaben, das Tier Mensch zu verändern, es vorerst menschlicher zu machen und dann vielleicht einmal göttlicher. Der Dank für eine solche Aufgabe wird höchstwahrscheinlich irgendein Kreuz sein, aber was liegt am Dank? Es bedeutet ja schon Dank, wenn diese Aufgabe hier und dort in irgendeiner Form gelungen ist, wenn sie Menschentiere aus irgendeinem Abgrund erlöst hat.«

Mit unseren Idealen bauen wir geistige Modelle, die wir irgendwie der wirklichen Welt gegenüberstellen, durch die wir die jeweils bestehende, materielle Welt verändern möchten; wobei wir wünschen, dass die wirkliche Welt so sein möchte, wie es diesen Idealen entspricht. Wie windig und gebrechlich stehen doch oft solche Ideale gegenüber der wirklichen Welt, sie nehmen sich aus, wie ein gläsernes Kunstwerk gegenüber einem Haufen

Felsgeröll. Und doch kann es einmal dahin kommen, dass solche Ideale Wirklichkeit werden, dass sie allmählich das jeweils Bestehende umformen, besser, dass das jeweils Bestehende in ihrem Sinne umgeformt und verändert wird.